Diálogo com as sombras

Hermínio Corrêa de Miranda

Diálogo com as sombras

TEORIA E PRÁTICA

FEB

Copyright © 1976 *by*
FEDERAÇÃO ESPÍRITA BRASILEIRA – FEB

25ª edição – 13ª impressão – 3 mil exemplares – 10/2024

ISBN 978-85-7328-956-5

Todos os direitos reservados. Nenhuma parte desta publicação pode ser reproduzida, armazenada ou transmitida, total ou parcialmente, por quaisquer métodos ou processos, sem autorização do detentor do *copyright*.

FEDERAÇÃO ESPÍRITA BRASILEIRA – FEB
SGAN 603 – Conjunto F – Avenida L2 Norte
70830-106 – Brasília (DF) – Brasil
www.febeditora.com.br
editorial@febnet.org.br
+55 61 2101 6161

Pedidos de livros à FEB
Comercial
Tel.: (61) 2101 6161 - comercial@febnet.org.br

MISTO
Papel | Apoiando o manejo florestal responsável
FSC
www.fsc.org
FSC® C075537

Adquirindo esta obra, você está colaborando com as ações de assistência e promoção social da FEB e com o Movimento Espírita na divulgação do Evangelho de Jesus à luz do Espiritismo.

Dados Internacionais de Catalogação na Publicação (CIP)
(Federação Espírita Brasileira – Biblioteca de Obras Raras)

M672d   Miranda, Hermínio Corrêa de, 1920–2013

         Diálogo com as sombras: teoria e prática / Hermínio Corrêa de Miranda. – 25. ed. – 13. imp. – Brasília: FEB, 2024.

         360 p.; 21 cm – (Coleção Hermínio Miranda)

         ISBN: 978-85-7328-956-5

         1. Espiritismo. I. Federação Espírita Brasileira. II. Título. III. Coleção.

                                               CDD 133.9
                                               CDU 133.7
                                               CDE 30.03.04

Sumário

Doutrinação e desobsessão..7

Introdução 13

1 A instrumentação 23
   O grupo 23

2 As pessoas 51
   2.1 Os encarnados..51
      2.1.1   Os médiuns..60
      2.1.2   O doutrinador...71
      2.1.3   Outros participantes..89
      2.1.4   Os assistentes..96
      2.1.5   Renovação do grupo 103
   2.2 Os desencarnados..107
      2.2.1   Os orientadores 107
      2.2.2   Os manifestantes 119
      2.2.3   O obsessor...120
      2.2.4   O perseguido 123
      2.2.5   Deformações...131
      2.2.6   O dirigente das trevas 141
      2.2.7   O planejador 143
      2.2.8   Os juristas...150
      2.2.9   O executor...151
      2.2.10 O religioso..153
      2.2.11 O materialista...164
      2.2.12 O intelectual...166

2.2.13 O vingador 170
2.2.14 Magos e feiticeiros 176
2.2.15 Magnetizadores e hipnotizadores 200
2.2.16 Mulheres 205

3 O campo de trabalho 219
3.1 O problema 219
3.2 O poder 229
3.3 Vaidade e orgulho 233
3.4 Processos de fuga 236
3.5 As organizações: estrutura, ética, métodos, hierarquia e disciplina 242

4 Técnicas e recursos 249
4.1 O desenvolvimento do diálogo. Fixações. Cacoetes. "Dores físicas". Deformações. Mutilações 277
4.2 Linguagem enérgica 290
4.3 A prece 295
4.4 O passe 302
4.5 Recordações do passado 310
4.6 A crise 325
4.7 Perspectivas 335
4.8 O intervalo 337
4.9 Sonhos e desdobramentos 344
4.10 Resumo e conclusões 353

Doutrinação e desobsessão

Qual é o teu nome? — indaga Jesus. Responde-lhe: O meu nome é Legião, porque somos muitos. E lhe imploravam com insistência que não os mandasse para fora dessa região [Gerasa]. (MARCOS, 5:9 e 10)

Temos sob as vistas um novo livro de Hermínio Corrêa de Miranda: *Diálogo com as sombras*: teoria e prática. Estamos familiarizados com os escritos do autor, pois acompanhamo-lo em seus estudos, ano após ano, pelas páginas de *Reformador*. Conhecemos-lhe as análises criteriosas de dezenas de obras de bastante repercussão, nas esferas da religião, da filosofia e das pesquisas, no mundo do Espiritualismo e, mais especificamente, do Espiritismo e do Evangelho de Jesus. Raros serão os livros marcantes de escritores contemporâneos e antigos, nessas especialidades, que lhe não hajam merecido a crítica serena e construtiva. Os sistemas doutrinários erguidos pelo pensamento humano, na sua longa e exaustiva elaboração, no curso de milênios, são-lhe objeto de estudos e elucubrações, geralmente traduzidos em artigos e livros que a Federação

Espírita Brasileira vai imprimindo e difundindo, aqui e fora dos próprios limites territoriais das Terras de Santa Cruz.

Nos últimos anos, os trabalhos de Hermínio Corrêa de Miranda têm esflorado temas de grande importância, como sempre, mas de abordagem difícil, alguns deles pouco estudados antes. "O médium do Anticristo", por exemplo. Os artigos referentes a "A morte provisória (I e II)", "Uri Geller", "O cinquentenário de Lady Nona", "A maldição dos faraós" etc. fazem-nos pensar mais detidamente nas profundidades do *desconhecido*.

Ao lado de livros e artigos, Hermínio Corrêa de Miranda também redigiu os prefácios, as introduções e as sínteses de obras, como em *Processo dos espíritas*, de Mme. Marina Leymarie; *Imitation de l'Évangile selon le Spiritisme*, de Allan Kardec. E mais o que se acha por enquanto inédito.

Experiências que se acumularam ao longo de decênios desta e de vidas pretéritas, consolidadas graças a esforços incessantes e renovadas perquirições, conferem-lhe espontaneidade e simplicidade no trato dos enigmas mais sérios e das questões complexas, de toda uma gama de assuntos no âmbito do inabitual, permitindo-lhe escrever para os simples e os doutos, na linguagem desataviada que todos entendem.

A ciência de *servir* é uma arte rara, exigindo dedicação e persistência. Nela, o nosso amigo exercita-se há muito tempo, desinibido e despreconceituoso, como quem se movimenta com a naturalidade própria dos que sabem da sua vocação e não hesitam em seguir os rumos que devem trilhar.

Escrever sobre "teoria e prática da doutrinação", apresentando o patrimônio provisionado durante pelo menos dez anos ininterruptos de serviço ativo, no demorado "diálogo com as sombras", não é tarefa fácil. A contribuição de Hermínio, no entanto, foge ao comum dos livros de divulgação doutrinária e evangélica, no campo espírita. É mais um extraordinário documentário ou cartilha de orientação, descendo aos pormenores daquilo que se pode chamar de elaboração séria, metódica, gradativamente desenvolvida, elucidativa de todo o contexto das intercomunicações e interligações entre vários planos vibratórios, no atendimento responsável e cristão da assistência espiritual em desobsessão. São horas vividas não apenas no círculo das tarefas mediúnicas propriamente ditas, mas num mapa por assim dizer comportamental durante as demais horas, na vigília e no sono, porquanto, na verdade, como reconhece o autor, "o segredo da doutrinação é o *amor*".

Acreditamos que Hermínio Corrêa de Miranda alcançou com o maior êxito o fim a que se propôs, porque não fez literatura: seu livro é vida! É compreensão, ternura, doação!

O livro, a rigor, não necessita de explicações ou apresentações, nem de interpretações; tudo nele é de meridiana clareza. O próprio autor justifica cada detalhe, cada ensino ou experiência e suas implicações, à medida que adentra na exposição simples de coisas difíceis. Ele não faz revelações especiais nem ensina princípios não sabidos em Espiritismo. No entanto, consegue aglutinar, à segura argumentação que faz, as pequeninas verdades que as desatenções dos estudiosos nem sempre permitem captar e estereotipar nas mentes e corações, numa leitura ou estudo ligeiro da vasta literatura espírita, mediúnica ou não.

É claro que, na tessitura de um livro desta natureza, o autor nele coloca as próprias ideias, nem sempre concordantes com as de outros autores igualmente editados pela Federação Espírita Brasileira. Trata-se do exercício natural do sagrado direito que cada qual tem de pensar por si mesmo e de abraçar os pontos de vista que lhe parecem os melhores. Não compete à Federação censurar opiniões, ainda quando não as encampe ou oficialize, exceto quando entrem em choque com os princípios fundamentais da Doutrina Espírita. Ora, Hermínio Corrêa de Miranda é dos mais seguros estudiosos, defensores e propagandistas daqueles princípios, com os quais todos os seus pensamentos se afinam.

Assim, deixamos aos nossos leitores o encargo de analisar tudo quanto o autor expõe ou sugere, especialmente no que tange a locais para sessões práticas de desobsessão e a métodos de trabalho, pois o mesmo direito que tem o expositor de argumentar e aconselhar, têm os demais, de aceitar, ou não, os seus argumentos e conselhos. O que importa, acima de tudo, é que *Diálogo com as sombras* é livro doutrinariamente correto e constitui valiosa contribuição para o estudo e a prática dos serviços de desobsessão espírita.

Questão séria, para a qual gostaríamos de pedir atenção, é a da zoantropia, mais comumente citada como *licantropia*. O autor trata detalhadamente desse assunto, com proficiência. A propósito, recordamos o livro *Libertação*, de André Luiz: quando os originais foram-nos enviados, o diretor incumbido da análise inicial dessas páginas mediúnicas considerou um tanto "exageradas" umas afirmativas e detalhes pertinentes a um caso de licantropia. Pediu confirmação ao Espírito e recebeu, como resposta, uma carta do médium F. C. Xavier, em que transmitia a solicitação do autor espiritual, no sentido de retirar dos originais aquelas palavras que lhe haviam suscitado dúvidas, com a explicação seguinte: "Se o nosso amigo não pôde admitir isso, é sinal que precisamos aguardar outra oportunidade, pois os leitores, com maior razão, também não admitirão". As palavras da carta do médium eram aproximadamente essas, mas o sentido exatamente esse.

Mas o comentário particular de Chico Xavier, a pessoa que nos merece a maior credibilidade, foi este: "E na verdade, mesmo com a parte que André Luiz sugeriu fosse eliminada do texto, as coisas ainda ficavam bem longe da realidade, que é bem pior do que pensamos".

———— • ————

O problema da obsessão — grande flagelo da humanidade — é tão grave, que a respectiva cura chegou a ser objeto de mensagens de Allan Kardec, em 1888 e 1889, no Rio de Janeiro (RJ), pelo médium Frederico Júnior, dada a preocupação da Espiritualidade superior no sentido de o assunto ser encarado com a seriedade e o preparo precisos, especialmente no campo do amor e da exemplificação das virtudes cristãs. Os referidos ditados estão incorporados no opúsculo *A prece conforme O evangelho segundo o espiritismo*, de Allan Kardec, editado pela FEB (33ª ed., 1979).

———— • ————

Terminadas estas páginas iniciais, convidamos o leitor a conhecer o livro de Hermínio. Estamos certos de que, ao lê-lo, os exemplos que encerra causar-lhe-ão a nítida convicção, mais que as palavras articuladas, de que o Espiritismo é, na verdade, o Consolador prometido por Jesus.

FRANCISCO THIESEN
Presidente da Federação Espírita Brasileira
Rio de Janeiro (RJ), 22 de junho de 1979.

Introdução

Creio necessário declarar, no pórtico deste livro, que, a meu ver, nenhuma obra acerca dos aspectos experimentais do Espiritismo terá valor por si mesma, isolada do contexto dos cinco documentos básicos da Doutrina, isto é:

a) *O livro dos espíritos*;
b) *O livro dos médiuns*;
c) *O evangelho segundo o espiritismo*;
d) *O céu e o inferno*; e
e) *A gênese.*

É claro que a lista não termina aí. Há, na literatura espírita, um acervo considerável de livros que constituem leitura obrigatória para todo aquele que se propõe a um trabalho sério junto aos companheiros desencarnados, pois não nos devemos esquecer de que o Espiritismo, como doutrina essencialmente evolutiva, não termina com Kardec; começa com ele.

O relacionamento com o mundo espiritual se reveste de enganosa simplicidade. Realmente, em princípio, qualquer pessoa dotada de faculdades mediúnicas, mesmo incipientes, pode estabelecer contato com os desencarnados, consciente ou inconscientemente, serena ou tumultuadamente. Alguns o fazem compulsoriamente ou com relutância, outros com espontaneidade; uns com respeito e amor, outros com leviandade e indiferença; e muitos sem mesmo perceberem o que se passa e o que deve ser feito para ordenar um fenômeno que, como tantos outros, é natural, nada tendo de místico, fantástico ou sobrenatural. O importante é que, ao iniciarmos o trato com os Espíritos desencarnados, voluntária ou involuntariamente, estejamos com um mínimo de preparação, apoiada num mínimo de informação. Aquele que se atira à fenomenologia mediúnica sem estes petrechos indispensáveis, ou aquele que é arrastado a ela pela mediunidade indisciplinada ou desgovernada, estará se expondo a riscos imprevisíveis para o seu equilíbrio emocional e orgânico. A prática mediúnica não deve ser improvisada, pois não perdoa despreparo e ignorância. O mundo espiritual é povoado de seres que foram homens e mulheres como nós mesmos, encontrando-se em variados estágios de desenvolvimento moral. Pelo nosso mundo de encarnados podemos inferir o outro, do lado de lá. Ali, como aqui, encontramos Espíritos nobres e dotados de atributos morais avançados, mas, igualmente, a massa imensa daqueles que se acham da média para baixo, até os extremos mais dolorosos do aviltamento moral, da ignorância, da revolta, da angústia, do rancor, da vingança. Como a base do fenômeno mediúnico é a sintonia espiritual, e como ainda nos encontramos todos em estágios inferiores da evolução, nos afinamos com maior facilidade com aqueles que também se acham perturbados por desequilíbrios de maior ou menor gravidade.

Isto não quer dizer, obviamente, que estejamos à inteira mercê dos Espíritos perturbados e perturbadores; velam por

Introdução

nós companheiros de elevada categoria, sempre dispostos a nos ajudar, mas não nos podemos esquecer de que eles não podem fazer por nós as tarefas de que nos incumbem, nem livrar-nos das nossas provações, e muito menos coibir os mecanismos do nosso livre-arbítrio. Podemos, evidentemente, contar com a boa vontade e a ajuda desses irmãos maiores, e, por conseguinte, com a sua proteção carinhosa, não à custa de oferendas, de ritos mágicos, de símbolos, de "trabalhos" encomendados, mas sim com um procedimento reto, no qual procuremos desenvolver em nós mesmos o esforço moralizador, o aprendizado constante e a dedicação desinteressada ao semelhante. Nunca somos tão pobres de bens materiais e espirituais que não possamos doar alguma coisa ao companheiro necessitado, seja o pão ou a palavra de consolo e solidariedade. É com estas atitudes que nos asseguramos da assistência de irmãos mais experimentados e evoluídos, não para nos livrar das nossas dores, nem para cumprir mandados nossos ou atender às nossas menores exigências e súplicas, mas para nos concederem o privilégio da sua presença amiga, da sua inspiração oportuna, e da sua ajuda desinteressada, naquilo que for realmente proveitoso ao nosso espírito, e não naquilo que julgamos o seja.

Nunca é demais enfatizar que a organização de um grupo de trabalho mediúnico começa muito antes de dar-se início às suas tarefas propriamente ditas, com o estudo sistemático das obras básicas, e das complementares, da Doutrina Espírita: as de Allan Kardec, Léon Denis, Gabriel Delanne, Gustave Geley e certos trabalhos de origem mediúnica, como os de André Luiz. Muita ênfase precisa ser posta no estudo dos escritos que cuidam do complexo problema da mediunidade, suporte indispensável de toda a tarefa programada. Assim, é preciso insistir: a formação ou nascimento de um grupo é muito importante, e deve ser cercado dos mesmos cuidados que precedem à formação e ao nascimento de uma criança, ou seja, a educação dos pais. Estão preparados para a tarefa? Desejam o filho? Dispõem-se aos sacrifícios e renúncias que o trabalho impõe? Estão conscientes das suas responsabilidades, dos percalços e das lutas que os esperam? Para que desejam o filho? Sonham fazer dele um *grande homem*, no sentido humano, forçando-o a uma tarefa acima de suas forças, para a qual não esteja preparado, ou se dispõem a criar condições para fazer dele um ser digno, pacificado e amoroso? Estão prontos a receber a tarefa com humildade? E, acima de tudo: estão prontos e dispostos a se doarem integralmente, sem reservas, ao amor ilimitado, sem condições e sem imposições? O amor não exige recompensa. O amor, dizia Edgar Cayce, não é possessivo; o amor é.

Se estamos com essas disposições, podemos começar. E começar pelo planejamento, e não pela execução atabalhoada e sem preparo. Examinaremos o assunto por partes e com as cautelas devidas.

Voltaremos às questões que formulamos acima, ao comparar o grupo nascente com um filho. Antes, ainda no corpo desta conversa inicial, uma observação de caráter pessoal: ao planejar a elaboração deste livro, julguei necessária uma pequena introdução que situasse a obra em seu contexto próprio. Não foi preciso escrevê-la, pois já estava pronta. A edição de *Reformador* de fevereiro de 1966 publicou um artigo intitulado "Espiritismo sem sessão espírita?", que a seguir transcrevo, por interessar aos objetivos deste livro.

———•———

Encontramos, às vezes, confrades que não gostam de frequentar sessões espíritas. As razões que os levam a essa decisão — creio eu — são respeitáveis, pois cada um de nós sabe de si e do que, modernamente, se convencionou chamar de suas motivações.

É preciso, entretanto, examinar de perto essa posição e ver o que contém ela de legítimo, não apenas no interesse da doutrina que todos professamos, mas também no interesse de cada um.

De fato, há alguns problemas ligados à frequência de trabalhos mediúnicos. O primeiro deles — e dos mais sérios — é o da própria mediunidade, essa estranha faculdade humana sobre a qual ainda há muito o que estudar. Outra dificuldade ponderável é a organização de um bom grupo que se incumba, com regularidade e seriedade, das tarefas a que se propõe.

Há outros problemas e dificuldades de menor importância, mas creio que basta considerarmos aqui apenas esses dois — o que não é pouco.

A análise das questões mais complexas quase sempre começa pelas definições acacianas e de vez em quando é bom a gente recorrer a velhos conceitos para iluminar obstáculos novos.

O Espiritismo doutrinário nasceu das práticas mediúnicas, delas se nutre e delas depende, em grande parte, o seu desenvolvimento futuro. O intercâmbio entre o mundo espiritual e este somente assumiu expressão e sentido filosófico depois que Kardec ordenou e metodizou os conhecimentos adquiridos no contato com os nossos irmãos desencarnados. Parece claro, também, que o equacionamento e a solução das grandes inquietações humanas vão depender, cada vez mais, da exata compreensão do mecanismo das relações entre esses dois mundos que, no final de contas, não são mais que um único, em planos diferentes. Logo, a prática mediúnica é não apenas aconselhável como indispensável ao futuro da humanidade.

Convém pensar também que a própria dinâmica da Doutrina Espírita exige esse intercâmbio espiritual, em primeiro lugar para que se observe e estude o fenômeno da mediunidade, suas grandezas, os riscos que oferece, as oportunidades de aprendizado e progresso que contém, não apenas para o médium, mas para aquele que assiste aos trabalhos e deles participa.

É claro que a mediunidade tem um mecanismo muito complexo e até agora poucos foram os cientistas dignos desse nome que se dedicaram, realmente, a fundo e com a mente desarmada de preconceitos, ao estudo dela. Mas se não a observarmos em ação, como poderemos almejar compreendê-la um dia? Só aprendemos a nadar pulando dentro d'água sob a orientação de quem já tenha, a respeito, noções satisfatórias. Se é incompleto o conhecimento sem a prática mediúnica, também o é o exercício desta sem o estudo daquilo que já se sabe sobre o fenômeno.

Evidentemente, precisamos estar atentos ao puro mediunismo sem objetivos mais elevados, como também ao animismo de certos médiuns mais interessados nas suas próprias ideias que na transmissão daquilo que recebem dos companheiros desencarnados.

Há riscos, sim. De mistificações por parte de pobres irmãos carecentes de entendimento. De aceitação de inverdades sutilmente apresentadas sob fascinantes roupagens. De aflições — embora passageiras — causadas pelo desfile das angústias de irmãos sofredores.

Será, porém, que isso constitui motivo para nos privarmos das recompensas do aprendizado, das alegrias que experimentamos ao encaminhar às trilhas da paz um Espírito em crise?

Há um universo a explorar. Há uma humanidade inteira clamando por ajuda, esclarecimento, compreensão e caridade no chamado mundo espiritual. Seus dramas e suas angústias não são puramente individuais. O Espírito que erra invariavelmente prejudica a alguém mais. Os erros que cometemos prendem-nos a uma cadeia de fatos e de seres que se estende

Introdução

pelo tempo afora. Nunca o drama de um Espírito é apenas seu. Há sempre, nesta vida ou em algumas das anteriores, elos que nos ligam a outros seres e a outras dores. Aquele que odeia muitas vezes já está maduro para o perdão — basta uma palavra serena de esclarecimento, um gesto de tranquila compreensão para libertar, não apenas o seu espírito da tormenta do ódio, mas também o irmão que lhe sofre as agressivas vibrações, provocadas por antigas mágoas. Aos que ainda desejam vingar-se de antiquíssimas ofensas, mostramos a inutilidade do seu intento e os novos problemas com que virão agravar o seu futuro. Ao que ainda se prende a superadas teologias, ajudamos a compreender a nova realidade que tem diante de si. A todos os que erraram, consolamos com a nossa própria imperfeição e com a certeza da recuperação. Os que já atingiram elevados patamares de conhecimento e amor, ouvimo-los com admiração e proveito. Muitos nos buscam apenas para trazer notícias das suas próprias conclusões, da nova compreensão diante desse mistério sempre renovado da vida.

Multidões de seres que aqui viveram inúmeras vezes, como criaturas encarnadas, lá estão à espera de ajuda e, no entanto, são tão poucos os grupos que se dispõem a esse trabalho que tão altos dividendos paga em conhecimento e progresso espiritual.

No exercício constante dessa atividade, vemos, cada vez melhor, a solidez inabalável da doutrina que nos legaram os Espíritos, por meio da lúcida inteligência de Kardec. Crentes ou descrentes, católicos ou protestantes, todos nos vêm confirmar as verdades mestras do Espiritismo: as de que o Espírito sobrevive à morte física, de que reencarna, de que progride e aprende, tanto na carne como no Espaço; de que as leis universais são perfeitas, iniludíveis, mas flexíveis, pois exigem reparação, ao mesmo tempo que fornecem os recursos para o reencontro do Espírito com o seu próprio destino. Nos dramas a que assistimos nas sessões mediúnicas, aprendemos a contemplar a transitoriedade do mal, a amarga decepção do suicida, a crueza do arrependimento daquele que desperdiçou o seu tempo na busca ansiosa das ilusões mundanas, a inutilidade das posições humanas, o ônus terrível da vaidade, a tensa expectativa de um novo mergulho na carne redentora, na qual o Espírito fica, pelo menos, anestesiado nas suas angústias.

Lições terríveis ministradas com lágrimas e gritos de desespero por aqueles que assumiram débitos enormes diante da Lei; lições de doce tranquilidade e de serena humildade dos que já superaram as suas fraquezas e vêm, sem ostentação, apenas para mostrar como é o Espírito daquele que já venceu a si mesmo na milenar batalha contra as suas próprias deficiências.

Muitas e variadas lições, aprendizado extenso e profundo para todos os que desejarem realmente apressar os passos e encurtar a caminhada que leva a Deus. Por que, então, desprezar esse trabalho magnífico que tanta recompensa nos traz e também aos nossos irmãos do outro lado da vida?

Quanto à organização dos grupos, não será tão difícil assim. Há estudos sérios e muito seguros de orientação doutrinária a respeito. É bom que o grupo seja pequeno, de preferência familiar, composto de pessoas que se harmonizem perfeitamente e que estejam interessadas num trabalho sério e contínuo. Que não se deixe desencorajar por dificuldades ou pela aparente insignificância dos primeiros resultados, nem se deixe fanatizar ou fascinar por pseudoguias. Aos poucos, demonstrada a seriedade de propósitos, os trabalhos irão surgindo sob a orientação de Espíritos esclarecidos. A cada bom grupo de seres encarnados dispostos à tarefa, corresponderá um grupo equivalente de Espíritos, num intercâmbio salutar de profundas repercussões, pois que Espiritismo é doutrina, mas é também prática mediúnica, e todos nós, ainda que nem sequer suspeitemos disso, temos compromissos a executar, ajustes a realizar com irmãos que nos aguardam mergulhados em ódios e incompreensões, que se envenenam a si mesmos e a nós próprios.

"Lamentar a desgraça" — dizia Horace Mann — "é apenas humano; minorá-la é divino."

E, assim, creio que estamos prontos para entrar na matéria propriamente dita.

Hermínio Corrêa de Miranda
Rio de Janeiro (RJ), 1976.

1
A instrumentação

O grupo

Voltemos às perguntas formuladas na Introdução. Em primeiro lugar, o preparo, que consiste na educação e na instrução dos componentes do grupo que se planeja, nos leva a outro quesito preliminar: quem devem ser os componentes? A tarefa começa, pois, com a seleção das pessoas que deverão participar dos trabalhos. Como todo grupamento humano, este também deve ter alguém que assuma a posição de coordenador, de condutor. É preciso, não obstante, muita atenção e vigilância desde esta primeira hora. Esse motivador, ou iniciador, não poderá fugir de certa posição de liderança, mas é necessário não esquecer nunca que tal condição não confere a ninguém poderes ditatoriais e arbitrários sobre o grupo. Por outro lado, o líder, ou dirigente, terá que dispor de certa dose de autoridade, exercida por consenso geral, para disciplinação e harmonização do grupo. Liderar é coordenar esforços, não impor condições. O líder natural e espontâneo é aceito também com naturalidade e espontaneidade, sem declarar-se tal. É até possível que, nos trabalhos preliminares de organização do grupo, surja a sutil faculdade da liderança em pessoas nas quais mais inesperada ela parecia. Nestas condições, aquele que iniciou a ideia deve ter grandeza suficiente para reconhecer que o outro, que revelou melhores disposições, está mais indicado para a função do que ele próprio. Num grupo espírita, todos são de igual importância.

O problema das rivalidades é tão antigo como a própria mediunidade. O apóstolo Paulo tratou dele, na sua notável *Primeira epístola aos coríntios*, capítulos 12 a 14 e, especificamente, nos versículos 4 a 30 do capítulo 12.[1]

O primeiro passo, portanto, que deve dar alguém que pretenda organizar um grupo mediúnico é selecionar as pessoas que irão compô-lo. É bom que isto se faça mesmo antes de se decidir que tipo de trabalho será executado — do que falaremos mais adiante — e quem será incumbido da direção das tarefas. Os motivos são de fácil entendimento. Em primeiro lugar, o problema da liderança a que acima aludimos: é possível que a pessoa mais indicada para dirigir os trabalhos não seja aquela que se propõe, de início, a organizar o grupo, cumprindo-lhe provar, no decorrer das gestões preparatórias, a força tranquila e segura da sua personalidade. Em segundo lugar, o grupo será a soma dos seus componentes, disporá das forças de cada um e terá como pontos fracos as fraquezas dos seus participantes. Em terceiro lugar, a natureza dos trabalhos a serem programados dependerá dos diferentes tipos de mediunidade que for possível reunir, do grau de sensibilidade, tato, inteligência, conhecimento e evangelização de cada um

---

[1] Nota do autor: Seria oportuna, sob este aspecto, a leitura do artigo *O livro dos médiuns de Paulo, o Apóstolo*, na edição de *Reformador* de fevereiro de 1974.

e de todos, e da qualidade do relacionamento pessoal entre os que se propõem trabalhar juntos nesse campo.

Assim, não basta juntar alguns amigos e familiares, apagar a luz e aguardar as manifestações. Que amigos e familiares vamos selecionar? Essa tarefa é extremamente delicada e crítica, pois dela vai depender, em grande parte, o êxito ou fracasso do grupo. Será recomendável que a pessoa que pretenda fundar um grupo, mesmo de âmbito doméstico, de proporções modestas e sem grandes ambições, guarde consigo mesma, por longo tempo, as suas intenções; que se entregue à prece constante, à meditação e ao estudo silencioso e demorado de cada pessoa; que examine, sem paixões e sem preferências, com toda a imparcialidade possível, as potencialidades de cada um, bem como os seus defeitos, virtudes, inclinações, tendências e temperamento. Não nos devem guiar aqui as preferências pessoais: "Vou incluir fulano ou sicrana porque gosto dele ou dela". É essencial que todos se estimem no grupo, mas só isto não basta. Podemos amar profundamente uma criatura que não ofereça condições mínimas para um trabalho tão sério como esse. É claro, por outro lado, que não é aconselhável incluir aqueles que, embora ofereçam outras condições favoráveis, se coloquem na posição de adversários e críticos demolidores de qualquer outro componente do grupo. Até a discordância ideológica acentuada, mesmo em outros setores do pensamento, pode criar dificuldades ao trabalho. Isto não quer dizer que todos tenham que pensar igualzinho, ou se transformarem em criaturas invertebradas, sem ideias próprias, sem personalidade e opinião. A franqueza é também um dos ingredientes necessários ao bom trabalho, desde que não alcance os estágios da rudeza que fere, mas a homogeneização dos ideais e das aspirações é condição importante para o bom entendimento que precisa prevalecer durante todo o tempo. Um só membro que desafine dessa atmosfera de harmonia poderá transformar-se em brecha por onde Espíritos desajustados introduzirão sutilmente fatores de perturbação e eventual desintegração do grupo.

É preciso entender, logo de início, que os componentes encarnados de um grupo são apenas a sua parte visível. O papel que lhes cabe é importante, por certo, mas nada se compara com as complexidades do trabalho que se desenrola do outro lado da vida, entre os desencarnados. Lá é que se realiza a parte mais crítica e delicada das responsabilidades atribuídas a qualquer grupo mediúnico, desde o cuidadoso planejamento das tarefas até a sua realização no plano físico, no tempo certo. Os componentes encarnados já fazem bastante quando não atrapalham, não perturbam, não interferem negativamente. É óbvio que ajudam de maneira decisiva, quando se portam com dignidade, em perfeita harmonia com o grupo; mas se não puderem ajudar, que pelo menos não dificultem as coisas. É melhor, por isso, recusar, logo de princípio, um participante em perspectiva, sobre o qual tenhamos algumas dúvidas mais sérias, do que sermos constrangidos, depois, a dizer-lhe que, infelizmente, tem que deixar o grupo, por não se estar adaptando às condições exigidas pelo trabalho.

É por isso que se recomenda uma longa meditação antes de decidir quanto à composição humana do grupo, para não fazermos o convite senão àqueles dos quais podemos contar com um mínimo de compreensão, entendimento e entrosamento com os demais.

Isto nos leva a uma outra questão, que deve ser logo decidida: quantos componentes encarnados deve ter um grupo? A experiência recomenda que os grupos não devem ser muito grandes, pois, quanto maiores, mais difícil mantê-los em clima de disciplina e harmonia. Léon Denis, em seu livro *No Invisível*, sugere de quatro a oito pessoas. O grupo pode funcionar bem até com duas pessoas, pois, segundo a palavra do Cristo, bastará que *dois* ou mais se reúnam em seu nome para que Ele aí esteja.

É claro, porém, que um grupo muito pequeno tem suas possibilidades também limitadas. No caso de apenas dois, por exemplo, um teria que ser o médium e o outro o doutrinador, e o médium não teria condições de prolongar o trabalho sem grande desgaste psíquico, mas é certo que, mesmo assim, alguma coisa séria poderia ser realizada. Acima dos oito componentes sugeridos por Denis, vai se tornando mais difícil a tarefa, não apenas do dirigente encarnado do grupo, como de seus orientadores invisíveis, porque a equipe se torna mais heterogênea, o pensamento divaga, quebra-se com frequência o esforço de concentração, e o prejuízo é certo para a tarefa. É possível, no entanto, se alcançada impecável homogeneização, fazer funcionar razoavelmente bem um grupo com mais de oito pessoas, mas acima de doze vai se tornando bastante problemática a sua eficácia.

É bom começar sem grandes ambições ou planos grandiosos. O mais certo é que, ao se planejar a instalação de um grupo, ainda não saibamos quanto à intenção dos Espíritos que nos são familiares, nem quanto à natureza dos trabalhos que pretendem realizar conosco. É certo, porém, que, sempre que um grupo se dispõe a reunir-se, com a finalidade de entrar em contato com os desencarnados, estes se apresentarão no momento oportuno. Isto é válido tanto para os que se dedicam com seriedade e boas intenções quanto para aqueles outros que se reúnem para se divertirem ou, pior ainda, para práticas condenáveis. Se a intenção é apenas fazer passar o tempo, virão os Espíritos levianos, galhofeiros, fúteis e inconsequentes, quando não claramente mal-intencionados, do que poderão resultar obsessões penosas e tenazes.

E, assim, chegamos a outro aspecto da questão: para que desejamos um grupo? Para simples estudo da Doutrina? Para conversar sobre Espiritismo? Para oferecer condições à manifestação de Espíritos familiares, que venham trazer pequenas mensagens, mais ou menos íntimas? Para experimentação e observação de natureza científica? Para tarefas mais sérias, de caráter doutrinário? Para os chamados trabalhos de desobsessão?

Esse ponto somente pode ser decidido, em definitivo, depois que tivermos selecionado os companheiros encarnados que vão compor a equipe. Por isso, logo que tenhamos resolvido, no silêncio da meditação e da prece, de que nomes deveremos cogitar para a composição do grupo, convém convocar uma reunião, para exame e debate das inúmeras questões que começam a colocar-se.

Essa reunião, obviamente não mediúnica, para a qual deverão ser convidados aqueles cujos nomes foram lembrados para uma consulta, será aberta com a leitura de um texto evangélico e uma prece. Em seguida, aquele que tomou a iniciativa de convocá-la fará uma breve exposição de seus objetivos e intenções.

A reunião será conduzida com descontração e espontaneidade, à medida que cada um apresentar sua contribuição ao debate. Serão arrolados os médiuns presentes, já atuantes, e os que tenham potencial mediúnico suscetível de desenvolvimento.

Não está previsto no escopo deste livro um estudo sobre o desenvolvimento da mediunidade, pois o assunto, bastante complexo, tem sido tratado em várias obras de confiança, especialmente em *O livro dos médiuns*, de Allan Kardec. Léon Denis também oferece contribuição valiosa, não só em *No invisível*, mas também em outras de suas obras. Recomenda-se, ainda, André Luiz, em *Mecanismos da mediunidade*, *Nos domínios da mediunidade* e *Libertação*, bem como o livro interpretativo de Martins Peralva, *Estudando a mediunidade*, todos editados pela Federação Espírita Brasileira.

O grupo

Creio oportuno acrescentar que esses livros não se dedicam especificamente a ensinar como desenvolver a mediunidade, e sim a apresentar um panorama, tão abrangente quanto possível, dos diversos aspectos dessa notável faculdade humana, muito mais comum do que tanta gente estaria disposta a admitir.

Não há fórmulas mágicas nem ritos especiais para fazer eclodir a mediunidade numa pessoa que a tenha em potencial.

O desenvolvimento mediúnico é trabalho delicado, difícil e muito importante, que exige conhecimento doutrinário, capacidade de observação, vigilância, tato, firmeza e muita sensibilidade para identificar desvios e desajustes que precisam ser prontamente corrigidos, para não levarem o futuro médium a vícios funcionais e até mesmo a perturbações emocionais de problemática recuperação.

No passado remoto, esse encargo era de caráter iniciático. O instrutor ia dosando seus ensinamentos segundo as forças e a receptividade do discípulo, e este somente chegava aos estudos mais avançados de desenvolvimento de suas faculdades se ao longo do processo viesse demonstrando, sistematicamente, as condições mínimas exigidas para a tarefa a que se propunha.

Evidentemente não há, hoje, necessidade de um guru que leve o discípulo, por estágios sucessivos, até o ponto ideal. O Espiritismo desmistificou o antigo ocultismo, tornando o conhecimento básico acessível ao homem comum. Não nos esqueçamos, no entanto, de que a técnica do desenvolvimento mediúnico ainda exige atenção, acompanhamento e orientação pessoal de alguém que tenha condições morais e doutrinárias para fazê-lo. A mediunidade, salvo casos especiais, não deve ser desenvolvida isoladamente e sem apoio dos livros essenciais ao entendimento dos seus componentes básicos.

Colocado num grupo harmonioso e bem assistido, em que funcionem médiuns bem disciplinados e já em plena atividade, é possível ao médium incipiente desenvolver, pouco a pouco, suas faculdades. O dirigente do grupo deve manter-se atento a essa possibilidade. De forma alguma, porém, o treinamento mediúnico deve ser intentado com base em obras suspeitas ou organizações que prometam resultados prontos e maravilhosos em algumas lições. É também uma imprudência forçar o desenvolvimento sem nenhuma preocupação de estudar a questão nos livros que compõem a Codificação de Kardec e a obra complementar de seus continuadores.

———— • ————

Após esta digressão acerca do desenvolvimento mediúnico, voltemos ao assunto em foco.

Ao cabo de algumas reuniões de debate e ajustamento, o perfil do grupo que se pretende implantar já deve estar suficientemente definido. Qualquer que seja a natureza do seu trabalho — estudo, pesquisa, experimentação, desobsessão — não deve iniciar suas tarefas específicas senão ao cabo de um aprendizado mais ou menos longo das questões doutrinárias. Mesmo que os componentes da futura equipe se julguem suficientemente informados e conhecedores da Doutrina dos Espíritos, vale a pena uma revisão geral. Embora não gostemos de admitir, nosso conhecimento é menor do que pensamos. Ademais, é difícil reunir um grupo de pessoas — seis ou oito — que conheçam igualmente, e em profundidade, todas as obras essenciais à tarefa a que se propõem. O mais provável é que o grupo se componha de gente em diferentes estágios de conhecimento, desde aquele que tem apenas vagas noções até o que já possui conhecimentos mais profundos. Será útil para todos um período de atualização de conhecimentos, a começar, naturalmente, por *O livro dos espíritos*, seguido de *O livro dos médiuns*.

Para não prolongar demasiadamente este período de revisão, deve ser dada prioridade à "Parte segunda" de *O livro dos espíritos*, que cuida "Do mundo espírita ou mundo dos Espíritos", e à "Parte segunda" de *O livro dos médiuns*, a partir do capítulo XIV — "Dos médiuns".

A duração e frequência das reuniões de estudo serão objeto de debate e ajuste entre os componentes. Não é preciso fazer a leitura de cada capítulo no decorrer das reuniões, desde que todos o tenham estudado, segundo a programação acordada, durante o período que vai de uma reunião à seguinte. A reunião se destina à verificação do progresso que cada um realiza na revisão, e ao debate e esclarecimento das dúvidas surgidas. Seu objetivo final será sempre o de homogeneizar os diversos graus de conhecimento doutrinário, para obter a integração do grupo.

Não deve subsistir nenhuma preocupação com o tempo despendido nesse trabalho preparatório, que poderá ser mais longo ou mais curto, segundo o grau de conhecimento dos seus componentes, a boa vontade e a dedicação de cada um.

Por algum tempo, até que se consiga alcançar uma fase de melhor preparo doutrinário, torna-se aconselhável serem evitadas as manifestações mediúnicas, mesmo que haja no grupo médiuns já desenvolvidos. De certo ponto em diante — e isto fica a critério daquele que se responsabiliza por esta fase dos trabalhos —, as tarefas mediúnicas poderão ser iniciadas em paralelo com as de estudo. Nesse caso, o estudo precederá as manifestações e deverá, ainda por algum tempo — que poderá ser longo —, ocupar boa parte do horário.

Nunca é demais enfatizar a importância e a utilidade desta fase preparatória, pois não apenas os encarnados se beneficiam dela como também os desencarnados que, certamente, começarão a ser trazidos pelos benfeitores espirituais, para aproveitarem os ensinamentos ministrados. Esse período é, ainda, muito útil para afinar o grupo, ajustar seus vários componentes, revelar as tendências e potencialidades de cada um e, até mesmo, por um processo natural de seleção, excluir, sem atritos ou desgosto, aqueles que não se sentirem em condições de se entregar ao trabalho, que exige, certamente, renúncia, dedicação, assiduidade, tolerância, estudo e amor. Os impacientes deixarão o grupo espontaneamente, em processo de exclusão natural. Não que sejam impuros (por favor!), mas por ser melhor que abandonem a tarefa pela metade, do que insistirem em ficar, em prejuízo dos resultados. No primeiro caso, estariam prejudicando apenas a si mesmos; no segundo, sacrificariam todo o conjunto. Talvez em outra oportunidade, mais adiante, resolvam dedicar-se com maior entusiasmo e firmeza. Tarefas como essas não podem ser impostas, nem forçadas; têm que se apoiar num impulso interior, no desejo de servir, de apagar-se, se necessário, dentro da equipe, de modo que os resultados obtidos sejam impessoais, coletivos, não creditáveis exclusivamente ao trabalho individual deste ou daquele componente do grupo. Quem não estiver disposto a aceitar essas condições não está preparado para o trabalho.

A essa altura, portanto, o grupo já deverá estar com o seu perfil suficientemente nítido. Já se sabe quais os que o compõem, quais são os médiuns, quem se revelou com melhores condições de liderança e tato na condução da equipe, e qual a natureza do trabalho a que esta deve dedicar-se, bem como a duração e frequência das reuniões (sobre o que falaremos, ainda, em outro ponto deste livro).

É, então, chegado o momento de especificar a finalidade e os objetivos do grupo.

O grupo

A primeira grande divisão consiste em saber se o grupo vai dedicar-se apenas a estudos ou a trabalhos experimentais. Não que uma coisa exclua a outra, mas a definição é importante porque, como diziam os antigos, quem navega sem destino não sabe aonde vai.

A natureza do trabalho pode variar bastante, segundo os interesses e inclinações de seus componentes, especialmente daqueles que se dedicam à organização da equipe. É possível que desejem apenas a experimentação de caráter puramente científico, com ênfase na fenomenologia, o que seria uma tarefa quase de laboratório. Não há muito a dizer aqui sobre este aspecto, dado que o assunto escapa à minha área de competência e experiência.

Alguns grupos, desinteressados do aspecto prático, podem ser constituídos apenas para o estudo teórico da Doutrina. Também são válidos, é claro. Outros podem combinar o estudo teórico com a experimentação científica ou mediúnica. Este livro está mais voltado para esta última opção, e é sobre ela que nos fixaremos.

Suponhamos, pois, que o grupo se resolva pelo trabalho de desobsessão.

Voltemos à imagem do filho. Já decidimos que desejamos o trabalho, já nos convencemos, após algum tempo de estudo teórico, de que estamos preparados para ele. Estamos igualmente dispostos aos sacrifícios e às renúncias que o trabalho impõe. A tarefa precisa ser desenvolvida com muita assiduidade e continuidade ininterrupta. Nem sempre estaremos fisicamente dispostos a ela, em virtude do cansaço, das lutas naturais da vida diária, do desgaste e das tensões provocados pela atividade profissional, dos inconvenientes oriundos de pequenas indisposições orgânicas.

O dia destinado à reunião exige renúncias diversas, pequeninas, mas às quais nem sempre estamos acostumados:

moderação e vigilância, por exemplo. Como os trabalhos são usualmente realizados à noite, não podemos destiná-la ao convívio da família, aos passeios, às visitas, ao relaxamento, à leitura de livro recreativo ou à novela de televisão. É um dia de recolhimento íntimo, ao qual temos que nos habituar, aos poucos. Estamos cientes disso.

Da mesma forma, encontramo-nos perfeitamente conscientizados das responsabilidades que assumimos. Vamos nos defrontar com Espíritos desajustados que, no desespero em que se precipitaram, voltam-se contra nós, muitas vezes sem razão alguma, senão a de que estamos tentando despertá-los para realidade extremamente dolorosa, da qual se escondem aflitivamente. A responsabilidade é grande, pois, e sabemos disso. Encontraremos percalços e nos empenharemos em lutas renhidas pelo bem. Mesmo assim, desejamos o grupo. Um pouco de humildade nos fará, aqui, um bem enorme. Não planejamos um grupo para reformar o mundo, nem para conquistar todos os grandes Espíritos que se debatem nas sombras. Haveremos de nos preparar apenas para a nossa pequena oferenda. Os orientadores espirituais saberão o que fazer dela, porque, muito melhor do que nós, estão em condições de avaliar as nossas forças, recursos, possibilidades e intenções, bem como as nossas fraquezas. O planejamento é realizado no mundo espiritual. A nós, encarnados, caberá executá-lo, dentro das nossas limitações. De tudo isto estamos conscientes. Tudo isto aceitamos. Resta o compromisso do amor fraterno, que não pode ser parcial, condicionado, a meio coração, reservado; tem de ser total. Começa com o relacionamento entre os componentes do grupo, que precisa apoiar-se no perfeito entrosamento emocional de todos, para o que, obviamente, é indispensável que todos se estimem e se respeitem. Sem isso, impraticável seria doar o amor de que necessitam os irmãos desencarnados que nos procurarem, movidos pela esperança secreta de que os conquistemos para as alegrias do amor fraterno. É nessa oportunidade, que se renovará em todos os encontros, que colocaremos em prática aquele sábio ensino de Jesus, que nos recomenda amar os nossos inimigos. Muitos Espíritos, em doloroso estado de desajuste emocional, se apresentarão, diante de nós, como verdadeiros inimigos, irritados, agressivos, a deblaterarem em altas vozes, indignados com a nossa interferência em seus afazeres. Sem aquele amor incondicional que nos recomendava o Cristo, como iremos oferecer-lhes a segurança da compreensão e da tolerância de que tanto necessitam?

Estão resolvidas, portanto, as preliminares. Temos o grupo montado e já definimos os seus objetivos. A próxima questão que se coloca é: onde e quando reuni-lo?

Consideremos primeiro a segunda parte. A frequência das reuniões é usualmente de uma vez por semana, à noite. Dificilmente um grupo terá condições de reunir-se regularmente, durante vários anos, mais de uma vez por semana. Todos ou quase todos os seus componentes têm compromissos sociais, familiares e até profissionais, que tornam impraticável reuniões mais frequentes. A noite é escolhida justamente porque, a partir de certa hora, estão todos com as tarefas do dia concluídas. Uma boa sugestão seria reservar, para os trabalhos mediúnicos, a segunda-feira, a partir de 20 horas ou 20h30, com duração máxima de duas horas. Justifiquemos a escolha da segunda-feira. É que ela sucede ao repouso mais longo do fim de semana, quando já tivemos a oportunidade de nos refazer das canseiras dos dias de atividade, tanto profissional quanto no próprio grupo. Isto é especialmente válido para os médiuns, nos quais o desgaste psíquico é sempre grande nos dias em que atuam.

O outro aspecto da questão diz respeito ao local. As sessões podem ser realizadas em casa ou convém buscar outro local, de preferência um centro, com acomodações especiais? Alguns confrades temem a realização de trabalhos de desobsessão em casa, com receio da influência negativa dos Espíritos desarmonizados que são atraídos. A questão é delicada e não pode ser respondida sumariamente, sim ou não. Há uma porção de condicionantes. Se for possível um local apropriado, num centro espírita bem orientado, o trabalho deve ser feito aí. Por outro lado, num lar tumultuado por disputas, rivalidades, ciúmes, paixões subalternas e desajustes de toda sorte, a realização de trabalhos de desobsessão poderá agravar as condições, pois será difícil aos companheiros desencarnados, que orientam o grupo, assegurar um clima de equilíbrio e proteção, tanto para os Espíritos trazidos para serem atendidos, como para as pessoas que vivem na casa. Num lar normal, porém, o trabalho mediúnico equilibrado e bem dirigido, sob a proteção de orientadores espirituais competentes e esclarecidos, pode funcionar sem problemas e até com benefícios para a vida doméstica.

Isto não exclui a necessidade de vigilância e atenta observação, pois é evidente que Espíritos infelicitados pela desarmonia interior tenderão sempre a transmitir sua perturbação àqueles aos quais tiverem acesso, ou seja, àqueles que deixarem cair suas guardas, criando brechas por onde penetrem emissões negativas e inquietantes. Mas isto acontece, haja ou não haja grupo mediúnico reunido em casa. O que nos defende da investida de companheiros infelizes das sombras não é a realização de sessões bem distantes do local onde vivemos, é a prece, são as boas intenções, é o desejo de purificar-se, de aperfeiçoar-se, de servir. Para cobrar nossos compromissos, os Espíritos desajustados nos buscam em qualquer lugar, até nas profundezas de esconderijos mais abjetos na carne, ou nas furnas do mundo espiritual inferior.

Por outro lado — e isto vai dito com bastante pesar — nem todos os centros oferecem condições ideais para o difícil trabalho da desobsessão. Pode haver casos em que o ambiente psíquico de uma instituição esteja sob a influência de rivalidades, disputas internas, questões de ordem material ou financeira, desorientações ou práticas que a Doutrina Espírita não endossa e até mesmo condena formalmente. Em tais condições, torna-se muito difícil um trabalho mediúnico sério e responsável. Os Espíritos perturbadores poderão encontrar meios para neutralizar tarefas que se anunciam, de início, promissoras. Não quer isso dizer que não haja proteção e amparo por parte dos Espíritos bem-intencionados que nos assistem, mas, em todo relacionamento com o mundo espiritual, há sempre a parte que compete a nós realizar. Essa, os Espíritos não a farão por nós. Seria o mesmo que mandar os filhos à escola e fazer por eles todos os deveres.

O que garante a estabilidade de um bom grupo mediúnico não é a sua localização física, geográfica; é o equilíbrio psíquico, emocional, daqueles que o compõem. Em ambiente perturbado, no lar ou no centro, qualquer grupo torna-se vulnerável ao assédio constante das vibrações negativas que cercam os seus componentes. Se na vida diária, sob condições perfeitamente normais, já somos tão assediados pelos cobradores invisíveis, é claro que podemos contar com um esforço muito maior deles, quando nos dedicamos à delicada tarefa de interferir com as suas paixões, ódios e rancores.

Por outro lado, antigos comparsas de erros passados procuram sempre impedir que caminhemos pela senda áspera da recuperação, pois sabem que é com esses processos que nos redimimos e nos colocamos ao abrigo de suas investidas.

Nada de ilusões, pois. O trabalho de desobsessão não é fácil, qualquer que seja o ambiente em que se realize, e, por isso, não pode ser recomendado para um meio que, do ponto de vista humano, já se encontre tumultuado e desequilibrado.

O cômodo destinado às sessões deve ser escolhido com critério e extremo cuidado. Precisa ser suficientemente amplo e arejado, para acomodar bem todos os participantes. Deve ser isolado, tanto quanto possível, das demais dependências do prédio, sendo inadmissível, por exemplo, para essa finalidade, uma passagem obrigatória para aqueles que não participem dos trabalhos, como uma sala de entrada que dê para a rua. A qualquer momento, uma pessoa da casa ou um visitante inesperado estaria tocando a campainha ou batendo à porta, interrompendo o curso das atividades. O cômodo não deve ter telefones que possam tocar subitamente, causando choques e perturbações àqueles que se acham concentrados. Deve estar igualmente abrigado de ruídos de tráfego ou gritos vindos da rua, sons de televisão ou rádio ligados nas redondezas. Quando possível, deve ser provido de um condicionador de ar, para as noites de verão intenso, dado que o mal-estar físico dos participantes dificulta sobremaneira o bom andamento dos trabalhos.

Mesmo nos demais dias da semana, a sala onde se realizam os trabalhos mediúnicos deverá ser preservada. É preciso evitar ali reuniões sociais, conversas descuidadas, visitas inconvenientes, atos reprováveis. O ambiente costuma ser mantido em elevado teor vibratório pelos trabalhadores espirituais, o que se nota, especialmente nos dias de reunião, ao se penetrar no cômodo.

O ideal, portanto, é ter um compartimento destinado somente à tarefa mediúnica. Quando isso for impraticável, que pelo menos se tenha o cuidado de usá-lo apenas para atividades nobres, como a boa leitura, a música erudita, o preparo de artigos e livros doutrinários, o estudo sério.

O grupo

Essa recomendação é tão válida para a hipótese de se desenvolver o trabalho tanto em casa como no centro espírita. A proteção magnética da sala mediúnica deve ser preservada com todo o cuidado, para não viciar os dispositivos de segurança do trabalho, não perturbar a harmonia do ambiente, não interferir com os meticulosos preparativos realizados pelos companheiros desencarnados que dirigem e orientam as tarefas. Ademais, com frequência, alguns Espíritos em tratamento ficam ali em repouso, por algumas horas, de um dia para o outro, por exemplo, enquanto não são removidos para instituições apropriadas.

Quem não puder manter essas condições mínimas, em sua casa ou no centro, não deve tentar trabalho mediúnico de responsabilidade.

O ingresso na sala deve ser feito apenas minutos antes do início da sessão. A recepção dos componentes e a conversação inicial serão realizadas em outro cômodo, uma vez que, por maior que seja o cuidado, pode escapar um pensamento impróprio ou uma expressão infeliz, numa conversa descontraída, especialmente porque, após o espaço de uma semana, que usualmente vai de uma reunião à outra, quase todos gostam de relatar experiências e acontecimentos. Torna-se, dessa maneira, mais difícil manter um clima de absoluta vigilância. Com frequência, os Espíritos nos demonstram, depois, no decorrer dos trabalhos, que se achavam presentes à conversação prévia. Sempre que a conversa descamba para assuntos menos nobres, eles fazem uma advertência amiga, pedindo que fiquemos nos temas de caráter doutrinário ou, pelo menos, em conversa neutra. Quer isto dizer que são proscritos dessas conversações prévias, por motivos mais que óbvios, os comentários sobre o crime da semana, sobre o último casamento do astro da novela, a piada do dia, ou a derrota do nosso time de futebol.

Em lugar desses assuntos, que deixaremos para as frívolas reuniões sociais, a temática pode perfeitamente girar em torno de questões doutrinárias. Uma boa sugestão é a de recapitular a semana, naquilo que pode contribuir para ajudar o desenvolvimento do trabalho.

Frequentemente, os médiuns e outros participantes têm sonhos, recebem intuições ou pequenos avisos e conselhos de Espíritos amigos, ou têm a relatar contatos mantidos, em desdobramento, com mentores do grupo ou com os companheiros que estão sendo tratados ou que ainda virão a manifestar-se. Essa técnica se desenvolve com o tempo. Depois que todos os componentes do grupo forem alertados para as suas possibilidades e vantagens, passam a observar com maior atenção os acontecimentos e anotar sonhos, intuições e "recados" do mundo espiritual. É evidente que esse material deve ser examinado e criticado com extremo cuidado, para que o grupo não se embrenhe pela fantasia.

A experiência do pequeno grupo do qual faço parte tem sido bastante positiva neste particular. De modo geral, os "sonhos", que são verdadeiros desdobramentos, trazem informações valiosas, que os Espíritos em tratamento posteriormente confirmam, no decorrer do diálogo mantido com o doutrinador.

Geralmente, esses contatos são preliminares ao trabalho, iniciado no mundo espiritual, antes que a manifestação se torne ostensiva no grupo mediúnico. O tema é tratado mais amplamente em outro ponto deste livro.

———•———

Minutos antes de iniciar a sessão, todos se dirigirão, em silêncio, ao cômodo destinado aos trabalhos, e se sentarão em torno da mesa. Cessarão, a essa altura, todas as conversas.

O grupo

Aquietam-se as mentes, tranquilizam-se os corações, desligam-se das preocupações do dia, relaxam os músculos, e todos se predispõem ao trabalho.

A essa altura, a sala já está preparada pelos responsáveis espirituais (no grupo do qual faço parte, um dos médiuns viu, mais tarde, depois de recolhido ao leito, em retrospecto, toda a sessão, desde o preparo da sala). Neste caso, o cômodo destinado às reuniões fica completamente isolado do corpo da casa, tendo acesso apenas por uma passagem externa. Cerca de duas horas antes, a sala está preparada fisicamente para a reunião: mesa e cadeiras em posição, a água destinada à fluidificação, os livros que contêm os textos destinados à leitura, material para eventual psicografia, papel, lápis, canetas esferográficas, o caderno de preces, o gravador com a fita[2] já também em posição para captar a mensagem final dos mentores do grupo, uma pequena luz indireta, preferentemente de cor, pois a luz branca é prejudicial a certos fenômenos mediúnicos. Sugere-se a cor vermelha.

Depois de todos esses preparativos, os trabalhadores do mundo espiritual, segundo viu o nosso médium, em retrospecto, inspecionam o cômodo, dando voltas em torno da mesa e providenciando para que fossem estabelecidas certas "ligações" com o plano superior, através de aparelhos e "fios" luminosos que se prendiam às cadeiras de cada membro. Esta é a razão pela qual cada um deve ter seu lugar fixo em torno da mesa, uma vez que os dispositivos ligados às cadeiras se destinam a facilitar o trabalho, atendendo a características específicas de suas mediunidades, bem como às condições do Espírito que será trazido para tratamento.

Outra recomendação, que parece útil, a esta altura, ainda com relação à distribuição do pessoal em torno da

---

[2] N.E.: Por ocasião do lançamento desta obra, utilizava-se nas reuniões o gravador de fita magnética (cassete). Hoje, tem-se à disposição recursos mais modernos para este fim, como gravadores digitais.

mesa: sempre que possível, o dirigente deve sentar-se de forma a ficar ao lado dos médiuns e não face a face. Este conselho é ditado pela boa técnica de reuniões profanas, que recomenda que duas ou mais pessoas, que vão debater um assunto, não devem defrontar-se, para não exacerbar o antagonismo. A razão é puramente subjetiva e psicológica. É mais fácil, a qualquer um de nós, alcançar um entendimento com uma pessoa ao nosso lado, do que se ela estiver exatamente diante de nós. A posição frente a frente parece levantar em nós os resíduos e os depósitos acumulados pelos milênios em que enfrentávamos nossos adversários em lutas pela sobrevivência. No caso das sessões mediúnicas, o objetivo não é disputar uma peleja de vida ou morte, mas dialogar amistosamente com um Espírito em estado de confusão e desespero, que desejamos despertar para uma realidade que ele se recusa tenazmente a aceitar. Se opomos, à sua agressividade, a nossa, nada conseguiremos. Tudo deve ser feito, pois, para eliminar qualquer empecilho que possa existir entre o comunicante e o doutrinador.

Antes de prosseguir, façamos uma revisão geral na sala.

Os móveis estão na posição certa e os lugares predeterminados. Todos devem ocupar os assentos em silêncio, sem fazer alarido e arrastamento ruidoso de cadeiras. Se há trabalhos de psicografia, o material correspondente deve achar-se sobre a mesa: papel em folhas soltas, vários lápis apontados e esferográficas, num copo ou outro recipiente apropriado. Se os trabalhos forem mistos, ou seja, de psicografia e incorporação, convém que o material não fique ao alcance dos médiuns de incorporação, pois um Espírito mais turbulento pode, num gesto brusco, atirar os objetos ao chão. Se há psicografia, quem ficar ao lado do médium deve estar preparado para remover as folhas, à medida que são escritas.

O caderno de preces destina-se a receber o nome dos encarnados e desencarnados para os quais desejamos solicitar ajuda espiritual. Os nomes devem ser escritos antes de começar a sessão, sempre em silêncio, sem comentários. Pode ser adotado o processo de indicar com um pequeno sinal, em forma de cruz, os nomes das pessoas desencarnadas. Na hora da prece, serão mentalizados pelos interessados.

Lá está, igualmente, sobre a mesa, o livro que contém o material de leitura preparatória, geralmente uma obra mediúnica assinada por Emmanuel — *Vinha de luz*, *Pão nosso*, *Fonte viva* —, ou por outro autor da preferência do grupo.

A água destinada a ser fluidificada deve estar num jarro de vidro, juntamente com pequenos copos, de preferência ao lado da mesa, para que, num movimento mais violento, não sejam atirados ao chão. Não convém que a água esteja gelada: um amigo espiritual nos disse, certa vez, que a água à temperatura normal do ambiente se prestava mais facilmente à fluidificação ou magnetização.

Quanto ao gravador de som, deve estar pronto para entrar em ação com o mínimo de operações e ruídos: a fita em posição, microfone já anteriormente testado, de preferência posto sobre um móvel ao lado da mesa principal. Se emitir luz intensa de algum visor, este deve ser coberto com um objeto opaco. No momento oportuno, bastará dar a partida. É conveniente, ao testá-lo, gravar a data da sessão. No grupo que frequentamos, o gravador é reservado para a mensagem final, usualmente transmitida depois do atendimento dos companheiros necessitados. Essas mensagens, acumuladas ao longo do tempo, constituirão precioso repositório de ensinamentos e de experiência no trato com os problemas do mundo espiritual, e devem ser preservadas para referência futura.

Todos se encontram, assim, a postos.

As sugestões oferecidas a seguir não são, obviamente, mandamentais, pois cada grupo acaba por encontrar a sua dinâmica própria, dentro do roteiro mais ou menos comum a esse tipo de trabalho. Proporemos, aqui, um roteiro típico, que pode, evidentemente, sofrer variações, a critério de cada grupo.

Depois de todos acomodados e em silêncio, é feita a leitura do texto do dia, geralmente, em sequência, ou seja, um para cada sessão (a data da sessão deverá ser anotada ao pé da página). Alguns grupos costumam comentar o texto lido; tais comentários não devem ser muito longos, nem elaborados, nem guardar tom oratório: serão singelos e sem retórica bombástica.

Em seguida, a luz mais intensa é apagada, restando apenas a lâmpada mais fraca, que forneça iluminação discreta, de preferência em cor suave, indireta, apenas suficiente para se distinguir o ambiente, as pessoas e os objetos. Convém retirar, neste momento, os objetos que se encontrem sobre a mesa, pelas razões já apresentadas.

É feita a prece, que também não deve ser longa, nem decorada, ou em tom de discurso: uma rogativa simples, na qual se solicite a proteção para os trabalhos, a colaboração dos amigos espirituais, a inspiração e a predisposição para receber os companheiros aflitos com amor, tolerância e compreensão.

Finda a prece, todos ficam recolhidos, em silêncio, concentrados, atentos, mas em estado de tranquilidade e relaxamento muscular.

Em alguns grupos, o dirigente encarnado dos trabalhos, ou o mentor espiritual, costuma designar previamente os médiuns que irão atuar, fixando-lhes até o número de Espíritos que deverão atender, bem como os médiuns que não deverão "dar passividade" a nenhum manifestante. Embora se trate de uma posição respeitável e bem-intencionada, com o propósito aparente de disciplinar as atividades do grupo, não é recomendável o procedimento.

Procurarei apresentar as razões.

A designação prévia do médium pode criar neste uma expectativa, e até certa ansiedade, que o leve a "forçar" uma comunicação, e até mesmo levá-lo ao fenômeno do animismo, se não estiver bem preparado para a sua tarefa e habituado ao exercício da mediunidade vigilante. Não convém correr esse risco, pois nem todos os grupos estariam preparados para identificar a dificuldade e corrigi-la. Por outro lado, não conhecemos, com precisão, o planejamento realizado no mundo espiritual. É bem possível que convenha encaminhar primeiro determinado Espírito, por determinado médium; e se, por desconhecimento, designamos outro médium, altera-se a sequência do trabalho programado, o que acarretará adaptações de última hora, que vão sobrecarregar os companheiros desencarnados. É que os Espíritos a serem tratados encontram-se ali, no ambiente, e muitas vezes, depois de presenciarem um atendimento particularmente dramático ou tocante, o próximo companheiro já vem predisposto e mais receptivo à doutrinação. Os mentores do grupo conhecem bem esse mecanismo e sabem melhor como dispor as manifestações.

Acresce ainda uma observação. Acreditam alguns que esse processo de designar cada médium, de uma vez, evita que todos sejam tomados ao mesmo tempo e se crie balbúrdia prejudicial ao trabalho. Na minha experiência pessoal, nunca encontrei essa dificuldade. É frequente verificarmos que outros médiuns já se acham ligados aos próximos manifestantes, mas, num grupo bem ajustado, os mentores terão recursos suficientes para contê-los, até que chegue a vez de falarem.

Em suma: a sequência da apresentação dos desencarnados e a escolha dos médiuns, que irão atuar ou não, devem ficar a critério dos dirigentes espirituais do grupo, que não têm necessidade de anunciar-nos previamente o plano de trabalho da noite, para que ele se desenrole harmoniosamente. Pelo contrário, quanto menos interferirmos, melhor.

É excusado dizer que a sessão deve ter hora prefixada para começar e para terminar. Os companheiros necessitados devem ser atendidos rigorosamente dentro do horário a eles destinado. Em hipótese alguma deve permitir-se que, por iniciativa dos manifestantes, ou não, seja ultrapassada a hora. Certa vez, tivemos a esse respeito uma lição preciosa. Percebendo que a hora se esgotava, o Espírito manifestante, muito ardilosamente, começou a manobrar para ganhar tempo. Quando o dirigente lhe disse que precisava partir, ele apelou para a boa educação:

— Você está me mandando embora?

E com essas e outras, o diálogo ainda se alongou por alguns minutos. Terminado o atendimento, um dos orientadores recomendou-nos, em termos inequívocos, que evitássemos a repetição do ocorrido. Explicou que o trabalho mediúnico é protegido e assistido por uma equipe de segurança, composta de obreiros do lado de lá. Esgotado o prazo, eles têm que se retirar, uma vez que outras tarefas inadiáveis os aguardam alhures, e o mecanismo de segurança fica substancialmente enfraquecido. Os Espíritos turbulentos, sabendo disso, procuram demorar-se, para provocar distúrbios e levar o pânico ao grupo, o que seria desastroso. A lição é importante.

Terminado o atendimento, enquanto se aguarda a palavra final dos mentores, há uma pausa, que deve ser usada para uma pequena prece, que ajuda a repor o ambiente em termos mais calmos, depois das várias manifestações de companheiros aflitos, às vezes barulhentas e indignadas.

O grupo

Concluída a mensagem final, que, como vimos, convém gravar, para futura referência e estudo, os trabalhos são encerrados com uma prece.

É hora dos comentários finais.

Há sempre o que comentar após uma sessão mediúnica. É preciso, no entanto, que tais comentários obedeçam a uma disciplina, para que possam ser úteis a todos. É que, usualmente, os Espíritos atendidos ainda permanecem, por algum tempo, no recinto. Seria desastroso que um comentário descaridoso fosse feito, em total dissonância com as palavras de amor fraterno que há pouco foram ditas, pelo dirigente, durante a doutrinação. Os manifestantes, no estado de confusão mental em que se encontram, tudo fazem para permanecer como estão. Embora inconscientemente desejem ser convencidos da verdade, lutam desesperadamente para continuar a crer ou a descrer naquilo que lhes parece indicado. Se percebem que toda aquela atitude de respeito, recolhimento e carinho é insincera, dificilmente poderão ser ajudados em outra vez.

Por isso, dizia que os comentários devem ser disciplinados. O dirigente deve perguntar pela experiência de cada um. Os médiuns videntes sempre têm algo a dizer, pois percebem a presença desta ou daquela entidade, ou têm acesso a fenômenos que usualmente interessam ao bom andamento dos trabalhos ou trazem indicações a serem utilizadas na sessão seguinte. Se o dirigente não dispõe do recurso da vidência, os médiuns videntes do grupo devem ajudá-lo discretamente, com o mínimo de interferência, durante os trabalhos. O mesmo se aplica aos médiuns clariaudientes. Os comentários finais não devem prolongar-se por muito tempo. Geralmente, ao terminar a sessão, é tarde da noite, e os componentes do grupo, especialmente os que moram longe, precisam retirar-se, pois o trabalho os espera pela manhã do dia seguinte, com as suas lutas e canseiras.

Mesmo que a sessão tenha terminado, o comportamento de todos, ainda no recinto, deve ser discreto, sem elevar demasiadamente a voz, sem gargalhadas estrepitosas, embora estejam todos, usualmente, felizes e bem-humorados, por mais uma noite de trabalho redentor.

Antes de se retirarem, em ordem e discretamente, é distribuída a água.

É preciso, porém, observar que o trabalho dos componentes de um grupo mediúnico não termina com o encerramento da sessão. Mesmo durante o espaço de tempo que vai de uma reunião à próxima, de certa forma todos estão envolvidos nas tarefas. Inúmeras vezes, os Espíritos em tratamento nos dizem claramente que nos seguiram em nossa atividade normal. Desejam testar a boa vontade, avaliar a sinceridade, ajuizar-se do comportamento de cada membro do grupo, especialmente do médium pelo qual se manifestaram e do dirigente que se incumbiu de doutriná-los. É preciso que se tenha o cuidado para não pregar uma coisa e fazer outra inteiramente diversa. Por outro lado, aqueles companheiros particularmente enfurecidos tentarão, no desespero inconsciente em que se acham, envolver-nos com seus artifícios. Se, no decorrer da semana, oferecemos brechas causadas por impulsos de cólera, de maledicência, de intolerância, de invigilância, enfim, estaremos admitindo, na intimidade do ser, emanações negativas que os companheiros infelizes estão sempre prontos a emitir contra nós, na esperança de nos neutralizar, para que possam continuar no livre exercício de suas paixões e desvarios. Todo cuidado é pouco. Nos momentos em que sentirmos que vamos fraquejar, recomenda-se uma parada para pensar e uma pequena prece, qualquer que seja o local onde nos encontremos. Os irmãos desesperados certamente nos cobrarão, no próximo encontro, as fraquezas que conseguiram identificar em nós. É claro que não nos podemos colocar como seres puríssimos e redimidos, incapazes de errar. Estejamos, assim, preparados para uma interpelação, pois eles o farão, certamente.

Certo Espírito, em grande estado de agitação — desencarnação recente, em circunstâncias trágicas — me pediu que falasse com sua mãe, que eu conhecia. Embora eu não o tenha prometido, pois não tinha ainda o que dizer à pobre senhora, o Espírito me cobrou, logo na sessão seguinte:

— Você não falou com a minha mãe!

Respondi-lhe que não tinha ainda uma palavra tranquilizadora para dizer a ela, e não podia, evidentemente, falar do verdadeiro estado de aflição em que se encontrava ele.

Outro me disse, ao cabo de uma semana particularmente angustiosa para mim, em virtude de terrível pressão de problemas humanos, que nada tinham a ver com o trabalho mediúnico:

— Esta semana eu quase te peguei. Ainda te pego!

É oportuno colocar, aqui, um argumento muito válido, em favor da continuidade dos trabalhos e da assiduidade dos médiuns. Como não ignoram aqueles que cuidam desses problemas, os mentores espirituais escolhem, para cada manifestante, o médium que lhe seja mais indicado pelas características da mediunidade ou pela natureza do trabalho a ser realizado. Feita a ligação, o Espírito, ao voltar, nas vezes subsequentes, virá usualmente pelo mesmo médium. Se o médium falta, o trabalho junto ao sofredor fica como que em expectativa, suspenso, aguardando a próxima oportunidade. Assim, a não ser por motivos muito fortes e justificados, a assiduidade dos médiuns e a continuidade do trabalho são vitais ao seu bom rendimento.

Ainda uma sugestão. É sempre útil que alguém se incumba de anotar, num caderno, um resumo do trabalho realizado em cada reunião. Isto não é, porém, uma ata, a não ser que a sessão seja de pesquisa. Quando se trata de tarefa de desobsessão, não é preciso ir a esses rigores. A prática de reproduzir sumariamente os principais aspectos de cada manifestação se revelou sempre de grande alcance, não apenas na condução dos trabalhos, mas também para o aprendizado constante que representam as tarefas mediúnicas.

Anote-se a data e, querendo, o número de ordem da sessão, para referência. Descreva-se cada manifestação e faça-se um resumo do diálogo mantido com o Espírito. Se a comunicação final for gravada, basta uma referência identificadora. Essa tarefa deve caber, de preferência, ao dirigente ou a alguma pessoa que se mantenha lúcida — sem transe mediúnico — durante toda a sessão.

Sugere-se, como modelo, a série de livros publicados pela Federação Espírita Brasileira, sob o título *Trabalhos do grupo Ismael*, preparados com extremo cuidado e competência pelo Dr. Guillon Ribeiro.

Lamentavelmente, esses livros se acham, hoje, esgotados, mas bibliotecas especializadas dispõem de exemplares para consulta.

2
As pessoas

2.1 Os encarnados

O trabalho do grupo mediúnico se desdobra simultaneamente nos dois planos da vida, num intercâmbio tanto mais proveitoso quanto melhor for a afinização entre os diversos componentes encarnados e desencarnados.

Estaria completamente equivocado aquele que julgasse que o trabalho se realiza apenas durante a sessão propriamente dita; é ocupação que toma 24 horas por dia. Muito do que conseguimos obter, em hora e meia ou duas horas de sessão, depende de inúmeras tarefas preparatórias, desenvolvidas em desdobramento, durante a noite, e complementadas posteriormente. Além do mais, não podemos esquecer-nos de que os Espíritos dispõem de maior liberdade de ir e vir do que nós. Eles nos vigiam, nos observam, nos seguem por toda parte, na intimidade do lar, no escritório, na rua, nos restaurantes, nos cinemas. Nosso procedimento é minuciosamente analisado, com espírito crítico, e, quase sempre, impiedosamente, pelos companheiros invisíveis que, ainda desarmonizados, procuram, por todos os meios, descobrir os nossos pontos fracos, para nos mostrarem que somos tão imperfeitos e pecadores quanto eles mesmos, e que, no entanto, nos arvoramos em santarrões de fachada, durante as duas horas da sessão.

Por isso, o procedimento diário precisa ser correto, mas não apenas por isso. É que a "atmosfera" psíquica que carregamos conosco resulta do nosso pensamento. Somos aquilo que pensamos, como dizia tão bem o sensitivo americano Edgar Cayce. E isto, que era apenas uma afirmativa de caráter teórico, está hoje perfeitamente documentada por meio da câmara de Kirlian, que capta na chapa fotográfica o espetáculo colorido e movimentado que se desdobra na aura dos seres vivos. Ainda não estamos, ao escrever esta página, em condições de conferir cientificamente e documentadamente as observações dos videntes do passado, quanto à interpretação dos fenômenos luminosos produzidos na aura, ou na região periespiritual do ser. Lá chegaremos, não obstante, e haveremos de nos certificar de que a aura do ser pacificado difere muito, em forma, cor e movimento, da que circunda a pessoa desequilibrada, colérica, ciumenta, sensual, agressiva. Cada atitude mental imprime à aura suas características, da mesma forma que a gradação espiritual é facilmente identificável pela aparência "visual" do Espírito desencarnado.

Um amigo meu, e confrade muito inteligente, certa vez escandalizou seus ouvintes, numa palestra pública, declarando que tinha medo de morrer. Ao terminar sua exposição, a palavra foi franqueada, para perguntas e comentários, e um senhor idoso, no auditório, declarou seu espanto ao verificar que um espírita esclarecido, como ele, tivesse medo de desencarnar. O amigo confirmou e justificou:

— Meu caro confrade: a gente, aqui, na carne, vai levando a vida escondido, disfarçado, como se estivesse atrás de uma espessa máscara. Do lado de lá, isto é impossível: mostramo-nos em toda a nudez da nossa imperfeição.

É claro, pois, que aquele que resolver dedicar-se ao trabalho mediúnico, especialmente no que se convencionou chamar de desobsessão, precisa convencer-se de que deve estar em permanente vigilância consigo mesmo, com seus pensamentos, com o que diz e faz. Principalmente com os pensamentos. É preciso desenvolver um mecanismo automático interior, que acenda uma luzinha vermelha a qualquer "fuga" ou distração maior. Não quer isto dizer que temos de nos transformar em santos da noite para o dia, mas significa que devemos policiar-nos constantemente. Não vamos deixar de ter as nossas falhas, mas estaremos sempre prontos a advertir-nos interiormente e a reajustar a mente que, com a maior facilidade, pode levar-nos a escorregões de imprevisíveis consequências.

Exemplos? Há muitos: o envolvimento numa conversa maledicente; o distraído olhar de cobiça para uma mulher atraente, na rua; uma piada grosseira e pesada; um pensamento de rancor ou de revolta, em relação ao chefe ou companheiro de trabalho, ou de inveja, com relação a alguém que se destacou por qualquer motivo; a leitura de livro pornográfico; a assistência a um filme pernicioso. Há milhões de motivos, diante de nós, a cada momento, pois vivemos num mundo transviado, exatamente porque reflete o transviamento da massa de seres desajustados que vivem na sua psicosfera.

Toda atenção é pouca. A vigilância dispara o sinal de alarme: a prece, a defesa e a correção. Ninguém precisa chegar, porém, aos extremos do misticismo, a ponto de viver rezando pelos cantos, de olhos baixos pela rua, temendo o "contágio" com os *pecadores*. Também somos pecadores, no sentido de que todos trazemos feridas não cicatrizadas, de falhas clamorosas, no passado mais distante e no passado recente. Por outro lado, a Providência divina vale-se precisamente dos imperfeitos para ajudar os mais imperfeitos. Quem poderia alcançar estes, senão aqueles que ainda estão a caminho com eles? A distância entre nós e os que já se redimiram é tão grande, em termos vibratórios — para usar uma palavra mais ou menos aceita — que dificilmente conseguem eles alcançar-nos, para um trabalho direto, junto ao nosso espírito.

O mesmo princípio opera, aliás, nos fenômenos de efeito físico. A Doutrina explica-nos que tais fenômenos são usualmente realizados por Espíritos de condição vibratória compatível com a nossa. Os Espíritos elevados não participam diretamente de tarefas desta natureza, embora a supervisionem cuidadosamente, como se vê em André Luiz.

Como seres imperfeitos, temos, pois, de viver com o semelhante, também imperfeito. Não há como fugir de ninguém e isolar-se em torres de marfim, mosteiros inacessíveis, grutas perdidas na solidão. Nosso trabalho é aqui mesmo, com o homem, a mulher, o velho, a criança, seres humanos como nós mesmos, com as mesmas angústias, inquietações, mazelas e imperfeições. O que enxerga um pouco mais ajuda o cego, mas talvez este disponha de pernas para caminhar e pode, assim, amparar o coxo. E quem sabe se o aleijado dispõe de conhecimento construtivo que possa transmitir ao mudo? Este, um dia, no futuro, voltará a falar, para ensinar e construir. Somos, pois, uma tremenda multidão de estropiados espirituais, e a diferença evolutiva entre nós, aqui na Terra, não é lá grande coisa. Vivemos num universo inteiramente solidário, no qual uns devem suportar e amparar os outros, ou, na linguagem evangélica: amar-nos uns aos outros. Não é difícil. E é necessário. E como!...

Daí a recomendação da vigilância. Não é que tenhamos que nos isolar, numa redoma ou numa couraça, para nos defender dos párias, que nos cercam por toda parte. Será que ainda não descobrimos que somos párias também? A vigilância é para que fiquemos apenas com os males que nos afligem intimamente, e façamos um esforço muito grande para nos livrarmos deles. Ai de nós, porém, se, às deficiências que carregamos, somarmos as que recebermos por "contágio espiritual". Isto se dará, certamente, se, em vez de cuidarmos, por exemplo, de aniquilar a nossa arrogância, passarmos a imitar a avareza do irmão que segue ao nosso lado, ou a irresponsabilidade de outro, ou o egoísmo de um terceiro. É nesse sentido que deve funcionar o mecanismo de advertência. Já bastam as nossas mazelas. Para que captar outras que infelicitam os companheiros de jornada?

———•———

Estas recomendações e sugestões nada têm de puramente teórico ou acadêmico. São essenciais, especialmente se o grupo mediúnico se envolver em tarefas de desobsessão. Os Espíritos trazidos às reuniões para tratamento apresentam-se hostis, agressivos, irônicos. Que não se cometa, a respeito deles, a ingenuidade de pensar que são ignorantes. Com frequência enorme são inteligentes e mais bem informados do que nós, encarnados. Geralmente são trazidos porque foram incomodados na sua atividade lamentável. Chegam impetuosos e dispostos a fazer qualquer coisa, para continuar a proceder como acham de seu direito e até de seu dever. No desespero em que vivem mergulhados, não hesitarão em promover qualquer medida defensiva, e essa defesa, geralmente, consiste em atacar aqueles que interferem com seus planos. Cuidado, pois. Se, em lugar de vigilância e prece, lhes oferecemos o flanco desguarnecido, sintonizamo-nos com as suas vibrações agressivas e acabaremos por ser envolvidos.

Daí a advertência de que o trabalho mediúnico, nesse campo especializado, é tarefa para todas as horas do dia e da noite. As recomendações de comportamento adequado são particularmente rígidas para o dia em que as sessões se realizam.

"No dia marcado para as tarefas de desobsessão" — escreve André Luiz —, "os integrantes da equipe precisam, a rigor, cultivar atitude mental digna, desde cedo."[3]

Todos devem se resguardar na prece, na vigilância. Fugiremos ao envolvimento em discussões e desajustes de variada natureza. Alimentação sóbria, leve.

Não custa muito, pelo menos nesse dia, abster-se de carne; e é necessário prescindir do álcool e do fumo. Sempre que possível, durante o dia ou nas horas que precedem a reunião, um pouco de repouso físico e mental, com relaxamento muscular e pacificação interior.

Enfrentemos com disposição e coragem os empecilhos naturais que possam obstar o comparecimento à reunião: um mal-estar de última hora, por exemplo (muitas vezes, principalmente no caso dos médiuns, já se trata de aproximação de Espíritos angustiados, ou coléricos, que transmitem suas vibrações depressivas). É possível que, à hora da saída para a reunião, chegue uma visita inesperada, ou uma criança se ponha a chorar, inexplicavelmente agitada ou inquieta. De outras vezes, chove ou faz muito frio, ou calor excessivo, e um pensamento de comodismo e preguiça nos segreda a palavra de desânimo. Muitos obreiros promissores têm sido afastados de tarefas redentoras por pequeninos incidentes como estes, que se vão somando, até neutralizá-los de todo.

---

[3] XAVIER, Francisco Cândido; VIEIRA, Waldo. *Desobsessão*, cap. 1.

Nem percebem que os companheiros das sombras souberam tirar bom partido dos acontecimentos, ou até mesmo os provocaram, como no caso do súbito mal-estar próprio ou de um membro da família. No dia seguinte, ou horas depois, o mal-estar terá passado, como por encanto, mas o trabalho das trevas já está feito: um obreiro a menos na seara, pelo menos naquele dia. A grande vitória começa com as escaramuças. Cuidado, atenção, serenidade, firmeza.

———•———

Quanto aos componentes encarnados do grupo, mais uma vez lembramos: é vital que os unam laços da mais sincera e descontraída afeição. O bom entendimento entre todos é condição indispensável, insubstituível, se o grupo almeja tarefas mais nobres. Não pode haver desconfianças, reservas, restrições mútuas. Qualquer dissonância entre os componentes encarnados pode servir de instrumento de desagregação. Os Espíritos desarmonizados sabem tirar partido de tais situações, pois esta é a sua especialidade. Muitos deles não têm feito outra coisa, infelizmente para eles próprios, ao longo dos séculos, senão isto: atirar as criaturas umas contra as outras, dividindo para conquistar. Nem sempre o fazem por maldade intrínseca. É preciso entendê-los. Eles vivem num contexto que lhes parece tão natural, justificável e lógico como o de qualquer outro ser humano. Julgam-se com direito de fazerem o que fazem, e, por isso, não se detêm diante de nenhum escrúpulo ou temor.

Se os componentes do grupo oferecerem condições de desentendimento, provocarão a desagregação impiedosamente, porque para eles isto é questão de vital importância, a fim de continuarem a agir na impunidade temporária em que se entrincheiraram.

Assim sendo, é melhor que um grupo com dissensões internas encerre suas atividades, pelo menos por algum tempo, até que se afastem os elementos dissonantes. Não se admite, num grupo responsável e empenhado em trabalho sério, qualquer desarmonia interna, como disputa pelos diversos postos (dirigente, médium principal) e outras infantilidades. O dirigente do grupo não é o que se senta à cabeceira da mesa e dá instruções — ele é apenas um companheiro, um coordenador, um auxiliar, em suma, dos verdadeiros responsáveis pela tarefa global, que se acham no mundo espiritual. Qualquer sintoma de rivalidade entre médiuns deve ser prontamente identificado e combatido. Ainda falaremos disso, mais adiante. Por ora, basta dizer, e nunca o diremos com ênfase bastante, que deve predominar entre os encarnados um clima de liberdade consciente, franqueza sem agressividade, lealdade sem submissão, autoridade sem prepotência, afeição sem preferências, e perfeita unidade de propósitos.

No momento em que o desentendimento e a desafeição começam a medrar entre os encarnados, o grupo está em processo de desagregação. Isto implica dizer que os elementos perturbadores dessa harmonia interna devem ser prontamente identificados. O responsável pelo grupo, ou quem for para isso designado, deve procurar os desajustados para entendimento particular, reservado. Se não for possível reconduzi-los a uma atitude construtiva, não resta alternativa senão o afastamento, pois o trabalho das equipes encarnada e desencarnada deve ser colocado acima das nossas posições pessoais.

A decisão de afastar alguém não é fácil, e nem deve ser tomada precipitadamente e por ouvir dizer, pois é uma ação de natureza grave. Não apenas o grupo se privará do seu concurso, qualquer que seja a sua posição, como ele próprio, sentindo-se como que "expulso", quase um "excomungado", poderá cair numa faixa de desânimo, quando não de revolta, que o desprotege espiritualmente e o precipita em imprevisíveis aflições. Não se trata de criar uma atmosfera inquisitorial de espionagem mútua, de desconfianças e rivalidades, ou rancores surdos, pois disso também se aproveitariam os irmãos desencarnados que precisam do nosso afeto e compreensão; mas os objetivos e finalidades do grupo devem ficar a salvo de nossas paixões. Se, para isso, for necessário afastar um ou outro companheiro, teremos que fazê-lo. Cumprir o desagradável mandato com amor, equilíbrio e serenidade, mas também com firmeza. Talvez o companheiro perturbador possa retornar à tarefa mais adiante, já regenerado, mas entre sacrificá-lo pessoalmente e sacrificar todo o programa, não há como hesitar.

Este aspecto é aqui abordado com franqueza e sem temores, porque, embora não mencionado usualmente nas anotações sobre trabalho mediúnico, é uma das grandes e frequentes dificuldades ocorridas em inúmeros grupos. Precisamos estar preparados para ela porque, mais cedo ou mais tarde, haveremos de encontrá-la. Atenção, porém: nada de processos inquisitoriais, repetimos. O bom senso e a prece serão sempre os melhores conselheiros em situações como essa.

Por outro lado, essas e outras decisões, isto é, todas aquelas que dizem respeito, por assim dizer, à gestão terrena do grupo cabem aos encarnados. Os benfeitores espirituais, ligados à tarefa, dificilmente nos darão *ordens* para admitir este componente ou desligar aquele. Eles desejam que nós sejamos capazes de discernir e assumir a responsabilidade pelos nossos atos. O que esperam de nós é um clima de harmonização, para que possam, em cada reunião, colocar diante de nós a tarefa que desejam que realizemos. É preciso que ofereçamos a eles aquele mínimo de condição indispensável.

2.1.1 Os médiuns

O capítulo XXXII de *O livro dos médiuns* intitula-se "Vocabulário espírita" e sugere a seguinte definição: "Médium (do latim *medium*, meio, intermediário). Pessoa que pode servir de intermediária entre os Espíritos e os homens".

Revelando o cuidado e o extraordinário poder de síntese que Kardec sempre demonstra, essa definição é um primor de clareza. Vemos, por ela, que o médium é uma *pessoa*, isto é, um ser encarnado, sujeito, por conseguinte, às imperfeições e mazelas que nos afligem a todos e, portanto, tão propenso à queda quanto qualquer um de nós, ou talvez mais ainda, porque sua capacidade de sintonizar-se com os desencarnados o expõe a um grau mais elevado de influenciação.

Sabemos, por outro lado, do aprendizado espírita, que a mediunidade, longe de ser a marca da nossa grandeza espiritual, é, ao contrário, o indício de renitentes imperfeições. Representa, por certo, uma faculdade, uma capacidade concedida pelos poderes que nos assistem, mas não no sentido humano, como se o médium fosse colocado à parte e acima dos vis mortais, como seres de eleição. É, antes, um ônus, um risco, um instrumento com o qual o médium pode trabalhar, semear e plantar, para colher mais tarde, ou ferir-se mais uma vez, com a má utilização dos talentos sobre os quais nos falam os evangelhos. O médium foi realmente distinguido com o recurso da mediunidade, para produzir mais, para apressar ou abreviar o resgate de suas faltas passadas. Não se trata de um ser aureolado pelo dom divino, mas depositário desse dom, que lhe é concedido em confiança, para uso adequado. Enfim: o médium utiliza-se de uma aptidão que não faz dele um privilegiado, no sentido de colocá-lo, na escala dos valores, acima dos seus companheiros desprovidos dessas faculdades.

Quanto mais amplas e variadas as faculdades, mais exposto ficará ao assédio dos companheiros invisíveis que se opõem ao seu esforço evolutivo.

De certa forma, isso é válido para todos nós, mas aqueles que dispõem de faculdades mediúnicas estão como se tivessem devassado o seu mundo interior a seres desconhecidos e invisíveis, que podem ser bons e amigos, como também podem ser antigos e ferrenhos desafetos ou comparsas de crimes hediondos.

Isso me faz lembrar um filme que vi há algum tempo. O jovem *herói*, pelo esforço de um trabalhador social compreensivo, que acreditava na capacidade evolutiva do ser humano, obteve liberdade condicional. Estivera alguns anos na prisão, em virtude da prática de assaltos audaciosos, bem planejados e, naturalmente, muito rendosos financeiramente. Fora o líder de seu grupo, o cérebro da organização, o planejador eficiente e hábil que facilmente submeteu todos os demais à sua vontade. Ao sair da prisão, deseja esquecer o passado tenebroso, encontra o amor na pessoa de uma jovem e dedica-se a trabalho humilde, de baixa remuneração, mas honesto. É nessa fase de reconstrução íntima e esforço regenerativo que os antigos comparsas o encontram. Começa o cerco, o assédio, com propostas, ameaças e a doce cantilena do êxito material. Tudo é tentado para afastá-lo do caminho da recuperação. Qualquer ardil serve, qualquer pressão, envolvimento ou oferta. Vale tudo. Seus ex-companheiros de crime desejam-no de volta ao grupo, aos prazeres, às loucuras, à irresponsabilidade.

A semelhança com a situação do médium é impressionante. Seus comparsas não se conformam, e, das trevas onde se escondem, buscam-no incessantemente. Isso é particularmente agudo quando a mediunidade começa a desabrochar. Os primeiros manifestantes são, quase sempre, atormentados seres do mundo das dores, obsessores impiedosos, verdugos que não desejam deixar escapar a presa pelos portões do trabalho regenerador. Ou, então, são associados de outros tempos, que por muitos séculos planejaram e executaram juntos crimes inomináveis.

O médium, mais do que aqueles que não dispõem da faculdade, é um ser em liberdade condicional. Cabe a ele provar que já é capaz de fazer bom uso dela. A tarefa não é fácil porque, como todos nós, traz em si o apelo do passado, as "tomadas" para o erro, as cicatrizes, mal curadas, de falhas dolorosas, o peso específico que o arrasta para baixo, tentando impedir que ele se escape, como um pequeno balão, para o azul infinito da libertação espiritual. Mais do que qualquer um de nós, ele precisa estar vigilante, atento, ligado a um bom grupo de trabalho, compulsando livros doutrinários de confiança, observando suas próprias faculdades, corrigindo, melhorando, modificando, eliminando, acrescentando.

Nada de pânico, porém. O fato de ele ser uma pessoa dotada de antenas psíquicas, que o põem em relação com o mundo espiritual, quer ele deseje ou não, não quer dizer que ele esteja à mercê dos companheiros desvairados das sombras, a não ser que ele próprio deixe cair suas guardas. Ele contará sempre com a proteção carinhosa e atenta de seus guias, daqueles que estão interessados no seu progresso espiritual. Procure manter um bom clima mental. Estude, leia, viva com simplicidade, vigie seus sentimentos, como qualquer um de nós. Participe da luta diária, enfrente os problemas da existência: profissionais, familiares, sociais, humanos, enfim. Não lhe faltarão recursos, assistência, informações e, acima de tudo, trabalho mediúnico, que é da essência mesma do seu compromisso.

Não tema, mas não seja temerário. Não deixe de estudar suas faculdades, mas não se envaideça do que aprendeu nem dos recursos que conseguiu desenvolver. Na hora da tarefa, é um simples trabalhador, como qualquer outro: nem melhor, nem pior, nem inferior, nem superior.

Os dirigentes de grupos devem combater sem tréguas o "vedetismo" de alguns médiuns; o bom combate, é claro, de que nos falava Paulo, sem rancores, sem humilhações, sem prepotência. É comum, nos grupos mediúnicos, dar-se destaque indevido ao médium que recebe, por exemplo, o orientador desencarnado, para as palavras de esclarecimento e as diretrizes gerais. O ideal seria que os orientadores se revezassem, utilizando-se dos demais médiuns, mas eles não estão interessados em preservar as nossas ridículas suscetibilidades e vaidades. Se o médium que os recebe sente-se envaidecido, trate de se corrigir; se os médiuns que não o recebem ficam enciumados, o problema é de cada um. A experiência com os Espíritos ensina-nos que eles são compassivos, amorosos, pacientes, tolerantes e serenos, mas são também firmes e rigorosos, quando necessário. Isso está amplamente documentado na Codificação, pois nem mesmo a Kardec deixaram eles de dizer o que era necessário dizer, às vezes até com inesperada severidade.

"Por que há Deus permitido que os Espíritos possam tomar o caminho do mal?" — pergunta Kardec em *O livro dos espíritos*, questão 123.

E eles respondem: "Como ousais pedir a Deus contas de seus atos? Supondes poder penetrar-lhe os desígnios? Podeis, todavia, dizer o seguinte: a sabedoria de Deus está na liberdade de escolher que Ele deixa a cada um, porquanto, assim, cada um tem o mérito de suas obras".

E o interlocutor era Allan Kardec! Por que razão ficarão com "panos quentes" conosco, meros aprendizes primários de uma verdade que transcende, em muitos aspectos, a nossa compreensão?

Assim, não se espere que os benfeitores espirituais tomem precauções especiais para nos preservar o orgulho e a vaidade.

Não cuidaremos, neste livro, da formação ou do desenvolvimento do médium. O assunto é demasiado complexo para um tratamento sumário e foge aos objetivos das nossas especulações aqui. Há obras que cuidam do problema, mas é preciso não se esquecer que o ponto de partida de qualquer trabalho, nesse sentido, é *O livro dos médiuns*, de Allan Kardec.

É possível, no entanto, que as tarefas do grupo mediúnico venham, no decorrer do tempo, revelar a existência de outros médiuns em potencial. Não é necessário, neste caso, colocar a pessoa em quarentena, nem desligá-la do grupo. Que ela se mantenha junto aos companheiros, na posição que sempre ocupou e aguarde a sua vez. Os benfeitores espirituais saberão como conduzir o labor necessário, fornecendo ocasionais indicações e instruções, até que a mediunidade nascente comece a desabrochar e possa ser utilizada.

O dirigente humano acompanhará atentamente o trabalho, ajudando o companheiro, ou companheira, nas lides iniciais da sua empreitada. Os fenômenos começarão espaçados e indecisos: rápidas vidências, clariaudiência, talvez intuições, impulsos de dizer ou escrever algo. Quando estes pequenos fenômenos ocorrerem, o componente da equipe deve comunicar-se, tão logo lhe seja possível, com o dirigente, sem interromper os trabalhos em curso, a não ser por motivos imperiosos; de preferência, contudo, depois de encerrada a sessão. Nada de açodamento, de excitações, de fantasias, de euforia, nem de temores. Num grupo bem orientado, todas as potencialidades serão devidamente estudadas e aproveitadas, quando possível e necessário.

A mediunidade que melhor se presta aos trabalhos de desobsessão é a psicofonia, ou de incorporação. O diálogo com o desencarnado é da própria essência da tarefa, e dificilmente a palavra falada, direta e viva, poderia ser substituída sem perda considerável da eficácia do processo. Em casos extremos, poderá ser utilizada a psicografia: o doutrinador falaria e o Espírito responderia por escrito, mas a experiência revela que nada substitui a palavra falada, nesse tipo de trabalho. Com ela, sentimos com maior facilidade as reações que se processam no manifestante, sua personalidade, seus cacoetes, seu estado de irritação ou de serenidade, suas ironias, suas vacilações, sua sinceridade, suas emoções.

Não quer isso dizer que o grupo deva reunir apenas médiuns de incorporação. Os benfeitores espirituais terão melhores oportunidades de desenvolver suas tarefas por nosso intermédio, quando dispuserem de mais ampla variedade de faculdades, operando por meio da vidência de um, da clariaudiência de outro, da intuição de um terceiro ou até mesmo se utilizando, em trabalhos especiais que ainda discutiremos, da faculdade, que têm outros, de exteriorizarem ectoplasma, ou seja, da mediunidade de efeitos físicos.

Tal variedade de faculdades é particularmente desejável quando o doutrinador não for dotado de mediunidade ostensiva, como vidência, ou audiência. Nesse caso, os médiuns presentes serão, às vezes, incumbidos de o auxiliarem com pequenas e discretas observações e recomendações recebidas dos benfeitores, enquanto ele se acha doutrinando. Isso deve ser feito com muita sutileza e de maneira breve e sumária.

Como a psicofonia é a mediunidade mais indicada para esse tipo de tarefa, André Luiz nos oferece, no seu já citado *Desobsessão* (cap. 25), um valioso decálogo de recomendações e sugestões. Mesmo que o leitor disponha de um exemplar, parece que vale a pena reproduzir aqui o texto. André considera tais cuidados "essenciais ao êxito e à segurança da atividade" atribuída aos médiuns.

É aconselhável, pois, aos médiuns psicofônicos:

a) desenvolvimento da autocrítica;
b) aceitação dos próprios erros, em trabalho medianímico, para que se lhes apure a capacidade de transmissão;
c) reconhecimento de que o médium é responsável pela comunicação que transmite;
d) abstenção de melindres ante apontamentos dos esclarecedores ou dos companheiros, aproveitando observações e avisos para melhorar-se em serviço;
e) fixação num só grupo, evitando as inconveniências do compromisso de desobsessão em várias equipes ao mesmo tempo;
f) domínio completo sobre si próprio, para aceitar ou não a influência dos Espíritos desencarnados, inclusive reprimir todas as expressões e palavras obscenas ou injuriosas, que essa ou aquela entidade queira pronunciar por seu intermédio;
g) interesse real na melhoria das próprias condições de sentimento e cultura;
h) defesa permanente contra bajulações e elogios, conquanto saiba agradecer o estímulo e a amizade de quantos lhe incentivem o coração ao cumprimento do dever;
i) discernimento natural da qualidade dos Espíritos que lhes procurem as faculdades, seja pelas impressões de sua presença, linguagem, eflúvios magnéticos, seja pela sua conduta geral; e
j) uso do vestuário que lhes seja mais cômodo para a tarefa, alijando, porém, os objetos que costumem trazer jungidos ao corpo, como sejam relógios, canetas, óculos e joias.

———•———

As pessoas que lidam com médiuns, que trabalham junto deles, que desempenham, enfim, qualquer atividade em paralelo com eles não devem esquecer-se de que esses companheiros de seara são criaturas dotadas de certo grau de exaltação da sensibilidade. Ou, por outra: são médiuns exatamente porque têm a sensibilidade mais aguda do que o comum dos homens e das mulheres. Em decorrência dessa particularidade que, no fundo, é da própria essência da mediunidade, são mais suscetíveis, mais sensíveis também à crítica, à atitude antifraterna, à palavra agressiva, à reprimenda, tanto quanto ao elogio e à bajulação, a que se refere André Luiz.

É preciso, pois, atenção especial com os médiuns, naquilo que diga respeito à sua condição peculiar de sensibilidade. Tentaremos clarificar, tanto quanto possível, este assunto extremamente delicado e complexo.

Evidentemente, o médium não deve e não pode ser endeusado, porque isso exporia, a ele e ao grupo, a imprevisíveis e desastrosas consequências. Em breve, estaria recebendo "mensagens" diretas de Deus... Não vamos, porém, cair no outro extremo, de submeter o médium a um regime disciplinar inadequado, ditado pela prepotência e pela arbitrariedade, em nome da boa ordem dos trabalhos. Médium disciplinado é uma coisa, médium inibido é outra. É preciso que o dirigente dos trabalhos tenha bom senso suficiente para distinguir até onde vai a disciplina, que precisa ser preservada, e onde começa o rigorismo ditatorial que leve o médium ao pânico ou à revolta. O médium não é nem a "vedete" do grupo, seu pontífice máximo, nem o escravo acorrentado aos caprichos dos desavisados que, em nome da disciplina e da ordem, impõem condições inaceitáveis ao exercício das faculdades mediúnicas.

A mediunidade é um mecanismo extremamente delicado e suscetível, que deve ser tratado com atenção, cuidado e carinho.

No grupo em que predominar legítimo sentimento de afeição e compreensão entre os seus diversos componentes, dificilmente surgirão problemas dessa natureza; mas é preciso estar atento para que tais questões não venham a perturbar a tarefa. O dirigente deverá tratar o médium com todo o carinho e atenção, procurando ajudá-lo na solução dos problemas que surgirem no exercício de sua faculdade, dando-lhe apoio e conselhos, onde e quando necessário. Deve ser-lhe grato pela sua contribuição ao grupo, sem, no entanto, distingui-lo com nenhum favor especial. O médium equilibrado e disciplinado sabe que nada deve esperar de diferente, exclusivo ou extraordinário. É apenas um dos componentes do grupo, nada mais, e, como tal, credor da mesma estima e respeito devidos aos demais companheiros. E, também como os demais, merecedor de uma palavra de estímulo e gratidão, por uma tarefa particularmente difícil, exaustiva e bem realizada. Não custa, a quem de direito, uma expressão de agradecimento e uma palmada afetuosa no ombro, que deverá estimular sua responsabilidade e não sua vaidade.

Há manifestações difíceis, dolorosas, que deixam resíduos vibratórios perturbadores. Em casos assim, o médium não deve ser abandonado à sua sorte, com as dores e as canseiras resultantes. Se o dirigente não puder socorrê-lo com um passe restaurador, designe alguém no grupo para fazê-lo, mas diga-lhe uma breve palavra de carinho ou lhe faça um gesto de solidariedade para que o médium sinta o apoio e a compreensão para a sua árdua tarefa.

O leitor deverá notar, ao longo deste livro, que alguns pontos são repisados em diferentes contextos. É que tais assuntos se apresentam muito intimamente interligados, à semelhança dos fios coloridos que fazem o desenho dum tapete, e que desaparecem aqui, para reaparecer ali, com nova ênfase.

Um desses pontos é o relacionamento entre os componentes do grupo, seja entre os encarnados, seja entre estes e os desencarnados.

Repisaremos aqui um deles. É o do relacionamento do médium com o doutrinador. Para que o trabalho se desenvolva com segurança e eficácia, esse relacionamento precisa ser impecável. Tentemos explicar o que significa, no caso, esse adjetivo algo pomposo. Além do seu sentido etimológico — incapaz de pecar, não sujeito a pecar — impecável quer dizer perfeito, correto, sem mácula ou defeito.

Médium e doutrinador devem estimar-se e respeitar-se. Estima sem servilismo e sem fanatismo; respeito sem temores e sem reservas íntimas. Quando o relacionamento médium-doutrinador é imperfeito ou sofre abalos mais sérios, põe-se em risco a qualidade do trabalho mediúnico. A razão é simples e óbvia: ao incorporar-se, o Espírito manifestante vem trabalhar com os elementos ou instrumental que encontra no médium. Se existe ali alguma reserva com relação ao doutrinador, ou, pior ainda, alguma hostilidade mais declarada, é claro que a sua tarefa negativa será bastante facilitada, da mesma forma que um médium mais culto fornece melhores recursos para uma manifestação de teor mais erudito ou um médium de temperamento mais violento oferece condições mais propícias a manifestações violentas.

Pela mesma razão, se existe entre médium e doutrinador um vínculo mais forte de afeição, o Espírito agressivo fica algo contido, e ainda que agrida o doutrinador com palavras ou gestos, não consegue fazer tudo quanto desejava. Muitos são os que se queixam disso, durante suas manifestações, exatamente porque não logram dar vazão aos seus impulsos e intenções, porque as vibrações afetivas entre médium e doutrinador arrefecem inevitavelmente tais impulsos.

É preciso ainda considerar que, se o médium realiza esse trabalho de impregnação fluídica no perispírito do manifestante, este também traz uma carga, às vezes pesada e agressiva, que atua energicamente sobre o perispírito do médium, havendo, portanto, certa "contaminação" mútua, para a qual o médium deve atentar com toda a sua vigilância, pois, do contrário, o Espírito o dominaria e faria com ele o que bem desejasse, como lamentavelmente acontece com frequência. Essa contaminação, embora transitória, é demonstrada, sem sombra alguma de dúvida, nas reações preliminares e posteriores do médium, ou seja, quando ainda se acha consciente no corpo e depois que o reassume. Com frequência, nossos médiuns declaram que, ao sentirem a aproximação do Espírito manifestante, experimentaram tal ou qual sensação: força, ódio, tristeza, angústia ou amor, paz, serenidade. Da mesma forma, os resíduos vibratórios que permanecem na intimidade do perispírito do médium, após a desincorporação, são bastante conhecidos, sendo necessário, quase sempre, quando são desagradáveis e agressivos, dispersá-los por meio de passes, a fim de que o médium se recomponha. Quando, ao contrário, se trata de um Espírito pacificado e bondoso, o médium desperta, como costumo dizer, "em estado de graça", feliz, harmonizado, comovido, às vezes, até às lágrimas.

―――― • ――――

Uma insistente palavra final para o médium: estude, leia, faça perguntas, discuta os diferentes aspectos e problemas da mediunidade, com quem demonstre ter experiência. *O livro dos médiuns* deve ser leitura e releitura constantes. Há sempre aspectos e informações que a uma ou duas passagens deixamos escapar. Mantenha-se ligado às cinco obras da Codificação, aos livros de André Luiz, que desenvolvem, de maneira tão ampla, não apenas aspectos específicos da mediunidade, como trabalhos desenvolvidos no mundo espiritual: *Mecanismos da mediunidade, Entre a Terra e o Céu, Missionários da luz, Nos domínios da mediunidade, Libertação, Desobsessão*; ou, ainda, *Estudando a mediunidade*, de Martins Peralva, *No país das sombras*, de Madame d'Espérance,

Memórias de um suicida, de Camilo Cândido Botelho, *Dramas da obsessão*, do Dr. Bezerra de Menezes, *Nos bastidores da obsessão*, de Manoel Philomeno de Miranda.

A literatura é ampla e não há ainda limites visíveis neste vasto campo. O médium, tanto quanto todos nós, que lidamos com a comunicação entre os dois mundos, precisa estar bem certo de que é ainda muito pouco o que sabemos sobre essa notável faculdade humana. Toda a humildade e todo o respeito ante ela ainda serão poucos. Ademais, somente podemos estudar a mediunidade assistindo-a em ação, observando-a com atenção, anotando suas peculiaridades, discutindo suas inúmeras facetas com os companheiros que constituem a equipe de trabalho, lendo o estudo daqueles que, antes de nós, já se tenham dedicado aos seus mistérios e grandezas.

Ninguém precisa estudá-la mais, e com maior respeito e carinho, do que o próprio médium, porque é por meio dele que se abre o postigo pelo qual dialogamos, mundos abaixo, com os companheiros que se acham acorrentados às mais negras e tormentosas paixões e sofrimentos, e mundos acima, de onde recebemos jatos de luz que, através de um pequenino retângulo, iluminam, por alguns momentos, de tempos em tempos, os ambientes de meia-luz em que vivemos.

2.1.2 O doutrinador

Num grupo mediúnico, chama-se doutrinador a pessoa que se incumbe de dialogar com os companheiros desencarnados necessitados de ajuda e esclarecimento. Qualquer bom dicionário leigo dirá que *doutrinar* é instruir em uma doutrina, ou, simplesmente, ensinar. E aqui já começamos a esbarrar nas dificuldades que a palavra *doutrinador* nos oferece, no contexto da prática mediúnica.

Em primeiro lugar, porque o Espírito que comparece para debater conosco os seus problemas e aflições não está em condições, logo aos primeiros contatos, de receber instruções doutrinárias, ou seja, acerca da Doutrina Espírita, que professamos, e com a qual pretendemos ajudá-lo. Ele não vem disposto a ouvir uma pregação, nem predisposto ao aprendizado, como ouvinte paciente ante um guru evoluído. Muitas vezes ele está perfeitamente familiarizado com inúmeros pontos importantes da Doutrina Espírita. Sabe que é um Espírito sobrevivente, conhece suas responsabilidades perante as leis universais, admite, ante evidências que lhe são mais do que óbvias, os mecanismos da reencarnação, reconhece até mesmo a existência de Deus. Quanto à comunicabilidade entre encarnados e desencarnados, ele nem discute, pois está justamente produzindo uma demonstração prática do fenômeno, e seria infantilidade de sua parte tentar ignorar a realidade.

Portanto, o companheiro encarnado, com quem estabelece o diálogo, não tem muito a ensinar-lhe, em termos gerais de doutrina.

Por outro lado, o chamado doutrinador não é o sumo sacerdote de um culto ou de uma seita, que se coloque na posição de mestre, a ditar normas de ação e a pregar, presunçosamente, um estágio ideal de moral, que nem ele próprio conseguiu alcançar. A despeito disso, ele precisa estar preparado para exercer, no momento oportuno, a autoridade necessária, que toda pessoa incumbida de uma tarefa, por mais modesta, deve ter. Não se esquecer, porém, de que, no grupo mediúnico, ele é apenas um dos componentes, um trabalhador, e não mestre, sumo-sacerdote ou rei.

Sua *formação doutrinária* é de extrema importância. Não poderá jamais fazer um bom trabalho sem conhecimento íntimo dos postulados da Doutrina Espírita. Entre os Espíritos que lhe são trazidos para entendimento, há argumentadores prodigiosamente inteligentes, bem preparados e experimentados em diferentes técnicas de debate, dotados de excelente dialética. Isto não significa que todo doutrinador tem de ser um gênio, de enorme capacidade intelectual e de impecável formação filosófica. A conversa com os Espíritos desajustados não deve ser um frio debate acadêmico. Se o dirigente encarnado dos trabalhos está bem familiarizado com as obras fundamentais do Espiritismo, ele encontrará sempre o que dizer ao manifestante, ainda que não esteja no mesmo nível intelectual dele. O confronto aqui não é de inteligências nem de culturas; é de corações, de sentimentos. O conhecimento doutrinário torna-se importante como base de sustentação. O doutrinador precisa estar convencido de que a Doutrina Espírita dispõe de todos os informes de que ele necessita para cuidar dos manifestantes em desequilíbrio, mas isso não é tudo, porque ele pode ser um bom conhecedor dos princípios teóricos do Espiritismo e ser completamente desinteressado do aspecto evangélico; ou, ainda, conhecer a Doutrina e recitar prontamente qualquer versículo evangélico, mas não apoiar o seu conhecimento na emoção e no legítimo desejo de servir e ajudar. Voltaremos ao assunto quando tratarmos do problema específico da doutrinação. Os Espíritos em estado de perturbação, que nos são trazidos às sessões mediúnicas, não estão, logo de início, em condições psicológicas adequadas à pregação doutrinária, como já dissemos. Necessitam aflitivamente de primeiros socorros, de quem os ouça com paciência e tolerância. A doutrinação virá no momento oportuno e, antes que o doutrinador possa dedicar-se a este aspecto específico, ele deve estar preparado para discutir o problema pessoal do Espírito, a fim de obter dele a informação de que necessita. É nesse momento que ele precisa utilizar-se de seus conhecimentos gerais, intercalando aqui e ali um pensamento evangélico que se adapte às condições desenvolvidas no diálogo.

Isto nos leva a outro aspecto importante: o *status moral* do doutrinador. Sua *autoridade moral* é importante, por certo, mas qual de nós, encarnados, ainda em lutas homéricas contra imperfeições milenares, pode arrogar-se uma atitude de superioridade moral sobre os companheiros mais desavorados das sombras? Ainda temos mazelas e ainda erramos gravemente. O Espírito que debate conosco sabe de nossas inúmeras fraquezas, tanto quanto nós, e até mais do que nós, às vezes, por serem, frequentemente, companheiros de antigas encarnações, em que fomos, talvez, comparsas de desacertos hediondos. Ele nos vigia, observa-nos, analisa-nos e estuda-nos, de uma posição vantajosa para ele: na invisibilidade. Tem condições de aferir nossa personalidade e nossos propósitos, pela maneira como agimos em nosso relacionamento com os semelhantes. Percebe mais as nossas intenções, a intensidade e a sinceridade do nosso sentimento, do que o mero som das palavras que pronunciamos. Se estivermos recitando lindos textos evangélicos, sem sustentação na afeição legítima, ele o saberá também.

Muitas vezes, refere-se desabridamente a uma ou outra fraqueza íntima nossa, como, por exemplo:

— Você não tem força para deixar o vício de fumar, como quer me obrigar a deixar de perseguir aquele que me prejudicou?

Ou, então, nos lembra uma situação irregular em que nos encontramos, ou um erro mais grave cometido no passado recente, ou crimes que praticamos em vidas pregressas. Tudo serve. É preciso que o doutrinador esteja preparado para estas situações. Não adianta exibir virtudes que não possui ainda. Deve lembrar-se, porém, de que somos julgados e avaliados não pelos resultados que obtemos, mas pelo esforço que realizamos para alcançá-los. Não é preciso ser santo para doutrinar. Aqueles que já se purificaram a esse ponto dedicam-se a tarefas mais complexas, de maior responsabilidade, compatíveis com o adiantamento espiritual que já alcançaram.

Por outro lado, não podemos esperar a perfeição para ajudar o irmão que sofre. É exatamente porque ainda somos tão imperfeitos quanto ele, que estamos em condições de servi-lo mais de perto. Muitos são desafetos antigos, que ainda não nos perdoaram. É aqui que vemos a validade da palavra sábia do Cristo: "Reconcilia-te com o teu adversário, enquanto estás a caminho com ele."

Não podemos impor ao companheiro infeliz uma superioridade moral inexistente. O doutrinador é também um ser falível e consciente das suas imperfeições, mas isto não pode e não deve inibi-lo para a tarefa. É preciso levar em conta, ainda, que muitos companheiros espirituais desavorados, que nos conheceram em passado tenebroso, veem em nós mais aqueles que fomos do que o que somos hoje, ou pretendemos ser. Se tivermos paciência e tolerância, o manifestante acabará por admitir que, mesmo que ainda não tenhamos alcançado os estágios superiores da evolução, nossa boa intenção é legítima, o esforço que desenvolvemos é digno, e nos respeitarão por isso.

O doutrinador precisa, ainda, ser uma criatura de *fé* viva, positiva, inabalável. Ele não pode dar aquilo que não tem. Se me perguntassem qual o elemento mais importante na estrutura da personalidade do doutrinador, eu não saberia dizer, mas ficaria indeciso entre a fé e o amor, sobre o qual ainda falaremos adiante. Que tipo de fé? A fé espírita, tal como a conceituou Kardec: sincera, convicta, lógica, plenamente suportada pela razão, mas sem se deixar contaminar pela frieza hierática do racionalismo estéril e vazio.

Façamos uma pausa na exposição para um exame da fé, que tanto nos interessa, neste, como em tantos outros contextos.

Quero falar aqui daquela fé sobre a qual Paulo escreveu seu belíssimo poema, no capítulo 11, versículos 1 a 3, da *Epístola aos hebreus*:

> A fé é a garantia do que se espera; a prova das realidades invisíveis. Pela fé, sabemos que o universo foi criado pela palavra de Deus, de maneira que o que se vê resultasse daquilo que não se vê.[4]

Em Paulo, a fé era o suporte das realidades que o conhecimento ainda não atingira; em Kardec é a certeza daquilo que o conhecimento, afinal alcançado, confirmou no coração do homem.

Para o Cristo, a fé do tamanho de uma semente de mostarda bastaria para remover montanhas. Para Ele, é a fé que cura o servo doente do romano pagão e estanca a hemorragia da mulher que o tocou. É a ausência de fé que Ele censura docemente nos discípulos que temeram a tempestade e a morte.

É ainda a falta de fé que Ele repreende nos discípulos, ao expulsar o Espírito que atormentava o jovem lunático (MATEUS, 17:19 e 20):

> Os discípulos vieram, então, ter com Jesus, em particular, e lhe perguntaram: "Por que não pudemos, nós outros, expulsar esse demônio?". Respondeu-lhes Jesus: "Por causa da vossa incredulidade. Pois em verdade vos digo, se tivésseis fé do tamanho de um grão de mostarda, diríeis a esta

---

[4] Nota do autor: O texto citado é da *Bíblia de Jerusalém*.

montanha: Transporta-te daí para ali, e ela se transportaria, *e nada vos seria impossível*".

O episódio é de grande força e beleza. Os discípulos já haviam tentado, sem êxito, doutrinar o possessor que fazia o que queria com o infeliz jovem. Batidos pelo fracasso, e ante a facilidade com que o Cristo resolve o problema, pedem explicações. Resposta: fé. Sem ela, pouco ou nada podemos; com ela, "nada é impossível". É uma afirmativa de extraordinário vigor, feita por quem possuía autoridade mais do que suficiente para fazê-la. Coloquemo-la de forma positiva: tudo é possível àquele que crê.

Marcos narra o episódio no capítulo 9 (versículos 14 a 29). Jesus cura o infeliz possesso que, segundo o pai, era possuído por um Espírito mudo, que se apoderava dele em qualquer lugar, derrubava-o ao solo, fazia-o espumar, ranger os dentes, e o deixava rígido, provavelmente desacordado. Os discípulos nada puderam fazer, e, depois de curá-lo, o Cristo insiste em que tudo é possível àquele que crê, e ainda mais: que aquela classe de Espíritos não poderia ser tratada senão com a prece.

Ao comentar a passagem, em *O evangelho segundo o espiritismo*, Kardec escreve que "a confiança nas suas próprias forças torna o homem capaz de executar coisas materiais, que não consegue fazer quem duvida de si". No contexto, porém, as palavras devem ser entendidas em seu sentido moral. Não se trata, é certo, de remover montanhas de terra e pedra, imagem usada pelo Cristo para fixar o seu pensamento na memória dos ouvintes.

Da fé vacilante, diz Kardec, pouco depois, resultam a incerteza e a hesitação de que se aproveitam os adversários que se tem de combater; essa fé não procura os meios de vencer, *porque não acredita que possa vencer* (grifo nosso).

O comentário de Kardec é de transcendental importância. Para não transcrevê-lo por inteiro, aqui, é preferível recomendar que o leitor não deixe de estudá-lo e de meditar pausadamente acerca de todas as suas implicações, pois ele ocupa todo o capítulo XIX de *O evangelho segundo o espiritismo*, edição da FEB.

É também aí que o Codificador escreveu sua famosa sentença: "Fé inabalável só é a que pode encarar de frente a razão, em todas as épocas da humanidade".

Dificilmente se poderia dizer melhor, com tão poucas palavras. A conceituação de fé tornou-se, com Kardec, definitiva. Precisa ser inabalável, tem que "encarar a razão" destemidamente, confiantemente, sempre, em todas as épocas. Somente assim será inabalável. Fora disso, pode ser crença, suspeita, opinião, parecer, conjetura, presunção, mas não será fé.

Sem ela, o doutrinador estará desarmado, despreparado para a sua tarefa, por mais bem-dotado que seja, com relação aos demais atributos necessários à sua função.

Ele precisa estar confiante nos poderes espirituais que sustentam o seu trabalho, sem os quais nenhuma tarefa de desobsessão é possível, e todos os riscos são iminentes e inevitáveis. Ele tem de saber que, ao levantar-se para dar um passe, a fé lhe trará os recursos de que necessita para servir. Ele deve saber que, ao formular sua prece, vai encontrar a resposta ao que implora, em benefício do companheiro que sofre.

Além disso, é a fé que lhe dá o apoio da confiança de que ele precisa para aventurar-se pelas ásperas e tenebrosas regiões do mais terrível sofrimento, do mais angustioso desespero, da mais violenta revolta. Se não tem fé, não estará em condições de realizar o trabalho a que se propõe.

Outro ingrediente necessário, na psicologia do doutrinador, é o *amor*. Não é por acaso que nos textos evangélicos *caridade* e *amor* são tratados como sinônimos. Impossível seria considerar a caridade sem o amor, tanto quanto o amor descaridoso. Por isso, traduções modernas do Evangelho substituíram por *amor* a expressão *caridade*, que aparece nos textos mais antigos, do belíssimo capítulo 13, da *Primeira epístola aos coríntios*:

> Ainda que eu fale a linguagem dos homens e dos anjos, se não tenho amor, sou como o bronze que soa e o címbalo que retine... Se não tenho amor, nada me aproveita... O amor é paciente e serviçal... O amor não é invejoso, nem presunçoso, não é temerário, nem precipitado, não tem orgulho, não é interesseiro, não se irrita, não se alegra com a injustiça e sim com a verdade. O amor tudo crê, tudo espera, tudo suporta. O amor não se acaba nunca. Se tudo se acabasse, restariam a fé, a esperança e o amor.

A *Bíblia de Jerusalém* lembra, em nota de rodapé, que a expressão do original grego *agapê* caracteriza bem a gradação cuidadosa do sentimento que Paulo desejou transmitir aos seus amigos de Corinto. *Agapê* é o amor-benevolência, que se dirige, como força construtiva do bem, em favor do próximo, diferente, portanto, do amor passional e egoísta.

É desse amor-doação que precisa o doutrinador. Do amor que, segundo o Cristo, devemos sentir com relação aos nossos próprios inimigos. É isto bem verdadeiro, no caso da doutrinação de Espíritos conturbados, porque, ao se apresentarem diante de nós, vêm com a força e a agressividade de inimigos implacáveis. Se respondermos à sua agressividade com a nossa, o trabalho se perde e desencadeamos contra nós a reação sustentada da cólera, do rancor, do ódio. Sem nenhuma figura de retórica, é preciso ter, no trabalho de desobsessão, a capacidade de amar os inimigos. Escrevia eu em *Reformador* de fevereiro de 1975:

> É preciso ter muito amor a dar, para distribuí-lo assim, indiscriminadamente, a qualquer companheiro espiritual que se manifeste. Muitas vezes, o médium doutrinador não se encontra, na sua vida de encarnado, cercado pelo sentimento de afeição de familiares e companheiros. Tem seus parentes, vive rodeado de conhecidos, no ambiente de trabalho, mas não conta com grandes afeições e dedicações. A sustentação do seu teor vibratório, no campo do amor, deverá vir de cima, e, para isso, precisa estar ligado aos planos superiores, que o ajudam e assistem a distância. Sem amor profundo, pronto na doação, incondicional, legítimo, sincero, é impraticável o trabalho mediúnico realmente produtivo e libertador.

É claro que estas observações são válidas para todos os componentes do grupo, mas particularmente se dirigem ao doutrinador, porque é ele o seu porta-voz, é nele que os Espíritos desequilibrados identificam a petulante intenção de interferir com seus planos pessoais, é ele, usualmente, o responsável pela direção dos aspectos, por assim dizer, terrenos, do trabalho. É lógico e natural, portanto, para os irmãos desorientados, que se concentre no doutrinador grande parte do esforço de envolvimento, bem como suas cóleras e suas ameaças. O médium doutrinador tem que devolver todo esse concentrado ataque vibratório, transformado em compreensão, tolerância e, principalmente, amor fraterno.

Isto não esgota, ainda, o rol das aptidões que devem integrar a personalidade do doutrinador. Nem pretendemos esgotá-lo aqui, ou afirmar que somente pode investir-se na função de doutrinador aquele que possuir cumulativamente todas essas virtudes. Não estamos ainda nesse estado evolutivo.

Prossigamos, no entanto, ainda no exame dos componentes morais e psicológicos da personalidade de um bom doutrinador.

Se não dispuser de um mínimo de aptidões, o candidato a tal função deve procurar desenvolvê-las, ou assumir outra tarefa, para a qual seus recursos pessoais sejam mais adequados. Uma dessas virtudes é a *paciência*. Não pode ele, sem prejuízo sério para o seu trabalho, atirar-se sofregamente ao interrogatório do Espírito manifestante. Tem que ouvir, aturar desaforos e impropérios, agressões verbais e impertinências. Tem que aguardar o momento de falar. Para isso, necessita de outra qualidade pessoal, não particularmente rara, mas que precisa ser cultivada, quando não despertada: a *sensibilidade*, que o levará a *sentir* pacientemente o terreno estranho, difícil e desconhecido em que pisa, as reações do Espírito, procurando localizar os pontos em que o manifestante, por sua vez, seja mais sensível e acessível. Isto se faz com uma qualidade pessoal chamada *tato*, segundo a qual, vamos, pela observação cuidadosa, serena, nos informando de determinada situação ou acontecimento, até que estejamos seguros de poder tomar uma posição ou uma decisão sobre o assunto.

A paciência, a sensibilidade e o tato nos facultam as informações que buscamos; mas não disparam, por si mesmos, os mecanismos da ação, ou seja, não nos indicam a providência a tomar, nem nos sustentam no que fizermos. Para isso, pede-se outra disposição que poderíamos chamar de *energia*, que deve ser controlada e oportuna. Há de chegar-se a um ponto, na doutrinação, em que se torna imperiosa a tomada de uma atitude firme, enérgica, que não pode ser contundente nem agressiva. É a hora da energia, e o momento tem que ser o certo. Nem antes, nem depois da oportunidade. Veremos isto quando cuidarmos do trabalho propriamente dito.

Há mais ainda.

O doutrinador deve estar em permanente estado de *vigilância*, na mais ampla acepção do termo. Vigilância quanto aos seus próprios sentimentos e pensamentos, quanto às suas suposições e intuições, quanto ao que se contém nas entrelinhas do que diz o manifestante, quanto ao que ocorre à sua volta, com os demais componentes do grupo, quanto à sua própria conduta, não apenas durante o trabalho mediúnico, propriamente dito, mas no seu proceder diário. Convém repetir: não precisa ser um santo, e não o será mesmo. Vigilância e boa intenção não são santidade. O doutrinador precisa servir em estado de alerta constante.

Uma questão cabe introduzir aqui: convém que ele disponha de alguma forma de mediunidade ostensiva? Em Espiritismo, não há posições dogmáticas. Minha opinião pessoal é a de que algumas formas de mediunidade são desejáveis. Colocaria em primeiro lugar a intuitiva, por meio da qual o doutrinador possa receber as inspirações de seus amigos espirituais, responsáveis pelo trabalho, e desenvolvê-las junto ao manifestante, com seus próprios recursos e suas próprias palavras.

Em segundo lugar, poria a vidência, que certamente auxiliará na visão de cenas e quadros, ou da aparência pessoal do Espírito manifestante e de seus eventuais companheiros. Será também útil dispor da faculdade de clariaudiência, e, neste caso, ouviria diretamente as instruções e "recados" do mundo espiritual, que fossem de interesse para o seu trabalho. Isto, porém, não o coloca inteiramente a salvo de alguma palavra, soprada desavisadamente, que o leve a falsos caminhos.

Creio poder afirmar que não seria desejável qualquer forma de mediunidade que colocasse o dirigente, ou doutrinador, em estado de inconsciência. Ele precisa manter-se lúcido durante todo o período de trabalho.

Uma confreira, experimentada nas lides espíritas, contou-me que certa vez se encontrou ante a contingência de dirigir uma sessão de desobsessão. Relutantemente, concordou em assumir o encargo, pois temia que sua ostensiva mediunidade de incorporação interferisse com a boa marcha do trabalho. Realmente, foi o que aconteceu. Ao iniciar a tarefa do diálogo com um Espírito manifestante, começou a sentir-se envolvida, perdeu o fio da conversação e, sentindo-se girar "como um parafuso" — disse ela —, daí a pouco estava, por sua vez, também incorporada, criando certo pânico na sessão. Depois dessa experiência, ela passou a recusar, com firmeza, qualquer solicitação para funcionar como doutrinadora, dedicando-se a outras atividades, tão nobres quanto essa, para as quais estava perfeitamente preparada, com a abençoada mediunidade de cura. Suponho que, por isso, a faculdade mais comumente encontrada num doutrinador é, precisamente, a intuição. Se ele procura sintonizar-se com o mundo espiritual, esta via de comunicação bastará ao seu trabalho. Por ela, seus companheiros mais esclarecidos se comunicarão, com eficiência e oportunidade, para a ajuda de que ele não pode prescindir. De uma vez por todas, tiremos de nossa cabeça a noção falaz de que o bom doutrinador pode dispensar a colaboração dos Espíritos superiores. Mais de uma vaidade tem sido explodida por causa disso, e não poucas obsessões pertinazes têm resultado dessa ingênua e perigosa imaturidade. Já fazemos muito quando não atrapalhamos os dedicados companheiros da Espiritualidade maior. Se manifestamos a tola pretensão de dispensar-lhes a ajuda, eles se afastarão, com tristeza, é certo, mas com serenidade e sem remorsos, uma vez que jamais impõem a sua presença, nem a sua vontade. Não há bom doutrinador sem a colaboração e o apoio dos Espíritos mais esclarecidos. E, em breve, não haverá nem bom nem mau, porque o pretensioso ficará literalmente aniquilado pela obsessão ou pela fascinação de Espíritos ardilosos, que se apresentam com nomes pomposos e se arvoram, por sua vez, em doutrinadores do doutrinador, pregando estranhas e confusas ideias.

Com isto, chegamos a outra faculdade necessária ao doutrinador: a *humildade*. Ele vai precisar dela, com frequência impressionante. A princípio, para aceitar as ironias, agressões e impertinências dos pobres irmãos atormentados. Depois, se e quando conseguir convencer, o companheiro, de seus enganos e de seus erros, para não assumir a atitude do vencedor que pisa na garganta do vencido, para mostrar o seu poder e confirmar a sua vaidade e seu orgulho. É a partir do momento em que o turbulento manifestante de há pouco se converte em verdadeiro trapo humano, arrependido e em pranto, que o doutrinador deve mostrar toda a sua compaixão humilde e o seu respeito pela dor alheia.

Tem, ainda, que ser humilde no aprendizado. Cada manifestação traz a sua lição, a sua informação, a sua surpresa. Em trabalho mediúnico, estamos sempre aprendendo e nunca sabemos o suficiente. Se não nos aproximarmos dele com humildade, pouco ou nenhum progresso conseguiremos realizar.

A humildade é necessária, também, quando não conseguimos convencer o companheiro infeliz. Precisamos estar preparados para a derrota, em muitos casos. Nada de pretensões tolas de que o trabalho foi cem por cento positivo. Claro que positivo, em sentido genérico, ele sempre o é. Mesmo naquele que não conseguimos demover de seus propósitos, se tivermos tido habilidade e tato, teremos realizado, no seu coração, a sementeira da verdade. Um dia — não importa quando — ele vai lembrar-se do que lhe dissemos e conferi-lo com a realidade. Não contemos, porém, com o êxito total da conversão imediata e definitiva, ao amor, de todos os Espíritos que nos são trazidos. Muitos daqueles dramas, que se desenrolam diante de nós, arrastam-se há séculos. Não se ajustam em minutos de conversa. Humildade, pois, para aceitar esses casos e continuar lutando. Não somos super-homens, nem semideuses.

Humildade, ainda, quando precisarmos reconhecer o potencial intelectual do irmão espiritual com o qual nos defrontamos. E isso é muito frequente. Não quer dizer que nos devamos curvar servilmente diante dele, rendendo homenagens à sua inteligência e ao seu conhecimento; quer dizer que precisamos admitir, às vezes, que não estamos em condições de superá-lo naquilo que constitui o seu ponto forte. Nem é essa a técnica recomendada. Suponhamos que compareça, para conversar conosco, um Espírito de elevada cultura, que lecionou em faculdades, ocupou assentos em academias, recebeu, enfim, as honrarias que tantos buscam, em vez da paz interior. Não é no terreno dele que nos vamos medir, não é discutindo Filosofia, com ele, que vamos convencê-lo de seus enganos. Nesse campo, ele dispõe de mais recursos do que nós. E foi justamente o debate inútil e o vão filosofar que arruinaram sua vida espiritual. Ele precisa de atenção, fraternidade, respeito e sinceridade, não de debates estéreis, nos quais facilmente nos vencerá, para consolidar a sua vaidade lamentável. Um pouco de humildade, da nossa parte, o levará a respeitar-nos também, enquanto a exibição inútil de precários conhecimentos filosóficos, e de medíocre cultura intelectual, só poderá estimular nele o desprezo por nós e pela nossa posição. Nada, pois, de aparentar o que ainda não somos. E, mesmo que o fôssemos, a humildade, ainda assim, seria indicada.

Lembremos ainda uma qualidade: o *destemor*. Já disse alhures que, em trabalho mediúnico, temos que ser destemidos, sem ser temerários. Coragem não é o mesmo que imprudência.

O destemor é de extrema utilidade nas tarefas de doutrinação. Fustigados pela interferência dos grupos mediúnicos em seus tenebrosos afazeres, os Espíritos violentos comparecerão possuídos de irritação, rancor e ódio, mesmo. Manifestam-se aos berros, dão murros na mesa, ameaçam céus e terras, procuram intimidar e propõem-se a vigiar-nos implacavelmente, a atacar nossos pontos fracos ou fazer um cerco impiedoso em torno de nossa família, provocar acidentes, doenças, perturbações. O arsenal de ameaças é vasto, e eles manipulam, com extrema sagacidade, as armas da pressão. Se nos deixarmos impressionar pelas verdadeiras cenas que fazem, estaremos realmente perdidos, porque nos colocaremos na faixa vibratória desejada por eles. Os benfeitores espirituais sempre nos advertem, de maneira tranquila e segura:

— Nada de temores infundados. Sofremos apenas aquilo que está nos nossos compromissos espirituais, e não em decorrência do trabalho de desobsessão.

É verdadeiro, isso. Seria injusto, por parte das leis supremas, que, evidentemente, governam o universo, se a paga da dedicação ao irmão que sofre resultasse em sofrimento indevido e em punição imerecida. Estariam subvertidos todos os princípios da Justiça divina, se assim fosse. É até possível que uma ou outra, das ameaças esbravejadas contra nós, se cumpra, ou seja, aconteça acidentalmente, como doença inesperada em um de nós, ou em membro da nossa família. Estejamos certos de que, na sessão seguinte, virá de novo o irmão infeliz, para se vangloriar:

— Eu não disse?

Não tema, siga em frente. O trabalho está sob a proteção de forças positivas e abençoadas. Isto, porém, não significa que deveremos e poderemos deixar cair as guardas. A proteção existe, mas não para dar cobertura à imprudência, à irresponsabilidade.

Não custa, pois, anotar mais uma das aptidões necessárias ao bom desempenho do trabalho mediúnico, em geral, e do doutrinador, em particular: a *prudência*.

Se, porém, um acontecimento desagradável realmente acontecer conosco, ou com alguém da nossa convivência, nitidamente ligado ao trabalho mediúnico, nem assim devemos nos desesperar e intimidar: estejamos certos de que estava já nos nossos compromissos, e mais: os recursos socorristas virão, sem dúvida alguma.

———•———

A longa digressão acerca das aptidões desejáveis a um doutrinador não deve necessariamente desencorajar aquele que pretende se preparar para a tarefa. Ele precisa saber que o trabalho é árduo, os riscos são muitos, as qualificações são, idealmente, rigorosas e numerosas, e nenhuma projeção especial o espera. Ao contrário, quanto mais apagado o seu trabalho, mais eficaz e produtivo. Dificilmente um doutrinador reunirá tantos e tão grandes atributos pessoais. Procuramos, aqui, traçar um perfil ideal e, como todo ideal, difícil, senão impossível de ser atingido. Que isso não desencoraje ninguém à responsabilidade do trabalho. Os Espíritos amigos saberão dosar as tarefas, segundo as forças e as possibilidades de cada grupo.

Por outro lado, o doutrinador é, usualmente, o para-raios predileto do grupo, porque os Espíritos atribulados, trazidos ao diálogo, com ele se entendem e se desentendem. É nele que identificam a origem de seus problemas. É ele, usualmente, o organizador ou responsável pelo grupo, bem como o seu porta-voz junto ao mundo espiritual. Ainda voltaremos a este tema fascinante, lançando mão de um acervo de experiências pessoais preciosas.

Em suma, o doutrinador não pode deixar de dispor de cinco qualidades, ou aptidões básicas:

a) Formação doutrinária muito sólida, com apoio insubstituível nos livros da Codificação Kardequiana;
b) Familiaridade com o Evangelho de Jesus;
c) Autoridade moral;
d) Fé; e
e) Amor.

As demais são desejáveis, importantes também, mas não tão críticas:

a) Paciência;
b) Sensibilidade;
c) Tato;
d) Energia;
e) Vigilância;
f) Humildade;
g) Destemor; e
h) Prudência.

Com respeito ao doutrinador, falta ainda abordar um aspecto final, antes de prosseguir.

Como é também o dirigente humano do grupo, precisa, como já dissemos, estar consciente dessa responsabilidade e usar sua autoridade com muito tato, sem abandonar a firmeza. Disciplina não é sinônimo de ditadura. Quando o grupo reunir-se para debater problemas ligados ao trabalho, deve o dirigente comportar-se como simples participante, para estimular a criatividade e a contribuição dos demais membros. No momento de tomar a decisão, cabe a ele suportar os ônus e as responsabilidades decorrentes. Precisa tratar a todos, médiuns ou não, com o mesmo carinho e compreensão, sem paternalismos e preferências, mas sem má vontade contra qualquer um dos membros da equipe. Precisa despertar, nos seus companheiros, a afeição, a camaradagem e o respeito. Poderá ser o primeiro entre eles; certamente deverá ser o único a falar com os Espíritos; mas não é "o maior".

A essa altura, dirá o leitor, algo inquieto:
— Mas é muito difícil ser doutrinador...
É verdade. É, sim.

2.1.3 Outros participantes

Um grupo mediúnico não se constitui apenas de um doutrinador e alguns médiuns já desenvolvidos e preparados para os seus encargos. Há sempre outros companheiros, sem mediunidade ostensiva, que podem e devem participar, respeitados o limite numérico e a qualificação pessoal anteriormente referidos.

Tais participantes merecem atenção e cuidados, como quaisquer outros que integrem o grupo. Devem obedecer à mesma disciplina, e entregar-se ao mesmo aprendizado doutrinário e à mesma atenta observação a que cada um dos demais é submetido, pois, ainda que não manifestamente, também trazem ao grupo a sua contribuição. São geralmente amigos e parentes de um ou outro membro, e sentem-se atraídos pelo trabalho. É necessário estudar bem e discutir com franqueza as suas motivações. Estão interessados num trabalho sério, cansativo, contínuo e disciplinado? Acham-se apenas impulsionados pela curiosidade passageira? Integram-se bem no grupo, mantendo boas relações de amizade com os demais componentes? Estarão dispostos a contentar-se com uma tarefa aparentemente inútil e apagada?

O trabalho, nos grupos de desobsessão, não oferece atrativos àqueles que não estejam preparados para a dedicação, sem escolher funções e sem buscar posições de relevo. Não apresenta, ademais, fenomenologia espetacular, para distrair aqueles que buscam nos fatos mediúnicos apenas a manifestação mais dramática, como as de efeitos físicos (materializações, transportes, levitação e outras), nem comunicações de Espíritos luminosos ou célebres. Nada disso. O trabalho é muito mais humilde, exige dedicação, esforço concentrado, renúncia, paciência. O grupo não se reúne para divertir-se com Espíritos, mas para servir e aprender. Não esperemos revelações extraordinárias destinadas a abalar o mundo, nem convívio com os Espíritos redimidos, que fiquem à nossa disposição para responder a qualquer pergunta ou fazer qualquer favor.

Por outro lado, o companheiro, ou companheira, sem mediunidade ostensiva, pode deixar-se envolver pela frustração, se não tem condições de "receber" Espíritos, escrever páginas psicográficas, ver ou ouvir os companheiros desencarnados. Muitos buscam aderir aos grupos na esperança de que isto aconteça e, de uma hora para outra, passem a funcionar como médiuns perfeitamente ajustados. Raramente a mediunidade eclode assim, espontânea e fulminante, pronta e afinada. Só excepcionalmente isso acontece. A norma geral é o desabrochar lento, muitas vezes penoso, a exigir estudo, dedicação, orientação e renúncias bastante sérias. Quando assistimos à manifestação de um Espírito sofredor, ou de um dos instrutores anônimos do mundo superior, por meio de um médium perfeitamente ajustado, não imaginamos quanto trabalho preparatório foi necessário desenvolver, até chegar àquele ponto; quantas dores, quanta vigilância, e preces, incertezas, dificuldades e desenganos. Quem ouve o consumado virtuoso do piano, facilmente é levado a esquecer os longos anos de aprendizado, as cansativas horas de exercício, o esforço constante de aprimoramento. É como se contemplássemos um produto de apurado acabamento, sem a menor noção de sua gênese e da técnica e adestramento que a sua confecção exigiu do artífice. E é por isso, também, que muitas mediunidades ficam, por assim dizer, inacabadas, toscas e primitivas, como obras que o artista não teve suficiente dedicação e tenacidade para concluir. Dizem que o gênio é dez por cento inspiração e noventa por cento transpiração; a mediunidade talvez guarde relação semelhante. Portanto, ao presenciarmos o suave fluir de uma bem treinada mediunidade, manifestemos, intimamente, nosso respeito pelo médium. Ele trabalhou muito e lutou muito para que assim fosse. Nada de ciúmes pelo que ele faz, nem de elogios balofos que o percam, mas nosso apreço, este sim, lhe é devido.

Serão, então, dispensáveis os componentes do grupo que não ofereçam condições mediúnicas? Não. Sua participação é desejável. Se estão bem entrosados com as demais pessoas e mantêm atitude construtiva, contribuem para a concentração das mentes no clima de segurança e de harmonia, e prestam serviços relevantes de apoio. Ainda que inconscientemente, muitas vezes têm papel importante no grupo, fornecendo recursos vibratórios de alto valor.

É muito frequente ouvirmos desses companheiros uma palavra de desânimo e desinteresse, por acharem que nada estão fazendo no grupo, o que é falso. Os nossos instrutores espirituais estão cansados de insistir em que todos os recursos humanos colocados à disposição do trabalho são aproveitados. Não é necessário que todos, indistintamente, sejam médiuns, nem mesmo desejável. Os companheiros sem mediunidade ostensiva precisam convencer-se de que devem manter, em qualquer circunstância, e ao longo dos anos, uma atitude construtiva e disposta à cooperação. Deixem aos operadores desencarnados a incumbência de decidir quanto à utilização dos recursos de cada um. A atitude negativa acarreta dificuldades e desarmonias que prejudicam seriamente as tarefas mediúnicas, da mesma forma que o espírito crítico, ou de fria observação, como se o membro do grupo fosse mero espectador.

Por mais de uma vez, tive oportunidade de verificar casos específicos de atitudes assim, quando o companheiro, ou a companheira, questionou a validade da sua presença no grupo. A um desses, um dos Espíritos que se incumbiam da orientação do grupo afirmou que, ao contrário, tal pessoa nos prestava excelentes serviços, como "dínamo de vibrações amorosas", de que estava pleno o seu coração. Esses recursos eram amplamente utilizados no trabalho, sem que ela tivesse consciência do fato.

Além do mais, é comum desenvolverem-se nesses companheiros preciosas mediunidades, que se acham apenas em potencial, em período de expectativa e de provas, para experimentar-lhes a paciência e a tenacidade. Com o decorrer do tempo, começa a ensaiar-se timidamente a faculdade, numa rápida vidência, na captação de uma ou outra palavra ou intuição. Quase sempre podem também ser muito úteis como médiuns de passes, dado que praticamente todos os seres humanos dispõem dessa condição em potencial, se tiverem desejo de servir e pureza de intenções. Há condições para desenvolvê-la harmoniosamente, sob supervisão de alguém mais experimentado. Neste caso, aqueles que não dispõem de faculdades para incorporação, psicografia ou vidência poderão incumbir-se da nobre tarefa do passe reparador, tão necessária num grupo de trabalhos práticos. A juízo do dirigente, e por ele orientados, darão passes nos médiuns, após comunicações particularmente penosas, a fim de ajudá-los no reequilíbrio de suas energias e aliviar aflições residuais deixadas pelas vibrações dolorosas do manifestante em desarmonia. Podem ainda contribuir para a fluidificação da água.

Quanto ao mais, tenham paciência e portem-se com humildade e respeito. É possível que, com o tempo, venham a manifestar indícios indubitáveis de excelentes faculdades, que poderão ser cultivadas e aproveitadas. Mantenham-se em calma, sem açodamento ou excitação. Estudem e observem.

O dirigente do grupo deverá ter sensibilidade bastante para identificar os indícios e acompanhar cada caso individual, com sabedoria e bom senso.

O participante, porém, precisa estar preparado para a eventualidade de conviver com o grupo por longos anos, sem que nenhum fenômeno ostensivo se passe na intimidade de seu ser. Não pense, porém, que é inútil, só porque não incorpora, não vê ou não ouve Espíritos; às vezes, sua participação é preciosa. Conserve-se firme e tranquilo; contribua para manter um bom ambiente de vibrações amorosas, vigie seus pensamentos, permaneça concentrado e em prece nos momentos mais críticos. Não se aflija se a sua contribuição é menos ostensiva. Num grupo bem harmonizado, todos são úteis e necessários, como já ensinava Paulo, há tantos séculos:

— Com efeito — dizia ele aos Coríntios (primeira epístola, capítulo 12, versículos 14 e seguintes) — o corpo não se compõe de um só membro, senão de muitos. Se o pé dissesse: "Como não sou mão, não pertenço ao corpo", deixaria de ser parte do corpo, por isso? E se o ouvido dissesse: "Como não sou olho, não pertenço ao corpo", deixaria de ser parte do corpo, por isso? Se todo o corpo fosse o olho, onde ficaria o ouvido? E se fosse todo ouvido, onde ficaria o olfato?

Nada, pois, de ambicionar, ou mesmo desejar, faculdades para as quais não estamos preparados, ou, pelo menos, *ainda* não estamos preparados. Tenho, sob este aspecto, uma experiência pessoal. Durante vários anos frequentei um grupo mediúnico, sem saber ao certo o que fazia. Sentava-me entre os companheiros, procurava portar-me com respeito, atenção e vigilância interior. Nenhum fenômeno, nenhuma forma de mediunidade, nem mesmo uma palavra perdida, que eu tivesse captado, ou a fugaz visão de um companheiro desencarnado. A tudo ouvia, participando dos dramas e aflições dos irmãos desarvorados, que então nos procuravam, acompanhando com interesse as instruções e observações dos nossos benfeitores desencarnados. Esse grupo, constituído de pessoas que muito se estimavam e se mantinham bem afinadas, não tinha, porém, a rigidez de uma disciplina mais rigorosa. Vários dos seus componentes conversavam com os Espíritos, ao sabor dos acontecimentos. Os resultados eram bons, por certo, porque nos esforçávamos por manter a harmonia. Sentíamos, no entanto, que poderíamos fazer melhor a nossa tarefa, e, uma noite, antes da reunião, tomamos algumas decisões mais drásticas. Como o grupo não tinha uma liderança clara e específica, as tarefas foram distribuídas por uma espécie de consenso geral: A, B e C se limitarão às suas respectivas mediunidades. D fará as preces de abertura e encerramento. E, voltando-se para mim, disse aquele que estava com a palavra:

— Só você falará com os Espíritos.

Senti um "frio por dentro". Eu? Que diria, meu Deus, aos irmãos aflitos e desarmonizados?

O aprendizado dos tempos em que fiquei como simples observador revelou-se precioso, e, ainda que timidamente, e sentindo cuidadosamente o difícil terreno em que pisava, comecei a tarefa que me fora atribuída, procurando corresponder às esperanças daqueles que ma concediam.

E foi assim que, inesperadamente, me achei investido de uma responsabilidade que nem suspeitava me seria conferida.

Não posso dizer se dei boa conta dela, mas, como me conservaram no posto pelo resto do tempo em que o grupo funcionou, creio que correspondi à confiança que em mim depositaram.

Este episódio é aqui documentado apenas para enfatizar a circunstância de que, muitas vezes, estamos, no grupo, sendo imperceptivelmente preparados e testados para responsabilidades futuras. Esperemos com paciência. E se não chegar o dia de uma participação mais dinâmica e efetiva, ou, por outra, mais ostensiva, não importa; não perdemos o tempo, ofertando o pouco de que dispomos: alguém se beneficiou, mesmo com esse pequeno óbolo da viúva. Não somos julgados pelos resultados, mas pela boa vontade que evidenciarmos.

O dirigente do grupo deve estar bem atento a toda e qualquer contribuição dessa natureza, estimulando-a com interesse, colocando à disposição do companheiro sua experiência e orientação, procurando ajudá-lo, assisti-lo no esclarecimento de dúvidas, estudando junto com ele (ou ela) as dificuldades da tarefa, oferecendo sugestões, sem colocar-se na posição de mestre infalível que tudo sabe, pois em questão de mediunidade precisamos ser humildes e sensatos para admitir que não sabemos tudo, longe disso; aquele que souber um pouco, utilize seus conhecimentos de maneira construtiva, sempre disposto a aprender mais, a rever pontos de vista, a reaprender. Cada caso é diferente, cada manifestação é diferente, uma vez que cada um de nós é um ser diferente, a atestar a infinita capacidade criadora daquele que nos formulou no seu pensamento e nos deu forma, vida e consciência.

2.1.4 Os assistentes

Dificilmente um grupo mediúnico deixará de ser procurado por pessoas que desejam assistir aos seus trabalhos. Uns por mera curiosidade, outros na esperança de se deixarem convencer, ou de se manterem na sua vaidosa e tola descrença, outros na expectativa de uma cura, seja de males orgânicos, seja de desarmonizações espirituais, como a obsessão, estados de angústia ou de desespero, ante a partida de pessoas queridas.

Os motivos são muitos, certamente relevantes, e a nós, espíritas, custa recusar pedidos de ajuda a pessoas que, muitas vezes, nos são muito caras. O certo, porém, é que não estaremos recusando ajuda simplesmente por não concordarmos com o eventual comparecimento de alguém aos trabalhos do grupo.

Sabemos que esta reserva é quebrada, com frequência, em muitos grupos, enquanto outros adotam a prática de abrir suas portas, em caráter permanente, seja a um público reduzido e selecionado, seja a qualquer pessoa que se apresente.

Na minha opinião, somente em casos excepcionais se justifica a presença de pessoas estranhas ao grupo, nos trabalhos de desobsessão. Sob condições normais, ela não é necessária à tarefa que nos incumbe junto aos obsidiados que buscam o socorro de um grupo mediúnico. Mais do que desnecessária, a presença de pessoas perturbadas, no ambiente onde se desenrola o trabalho mediúnico, pode provocar incidentes e dificuldades insuperáveis. Sei que alguns dirigentes de grupo objetarão a esse radicalismo; julgo, porém, que, como regra geral, deve ser preservada a intimidade do trabalho mediúnico.

É preferível pecar por excesso de rigor a arriscar-se a pôr em xeque a harmonia e a segurança das tarefas. Em casos excepcionais, grupos que contem com excelente cobertura espiritual poderão admitir essa prática; mas, é bom repetir, não como norma de procedimento. O grupo pode perfeitamente assistir os companheiros encarnados sob as provações da obsessão, sem introduzi-los no seu ambiente de trabalho. Não é a presença física deles, junto ao grupo, que vai facultar ou facilitar a tarefa; ao contrário, essa presença pode causar consideráveis transtornos. Os benfeitores espirituais dispõem de recursos mais seguros e eficazes para isso, não havendo necessidade de correr riscos indevidos. Assim, a não ser que os responsáveis espirituais pelo trabalho recomendem taxativamente a presença da pessoa, no ambiente em que se realizam as sessões, isso deve ser formalmente evitado.

Ainda que aqueles que solicitam nossa ajuda interpretem a recusa como falta de caridade, ou ausência de espírito de colaboração, sabemos que assim não é. Também não se torna necessário descer a pormenores explicativos e justificativos dessa atitude. Basta dizer ao interessado que não é necessária a sua presença física para que o trabalho seja feito. E não é mesmo, na imensa maioria dos casos. Pelo menos é essa a experiência que tenho tido, em vários anos de prática.

O que acontece é que pessoas sob o domínio de obsessores implacáveis e vingativos, rancorosos e violentos apresentam invariavelmente um componente mediúnico, ou seja, são também médiuns, embora desgovernados, desajustados e ignorantes de suas faculdades e possibilidades.

No livro *Nos domínios da mediunidade*, capítulo 9, narra André Luiz o tratamento de um caso de possessão. Hilário pergunta ao Instrutor se deve considerar o doente, por nome Pedro, como médium:

Pela passividade com que reflete o inimigo desencarnado, será justo tê-lo nessa conta; contudo, precisamos considerar que, antes de ser um médium na acepção comum do termo, é um Espírito endividado a redimir-se.

E mais adiante: "[...] Por esse motivo (compromissos do passado), Pedro traz consigo aflitiva *mediunidade de provação*" (grifo nosso).

Assim, na condição de médium desgovernado, e não integrado na equipe que constitui o grupo que se incumbe de socorrê-lo, o obsidiado, ou possesso, facilmente introduzirá nele um fator de perturbação e desequilíbrio, que poderá trazer sérias complicações, se o grupo não estiver muito bem preparado para essa responsabilidade.

Em suma: a meu ver, como regra geral, o grupo mediúnico não deve permitir a presença de pessoas estranhas às suas tarefas. Somente em condições muito especiais, excepcionais mesmo, deverá fazê-lo, se dispuser de cobertura e consentimento expresso dos benfeitores espirituais. Esses casos serão previamente selecionados pelos mentores do grupo, e nem sempre conhecemos as razões pelas quais assim decidem. Pode ser que o tratamento exija certos tipos conjugados de mediunidade, ou de recursos outros, de que o grupo não disponha no momento, como, por exemplo, número maior de médiuns, ou um doutrinador especial. Pode ser, também, que seja necessária a presença de determinada pessoa encarnada, com a qual desejam pôr o Espírito manifestante em contato direto. Pode ser, ainda, que não desejem, com um caso especial, interferir no fluxo normal do trabalho. Ou então estaria havendo dificuldade em atrair o Espírito a ser tratado, até o local onde habitualmente se realiza a sessão. Enfim, há sempre razões respeitáveis, quando um dirigente espiritual de nossa confiança propõe que o trabalho seja feito à parte. Evidentemente, nessa hipótese, a sessão exige tais cuidados que, obviamente, não poderia ser realizada sob as condições normais. Nestes casos, os Espíritos orientadores solicitarão uma sessão especial, em dia e hora previamente combinados, designando, ainda, quem dela deve participar.

Isso, no que diz respeito a pessoas perturbadas, sob o domínio de rancorosos obsessores ou possessores; mas e aqueles que apenas desejam "assistir" aos trabalhos? Devem ser admitidos? Na minha opinião, não. Não que o grupo mediúnico seja uma sociedade secreta, hermética, esotérica e misteriosa, mas porque é da sua essência uma atitude de recato, de sigilo, de discrição. O trabalho mediúnico, especialmente o de desobsessão, não é para ser divulgado, nem exibido, como espetáculo público.

Há algum tempo, um amigo a quem muito respeito e admiro, pelas nobres qualidades de caráter e cultura, começou a observar, em seu próprio lar, a formação de um pequeno grupo mediúnico. Sem ser espírita, mas dotado de curiosidade intelectual e pragmatismo, passou a assistir, a distância, algumas sessões, e a solicitar livros, para informar-se do assunto. Ao observar que os trabalhos enveredavam, como acontece com frequência, pelo atendimento aos sofredores desencarnados, me fez uma pergunta perfeitamente válida:

— Você não acha que existe aí um problema ético bastante grave?

Queria referir-se, como explicou mais adiante, às interferências, voluntárias ou involuntárias, do grupo, em problemas de outras pessoas, encarnadas ou não, e ao trato das revelações de caráter íntimo, que ocorrem no andamento dos trabalhos mediúnicos.

É certo, realmente, que o diálogo com os Espíritos que se arvoram em cobradores de faltas alheias traz revelações e informações que devassam a intimidade alheia.

A pergunta, como disse, é válida, e o problema, antiquíssimo. Voltemos, uma vez mais, à experiência e à sabedoria do nosso amado Paulo. Escreve ele, na *Primeira epístola aos coríntios*, capítulo 14, versículos 24 e 25:

> Pelo contrário, se todos profetizam,[5] e entra um infiel, ou não iniciado, será convencido por todos, julgado por todos. *Os segredos de seu coração serão descobertos* e, prostrado de rosto ao solo, adorará a Deus, confessando que Deus está verdadeiramente entre vós" (grifo nosso).

Já naqueles recuados tempos, por conseguinte, dava-se o fenômeno da indiscrição de espíritos afoitos, com relação aos segredos da intimidade alheia. Paulo, no seu pragmatismo, via no caso o seu aspecto positivo, ou seja, o de levar o descrente, que ele chama de infiel, ou não iniciado, à crença e ao reconhecimento da presença de Deus entre os primitivos cristãos. E isto é legítimo e proveitoso, sem dúvida, porque muitos dos que se acham mais fortemente entrincheirados nas suas descrenças e revoltas precisam de um impacto maior para desalojarem-se do seu comodismo ou de sua vaidade; não podemos, no entanto, perder de vista o fato de que a norma é o respeito à intimidade alheia, com todas as suas fraquezas, suas angústias, seus desenganos e seus erros, por mais clamorosos que sejam. Quando, no decorrer do trabalho mediúnico, surge uma denúncia, ou revelação, acerca das fraquezas alheias, essa informação é recebida com reserva e, se verdadeira, com redobrado respeito e discrição. Não é para ser proclamada, divulgada ou comentada, nem mesmo na intimidade da equipe de trabalho. Todos nós estamos em posição vulnerável, com relação a essas impiedosas indiscrições, que põem à mostra

---

[5] Nota do autor: Do que se depreende do texto, Paulo dá o nome de "profeta" ao médium de incorporação ou psicofônico.

aspectos de nossa pobre pessoa, que desejaríamos continuassem em segredo. Por isso, precisamos estar preparados para que tais revelações não nos apanhem de surpresa e não nos atinjam de maneira a desequilibrar-nos.

Numa ocasião, no desespero angustioso de me ferir, um companheiro, com poderosos recursos de hipnotizador, trouxe ao nosso grupo o Espírito de um irmão meu, desencarnado recentemente e ainda em difíceis condições de desajustamento no mundo espiritual. Ou, talvez, nem o tenha trazido, mas apenas imaginado o episódio como estratagema, na desesperada tentativa de desarmonizar-me. Dizia ele que meu irmão estava presente, sob seu domínio, e aparentemente dirigindo-se a ele, dizia:

— Não tente escapar, que eu aperto mais o laço.

E voltando-se para mim:

— Ele gostava de tomar umas e outras, não é?

Graças a Deus, não me deixei impressionar. Dei-lhe razão. Sim, infelizmente, meu irmão atormentou-se com o vício do álcool, provavelmente sob a influência obsessiva de algum antigo comparsa, ou vítima. Quem sabe se do próprio, que ora mo trazia? Felizmente, o ardil não produziu os resultados que ele esperava. A conversa prolongou-se por muito tempo e extravasou para outras sessões. O companheiro acabou se convencendo, graças a Deus, e partiu arrependido e em pranto.

Se o grupo está bem ajustado e integrado, todos se estimam e se respeitam, não é a leviandade de um pobre Espírito, em estado de angústia, que vai desequilibrá-lo; mas, se há estranhos na sala, o problema se torna bem mais sério.

Por outro lado, mesmo abstraindo essas ocorrências mais graves, não podemos ignorar que há um clima de sintonia espiritual entre os que participam de trabalhos mediúnicos, tanto entre os encarnados como entre estes e os orientadores desencarnados. A introdução de um estranho causa certo desajuste, que nem sempre é possível corrigir com facilidade e rapidez.

Tive, também, algumas experiências nesse sentido.

Por duas vezes quebramos, em um grupo mediúnico, a regra que havíamos estabelecido, de não admitir pessoas estranhas às tarefas. Não havia problemas particularmente graves com essas pessoas, e nem as movia a simples curiosidade. Num caso, tratava-se de um colega de trabalho de dois dos membros do grupo. Embora não espírita, encarava com simpatia nossa Doutrina. Sua esposa desencarnara relativamente jovem, e ele estava profundamente abalado. A instâncias de um dos nossos companheiros, resolvemos concordar com seu comparecimento a uma das sessões semanais. Talvez alimentasse ele a esperança de uma notícia acerca da esposa ou, quem sabe, até uma palavra dela mesma... Sentou-se em uma cadeira à parte, fora do círculo que compunha a mesa, e lá ficou, em silêncio e em atitude respeitosa.

Na verdade, sua presença não impediu a realização dos trabalhos da noite, mas eles se arrastaram dificultosamente; havia grandes hiatos entre uma manifestação e a seguinte, e parecia pairar no ar certa dissonância, que não conseguimos vencer, e que causava inegável obstrução ao fluxo normal das tarefas da noite. É certo que, conscientemente, ele não contribuiu para dificultar-nos o curso do trabalho, e isso nem passaria pelas nossas mentes; mas é evidente que a sua presença desregulou qualquer coisa imponderável e acarretou a necessidade de cuidados adicionais, por parte de nossos benfeitores, para que a sessão pudesse realizar-se.

Esse aspecto negativo repetiu-se, com as mesmas características, em circunstâncias semelhantes, com uma jovem a quem concedemos permissão para assistir aos trabalhos.

Depois dessas duas experiências, voltamos à rígida política de não admitir ninguém, a não ser os componentes regulares da equipe.

Essa, portanto, é a regra, imposta pela disciplina e pela segurança da tarefa.

2.1.5 Renovação do grupo

Já discutimos ligeiramente o problema da exclusão de algum participante do grupo mediúnico. Não creio que o assunto esteja esgotado, mas não parece necessário esmiuçá-lo mais. A disciplina e a coesão da equipe devem ser mantidas serenamente e com firmeza. Se alguém destoar a ponto de introduzir um fator de perturbação, deve ser afastado, temporária ou definitivamente, se for o caso. Nada, porém, de perseguições, de espionagem e de regras policiais. A disciplina deve ser consciente, para que todos possam trabalhar de espírito desarmado e tranquilo. Se os componentes do grupo não se entenderem, como poderão oferecer, aos companheiros desavorados do mundo espiritual, o exemplo da solidariedade e da compreensão? As organizações espirituais geradas e mantidas na sombra podem ter inúmeros defeitos, mas são implacavelmente disciplinadas. Guardemo-nos de imitar essas formas de disciplina brutal e cruel, mas estejamos sempre conscientes de que nenhum trabalho de equipe se realiza sem um mínimo de ordem.

Por mais que nos pese, e por mais que relutemos intimamente, é preciso dispensar o companheiro que traga para dentro do grupo o fermento da dissidência, da inquietação, da indisciplina, que pode neutralizar as melhores intenções e provocar até a desagregação da equipe.

Há, porém, o anverso da medalha. Como nos portarmos diante das solicitações de adesão aos nossos trabalhos?

Sempre haverá um parente ou amigo que, tomando conhecimento da nossa atividade, deseje participar do grupo, em caráter permanente. Devemos admiti-lo?

Em primeiro lugar: se já atingimos o número de componentes inicialmente fixado como o máximo desejável, não podemos cogitar de receber mais companheiros, ainda que bastante credenciados. Se ainda não alcançamos o número prefixado, podemos considerar a possibilidade. Em qualquer caso, é necessário um exame bastante criterioso, franco e leal, das qualificações e intenções daquele que se oferece.

Não contemos, para ajudar a decisão, com uma palavra decisiva dos companheiros desencarnados que nos orientam. A experiência indica que, em grupos responsáveis, dirigidos por Espíritos discretos e esclarecidos, as deliberações quanto aos negócios, digamos terrenos, do grupo, são deixadas aos encarnados. Os benfeitores espirituais, mesmo consultados, recusam-se a dar ordens ou decidir se um novo companheiro deve ser admitido, ou se outro deve deixar o grupo. O problema é nosso, dos que estão do lado de cá da vida. Respeitemos esse ponto de vista e não tentemos forçá-los a dizer o que não pretendem. Nas diversas vezes em que me vi diante do problema da admissão de um novo membro, encontrei sempre, em diferentes grupos, a mesma atitude, por parte dos amigos espirituais: o problema era nosso. Estejamos, pois, preparados para enfrentá-lo.

Como se faz isso?

É preciso considerar, de início, que a decisão final deverá resultar de um consenso geral dos componentes do grupo, evitando, tanto quanto possível, que predomine a imposição ou a simples vontade de um só. A admissão de um novo componente pode alterar profundamente a estrutura e os métodos de trabalho da equipe, tanto num sentido, como noutro, ou seja, tanto para o lado positivo como para o lado negativo.

O novo companheiro pode trazer um bom acervo de conhecimento ou de experiência, e dar impulso às tarefas, revitalizando o grupo, trazendo uma contribuição construtiva, dinamizadora e eficiente. Se, porém, está mal preparado, ou infestado de frustrações, ou se deseja brilhar, poderá, com sua influência, aniquilar o grupo.

Cabe-nos, pois, examinar com serenidade, e desapaixonadamente, as suas credenciais. Que tem ele a oferecer? Qual a sua experiência em outros grupos ou em tarefas semelhantes? Qual o seu tipo de personalidade? Ajustado, tranquilo, leal, disciplinado? Ou agressivo, crítico, fechado, mal-humorado? Que tipo de trabalho pretende realizar? É médium? Que faculdade mediúnica tem em desenvolvimento ou já desenvolvida? Tem conhecimento teórico da Doutrina? Relaciona-se bem com as pessoas?

Se essas e outras inúmeras indagações forem atendidas satisfatoriamente, será considerada a possibilidade de recebê-lo no grupo. Neste caso, e só então, deverão ser expostas a ele, também com franqueza e serenidade, as condições de trabalho, às quais ele deverá subordinar-se, como os demais membros. Será debatida com ele a natureza do seu encargo, ou seja, o que lhe competirá fazer na equipe, e o que se espera dele.

Nada de processos iniciáticos, de rituais de "batismo", de simbolismos, de vestimentas especiais ou cerimônias de qualquer natureza. Se nos convencermos de que ele, ou ela, está em condições de integrar-se na equipe, é só apresentá-lo aos demais companheiros e começar o trabalho.

Apreciemos o problema, agora, do ponto de vista do candidato.

Se deseja participar das tarefas de determinado grupo, deve certificar-se de que está disposto ao trabalho construtivo e disciplinado. Certo, também, de que o grupo lhe oferece as condições que ele entende como necessárias e desejáveis. É um grupo sério, apoiado em boa base doutrinária, bem integrado e formado de pessoas que se estimam e se respeitam? Mais ainda: ele deve ter o que dar. Juntar-se a um grupo para tirar partido, para buscar vantagens e privilégios, não é estar pronto para trabalho de tanta responsabilidade.

O candidato não deve impor condições, nem insistir na sua admissão a qualquer preço. Se perceber que sua adesão é inoportuna ou mesmo indesejada, ainda que não indesejável, deve ter suficiente equilíbrio e bom senso para recuar ou aguardar outra oportunidade. Sua presença não deve ser impingida sob condições.

Suponhamos que seja admitido.

Deve procurar integrar-se no trabalho, observando tudo sem espírito crítico negativo, sem desejo de aferir virtudes e defeitos alheios. Mantenha-se discreto e tranquilo. Aguarde o amadurecimento de suas impressões e a sua perfeita sintonização com os demais companheiros. Se tiver alguma contribuição positiva a fazer, com a intenção de melhorar o trabalho, precisa de tato e bom senso ao apresentá-la. Faça-o, de preferência, em particular, ao dirigente do grupo, com habilidade e na oportunidade adequada.

É possível que a sua sugestão seja acolhida, mas pode ser que o grupo tenha razões para agir da forma que, de início, pode ter-lhe parecido suscetível de correção. Aja com prudência, mas não deixe de expressar seus pontos de vista, se os julgar oportunos e aplicáveis. Não se magoe, se não forem acolhidos; não se vanglorie, se o forem.

Para resumir: os trabalhos mediúnicos devem ser realizados em grupos fechados, mas não herméticos, inacessíveis, inabordáveis. Tem que haver espaço para a renovação de pessoas e de métodos. O próprio estudo e a prática decorrente do trato com os nossos companheiros desencarnados — tanto instrutores e orientadores, como Espíritos em desequilíbrio — nos trazem contribuições importantes que, aqui e ali, aconselham correções e reajustes no método de ação. Precisamos ter a coragem e a humildade de abandonar práticas inadequadas e adotar novos métodos, quando os antigos se revelarem insuficientes ou impróprios. Ouçamos com atenção as recomendações e as sugestões dos dirigentes espirituais da tarefa. Empenhemo-nos em aprender com os nossos próprios erros. Como estudantes que somos, e nada mais do que isso, aprendemos mais e melhor, para nunca mais esquecer, exatamente aqueles pontos sobre os quais cometemos nossos piores erros, pois são eles que fazem baixar a *nota* das nossas *provas*. E se estamos sinceramente dedicados ao progresso espiritual, desejamos com todo o interesse o certificado de conclusão do curso, a fim de sermos, tão cedo quanto possível, promovidos à admissão na próxima escola que está à nossa espera.

2.2 Os desencarnados

2.2.1 Os orientadores

Sempre que um grupo de pessoas se reúne para trabalho de natureza mediúnica, um grupo correspondente de Espíritos se aproxima. Todos nós temos, no mundo espiritual, companheiros, amigos e guias, tanto quanto desafetos e obsessores em potencial ou em atividade. Teremos que aprender a trabalhar com ambos os grupos.

Não vamos conviver apenas com aqueles que vêm para ajudar-nos, e nem seria esta a finalidade de um grupo que se prepara para a difícil tarefa da desobsessão. Além disso, não podemos nos esquecer de que somos todos irmãos, apenas distribuídos em diferentes estágios evolutivos. Enquanto alguns se acham à nossa frente, por terem caminhado um pouco mais do que nós, outros nos seguem um passo ou dois atrás. É da lei universal da fraternidade que todos se apoiem mutuamente, para chegarem à paz interior, que é o reino de Deus em cada qual.

Falemos primeiro dos irmãos que vêm nos ajudar a servir.

É sempre um momento de emoção a primeira reunião mediúnica de um grupo. Os resultados podem não ser espetaculares — e geralmente não o são mesmo — porque os companheiros incumbidos da nossa orientação ainda estão trabalhando nos ajustes e nos testes, como o maestro competente que verifica se todos os instrumentos estão perfeitamente afinados. Se o grupo já dispõe de um ou mais médiuns desenvolvidos, é certo que um Espírito amigo se manifeste, para as primeiras palavras de estímulo e encorajamento.

Nessa altura, é raro que tenhamos conhecimento da natureza do trabalho que pretendam realizar conosco. É certo, porém, que eles já dispõem de um plano, muito bem estudado, compatível com as forças e possibilidades dos trabalhadores encarnados. Os Espíritos sempre nos dizem que precisam de nós para determinadas tarefas, que somente podem ser desenvolvidas com o concurso da mediunidade, ou seja, em contato com o ser humano encarnado.

Em *Reformador* de fevereiro de 1975, no artigo intitulado *A doutrinação: variações sobre um tema complexo*, lembrei os preciosos esclarecimentos colhidos no livro *Memórias de um suicida*, que devemos à abençoada mediunidade de Yvonne A. Pereira.

Tornara-se imperioso encontrar um grupo de médiuns em condições de socorrerem Espíritos suicidas:

Chegara a um "impasse" o processo de recuperação. A despeito do desvelo e competência dos técnicos e mentores da organização espiritual especializada no tratamento dos suicidas, um grupo deles se mantinha irredutivelmente fixo nas suas angústias. Os casos estavam distribuídos, segundo sua natureza, a três ambientes distintos: o hospital propriamente dito, o isolamento e o manicômio.

Uns tantos desses, porém, "permaneciam atordoados, semi-inconscientes, imersos em lamentável estado de inércia mental, incapacitados para quaisquer aquisições facultativas de progresso".

Tornara-se, pois, urgente despertá-los para a realidade que se recusavam, mais inconsciente do que conscientemente, a enfrentar. Trata-se aqui de um conhecido mecanismo de fuga defensiva. Inseguro e temeroso diante da dor que ele sabe ser aguda, profunda e inexorável, o Espírito culpado se aliena, na esperança de pelo menos adiar o momento duro e fatal do despertamento.

Em casos como esses é necessário, quase sempre, recorrer à terapêutica da mediunidade. O Espírito precisa retomar a sua marcha e o recurso empregado com maior eficácia é o do choque, a que o autor de *Memórias de um suicida* chama de "revivescência de vibrações animalizadas". Habituados a tais vibrações mais grosseiras, mostravam-se eles inatingíveis aos processos mais sutis de que dispõem os técnicos do Espaço. Para que fossem tocados na intimidade do ser, era preciso alcançá-los "através da ação e da palavra humanas". Como estavam, não entendiam a palavra dos mentores e nem mesmo os distinguiam visualmente, por mais que estes reduzissem o seu teor vibratório, num esforço considerável de automaterialização.

É para esse trabalho que os mentores espirituais solicitam o concurso dos encarnados, que se torna, em muitos casos, insubstituível, como vimos. Não sabemos, pois, ao iniciar uma atividade mediúnica, que tipo de tarefa nos será atribuída; podemos estar certos, não obstante, de que os orientadores espirituais do grupo somente nos trarão encargos que estejam ao nosso alcance. Sem dúvida alguma, já estudaram nossas possibilidades e intenções.

Memórias de um suicida nos fala dos longos e cuidadosos preparativos, conduzidos no mundo espiritual, como preliminares à tarefa mediúnica propriamente dita. É preciso localizar um grupo que ofereça as condições de segurança e amparo de que necessitam os Espíritos transviados.

"Na Seção de Relações Externas" — prossegue o mencionado artigo de *Reformador* — "são consultadas as indicações sobre grupos espíritas que possam oferecer as condições desejadas para o delicado trabalho."

E mais adiante: "Verifica-se a existência de grupos em Portugal, na Espanha e no Brasil. Decide-se por este último e, em seguida, são examinadas as *fichas espirituais dos médiuns* que compõem os grupos sob exame" (grifo nosso).

Por aí se vê que os nossos grupos e os nossos médiuns se acham meticulosamente catalogados nas organizações do Espaço. Convém acrescentar que registros semelhantes — obviamente para outras finalidades — existem também nos redutos trevosos.

Por várias vezes tive a oportunidade de testemunhar pessoalmente essa realidade. Espíritos desarmonizados informaram-me que estávamos sendo rigorosamente observados e estudados. Nossos menores gestos e palavras eram como que filmados e gravados para exame e debate, mais tarde, nas cúpulas administrativas do mundo das sombras, a fim de melhor nos conhecerem e poderem planejar a estratégia a ser usada contra nós. Certa vez, um Espírito, particularmente agressivo e desesperado, dirigia-se, de quando em quando, à sua equipe invisível e recomendava:

— Gravem isto!

Ou então:

— Gravaram aí o que ele disse?

Não alimentemos, pois, ilusões. Contamos com a ajuda e o apoio de companheiros bem esclarecidos e competentes, mas precisamos oferecer-lhes um mínimo de condições.

São enormes as responsabilidades desses amigos invisíveis, e as qualificações exigidas para as tarefas que desempenham junto a nós são rígidas. Poderíamos dizer que cada grupo tem os guias e protetores que merece. Se o grupo empenha-se em servir desinteressadamente, dentro do Evangelho do Cristo, escorado na Doutrina Espírita, disposto a amar incondicionalmente, terá como apoio e sustentação uma equipe correspondente, de companheiros desencarnados do mais elevado padrão espiritual, verdadeiros técnicos da difícil ciência da alma.

O trabalho desses amigos é silencioso e sereno. A competência costuma passar despercebida, porque parece muito fácil fazer aquilo que aprendemos a fazer bem. Quando vemos um operário altamente qualificado na sua especialidade, ou um desportista bem treinado, experimentamos o prazer de contemplar os gestos bem medidos, a suave facilidade com que se desempenham. Lembremo-nos, porém, do seu longo período de adestramento, de estudo, de renúncia, e das suas cansativas horas de trabalho monótono, de repetição e correção.

Assim são os companheiros que nos amparam. Apresentam-se, muitas vezes, com nomes desconhecidos, falam com simplicidade, são tranquilos, evitam dar ordens, negam-se a impor condições. Preferem ensinar pelo exemplo, discorrendo sobre a anatomia do trabalho, diante do corpo vivo do próprio trabalho. São modestos e humildes, mas revestem-se de autoridade. Amorosos, mas firmes, leais e francos. Aconselham, sugerem, recomendam e põem-se de lado, a observar. Corrigem, retificam e estimulam. Sua presença é constante, ao longo de anos e anos de dedicação. Ligados emocionalmente a nós, às vezes de antigas experiências reencarnatórias, trazem-nos a ajuda anônima de que precisamos para dar mais um passo à frente. Voltam sob seus passos, para estender-nos a mão, a fim de que, a nosso turno, possamos ajudar aqueles que se acham caídos pelos caminhos. Inspiram-nos por meio da intuição, acompanham-nos até mesmo no desenrolar de nossas tarefas humanas. Guardam, porém, o cuidado extremo de não interferir com o mecanismo do nosso livre-arbítrio, pois não se encontram ao nosso lado para resolver por nós os nossos problemas, mas para dar-nos a solidariedade do seu afeto. Mesmo no trabalho específico do grupo, interferem o mínimo possível, pois sabem muito bem que o Espírito desajustado precisa ser abordado e tratado de um ponto de vista ainda bem humano. Se fosse possível resolver suas angústias no mundo espiritual, não precisariam trazê-los até nós.

Essa mesma técnica foi usada com o próprio Allan Kardec. Poderiam os Espíritos superiores, que se incumbiram de transmitir os fundamentos da Doutrina aos homens, simplesmente ditar os livros que expusessem as linhas mestras do pensamento doutrinário. Não foi assim que fizeram, e isso teria sido, talvez, mais fácil. Preferiram colocar-se à disposição de Kardec, para que ele formulasse as perguntas, de uma óptica essencialmente humana. Os ensinamentos destinavam-se aos homens, e caberia aos homens, portanto, colocar as questões, de seu próprio ponto de vista, de forma que as respostas viessem já acomodadas às estruturas do pensamento do ser encarnado.

A tarefa dos grupos mediúnicos de desobsessão apoia-se nos mesmos princípios, pois também é trabalho de cooperação e entendimento entre os dois planos da vida. Os benfeitores espirituais não vão ditar um breviário de instruções minuciosas. É preciso que fique margem suficiente para a iniciativa de cada um, para o exercício do livre-arbítrio, para que tenhamos o mérito dos acertos, tanto quanto a responsabilidade pelos erros cometidos. Em suma, os Espíritos não nos tomam pela mão, mas não deixam de apontar-nos o caminho e seguir-nos amorosamente.

Não desejam, de forma alguma, que nos tornemos dependentes deles, para qualquer passo que tenhamos de dar. Dificilmente nos dizem o que fazer, ante duas ou mais alternativas. Devemos ou não acolher um companheiro que se propõe a trabalhar conosco? Devemos ou não excluir outro, que não está se entrosando? São problemas nossos, e temos que resolvê-los dentro do contexto humano, segundo nosso entendimento e bom senso. A função dos orientadores espirituais mais responsáveis não é ditar normas. Mesmo com relação à essência do trabalho, limitam-se a aconselhar e sugerir, mas não impõem a sua vontade. E se insistimos em seguir pelas trilhas que nos afastam do roteiro da verdade e da segurança, não nos faltarão com suas advertências amigas, mas nos deixarão palmilhar os caminhos da nossa preferência. Só que, por esses atalhos, não poderemos continuar contando com o mesmo tipo de apoio e sustentação. Haverão de nos seguir a distância, amorosos e apreensivos, mas respeitando nossas decisões, mesmo erradas.

Jamais nos recomendam ritos especiais, nem nos obrigam a fórmulas dogmáticas rígidas e insubstituíveis, como preces exclusivas, ou símbolos místicos e vestimentas características.

Nada temos contra os grupos que seguem tais recomendações, sob orientação de seus companheiros desencarnados.

Podem ser bem-intencionados e realizar trabalhos de valor, com êxito, mas não são grupos integrados na Doutrina Espírita, entendendo-se como tal a Doutrina contida nos livros básicos da Codificação Kardequiana. Merecem todo o nosso respeito e carinho; nossa experiência ensina, não obstante, que podem realizar o mesmo tipo de trabalho, ou melhor ainda, sem necessidade de recorrer a práticas exteriores de suporte. O suporte de que os grupos mediúnicos necessitam vem do mundo espiritual superior, onde qualquer exteriorização voltada para os aspectos materiais é dispensável. Nada, pois, de velas, símbolos, imagens, ritos ou vestes especiais. Não é preciso. E se um companheiro começar a recomendar tais processos, podemos tranquilamente dissuadi-lo, com bons modos, é claro, mas com firmeza.

Os amigos espirituais que se incumbem de orientar o grupo raramente revelam toda a extensão de suas responsabilidades e encargos. Somente a observação atenta, no decorrer de muito tempo de trabalho, permite-nos avaliar parcialmente a importância de suas presenças junto de nós. Geralmente fazem parte de amplas organizações socorristas, que se incumbem de orientar e assistir inúmeros grupos, onde se reúnem pessoas de boa vontade, ainda que de limitados recursos. O trabalho que nos trazem obedece a planejamentos cuidadosos, cuja vastidão e seriedade nem podemos alcançar para entender. Todo o seu esforço é conjugado com o de outros Espíritos, encarnados e desencarnados. São eles os preparadores das tarefas específicas do grupo, e são eles que se incumbem de dar continuidade ao serviço, depois que o Espírito necessitado é atendido. Sabemos muito bem que a maior parte do trabalho, a mais delicada e de maior responsabilidade, é feita no mundo espiritual. Os Espíritos desarvorados, seja por que razão for, já vêm para a manifestação mediúnica com um certo preparo prévio. Os benfeitores espirituais é que se incumbiram de localizá-los e desalojá-los de suas posições, muitas vezes tidas por inexpugnáveis, para trazê-los até nós. Inúmeros recursos são utilizados para isso. Técnicas de magnetização e persuasão, ainda desconhecidas de nós, são aplicadas com enorme competência e sentimento da mais funda fraternidade. Frequentemente, os Espíritos atormentados nem sabem por que se acham numa sessão, falando por meio de um médium. Ignoram como foram trazidos, ou se dizem convidados, julgando que vieram por livre e espontânea vontade. Muitas vezes admitem estar constrangidos, contidos, sob controle, mas não sabem de onde vem a força que os contém.

Os benfeitores assistem à sessão, socorrem-nos com seus recursos, nos momentos críticos, fazem pequenas recomendações ou dão indicações sumárias, por meio da intuição ou da mediunidade ostensiva de algum companheiro. De outras vezes, em casos mais difíceis, incorporam-se em outro médium, para ajudar no trabalho de doutrinação ou de passes.

Encerrada a sessão, cabe-lhes recolher os companheiros aflitos, estejam ou não despertados para a realidade maior.

Os Espíritos arrependidos e dispostos à recuperação são levados a centros de reeducação e tratamento, e entregues a outras equipes espirituais, já adestradas para esse tipo de encargo, enquanto a tarefa no grupo mediúnico prossegue.

Durante a noite, enquanto adormecemos no corpo físico, nossos Espíritos, desprendidos, parcialmente libertos, juntam-se aos benfeitores para o preparo das futuras tarefas mediúnicas. Descemos, com eles, às profundezas da dor e, muitas vezes, realizamos, com eles, autênticas sessões em pleno Espaço, para o tratamento preliminar de companheiros já selecionados para a experiência mediúnica, ou irmãos que, já atendidos por nós, necessitam, mais do que nunca, de assistência e amparo, para as readaptações e o aprendizado que os levará à reconstrução de suas vidas, desde o descondicionamento a dolorosas e lamentáveis concepções até o preparo de uma nova encarnação.

Cabe às equipes de esclarecidos companheiros desencarnados todo esse trabalho invisível, do qual participamos, às vezes, como figuras sempre secundárias, em nossos desprendimentos.

O nível espiritual e o "status" moral desses companheiros revela-se na sua maneira de agir e falar. Temos que aprender a formular sobre eles o nosso próprio juízo. Com algum tempo de vivência na tarefa mediúnica, estaremos em condições de fazê-lo com relativa segurança, se nos mantivermos atentos e vigilantes. O grupo bem orientado, e sustentado pela prece, pelo conhecimento doutrinário e pela prática evangélica, contará sempre com o apoio de companheiros desencarnados esclarecidos. Isto não quer dizer, porém, que deveremos aceitar tudo quanto nos vem do mundo espiritual, sem análise crítica. A Doutrina Espírita não recomenda a aceitação cega de coisa alguma; ao contrário, incentiva-nos a tudo examinar, para acolher apenas o que a razão sancionar. Os Espíritos esclarecidos não se aborrecem nem se irritam com esses cuidados, que entendem necessários. É preciso, entretanto, não cair no extremo oposto de tratar qualquer companheiro espiritual com aspereza e desconfiança injustificáveis. Ao cabo de algum tempo de convivência, formulado o juízo sobre os nossos orientadores, saberemos identificá-los e conheceremos seus métodos de ação. A delicadeza do trabalho e seu ponto crítico estão exatamente nesse balanceamento entre vigilância e confiança. Sem um perfeito entendimento entre as equipes encarnada e desencarnada, é impraticável um trabalho produtivo e positivo. Temos que buscar o terreno comum da harmonização e da integração, o que não é o mesmo que aceitar tudo sem exame.

Essa vigilância, insistimos, é indispensável. Se o grupo transvia-se, e vai insensivelmente afastando-se das boas práticas doutrinárias, fica entregue à sua própria sorte. Esse é o momento em que outros companheiros desencarnados se aproximam, para substituir os mais esclarecidos. Em casos assim, poderão tentar assumir também a identidade dos que se afastaram. Não nos esqueçamos de que todos os métodos são válidos para aqueles que se enquistaram no transviamento moral. Se não estivermos atentos, nem sentiremos a mudança, e, dentro em pouco, estaremos inteiramente dominados, exatamente por aqueles que se opõem aos nossos planos, envolvidos numa vasta e bem urdida mistificação, quando não desarvorados também, com o grupo em vias de desagregação, e até obsidiados ou fascinados por Espíritos que se apresentam com nomes importantes.

Os orientadores do grupo geralmente dirigem uma breve palavra de saudação, no princípio da reunião, e uma ou outra recomendação sumária. Fazem isso mais para marcar sua presença, como se desejassem simplesmente dizer: "Estamos aqui, amigos. Não temam".

Durante o desenrolar dos trabalhos, portam-se com discrição e serenidade, interferindo o mínimo possível, sem, no entanto, deixarem de nos proporcionar toda a assistência de que necessitamos.

Em casos extremos podem provocar a contenção do manifestante, com seus recursos magnéticos, ou incorporarem-se para um diálogo mais direto com o Espírito, mas isto não é comum.

Ao final da sessão, cessado o trabalho de atendimento aos sofredores, compareçem para uma palavra de estímulo e de consolo. É esta a mensagem que, se possível, deve ser gravada, porque contém, usualmente, preciosos esclarecimentos acerca dos trabalhos, em particular, e sobre a Doutrina, em geral.

Nenhum trabalho mediúnico sério é possível sem o apoio desses dedicados e muitas vezes anônimos companheiros, que, situados, quase sempre, em planos muito superiores aos nossos, concordam em voltar sobre seus passos e vir nos estender as mãos generosas e seguras. A colaboração que lhes emprestamos é mínima em relação à que eles nos oferecem. Fazem muito mais por nós do que nós por eles. E tudo no silêncio e na segurança daqueles que não buscam reconhecimento nem aplausos.

Se tiverem que nos transmitir alguma instrução específica, utilizar-se-ão preferentemente do tempo destinado à comunicação inicial. Escreve André Luiz, em *Desobsessão*, capítulo 30:

> Essa medida é necessária, porquanto existem situações e problemas, estritamente relacionados com a ordem doutrinária do serviço, apenas visíveis a ele, e o amigo espiritual, na condição de condutor do agrupamento, perante a vida maior, precisará dirigir-se ao conjunto, lembrando minudências e respondendo a alguma consulta ocasional que o dirigente lhe queira fazer, transmitindo algum aviso ou propondo determinadas medidas.

A consulta não deverá descambar para assuntos de natureza puramente pessoal, mas cingir-se às tarefas específicas do grupo. Quando a orientação pessoal tornar-se imperiosa, os companheiros desencarnados usualmente tomarão a iniciativa de dizer uma palavra de esclarecimento e ajuda. As perguntas deverão ser formuladas de maneira sintética, e objetivamente, para não tomar tempo às tarefas de atendimento. Não devemos tentar envolver os orientadores espirituais em problemas que estejamos em condições de resolver com os nossos próprios recursos.

2.2.2 Os manifestantes

Variam muito as categorias de Espíritos que comparecem a um grupo mediúnico. Vimos aqueles que pertencem às equipes socorristas, dedicados ao bem, ao trabalho construtivo, à renúncia, ao amor fraterno. Claro que não são, nem se julgam, seres redimidos, à soleira da perfeição. Ainda trazem, como todos nós, impurezas e imperfeições, a que dão combate sem tréguas, nas lutas redentoras em que se empenham. O próprio trabalho a que se dedicam, de socorro às almas que sofrem dores maiores, é um dos mais eficazes instrumentos de autorresgate. Ninguém precisa, e ninguém deve esperar perfeição para servir, porque, então, nunca chegaríamos a fazê-lo.

No anverso da medalha encontramos os Espíritos envolvidos em dolorosos processos de atordoamento moral. Não nos iludamos com os seus rancores, sua gritaria, sua violência e agressividade: são terrivelmente infelizes, a despeito de tudo quanto digam ou façam. A couraça de ódio de que se revestem não passa de uma defesa desesperada contra a infiltração benéfica do amor. Temem mais o amor do que o ódio, mas desejam-no acima de tudo neste mundo. Não buscam, no fundo, outra coisa, senão serem convencidos de seus erros, para retomarem o caminho evolutivo, abandonado, às vezes, há séculos ou milênios. E, coisa ainda mais estranha, trazem também amor no coração, ainda que sepultado em profundas camadas de desesperança e desenganos.

Sem a pretensão de cobrir todo o terreno e esgotar o assunto, tentaremos apresentar e estudar algumas dessas categorias.

2.2.3 O obsessor

Todo o capítulo XXIII, "Da obsessão", de *O livro dos médiuns* é dedicado ao problema da obsessão, que Kardec considera, com a lucidez que o caracteriza, um dos maiores problemas decorrentes do exercício da mediunidade. Define ele como obsessão "o domínio que alguns Espíritos logram adquirir sobre certas pessoas". Em artigo para *Reformador*,[6] escrevi o seguinte:

> [...] a palavra obsessão é termo genérico de um fenômeno que pode desdobrar-se em três principais variedades: a obsessão simples, a fascinação e a subjugação. A primeira delas é a menos perniciosa porque, usualmente, o médium — pois todo obsidiado tem forte componente mediúnico — está consciente das manobras e dissimulações do Espírito, o que certamente o incomoda, mas não o perturba a ponto de provocar desarranjos mentais.

Esse artigo prossegue comentando Kardec, para dizer que a fascinação é bem mais grave,

> porque o agente espiritual atua diretamente sobre o pensamento de sua vítima, inibindo-lhe o raciocínio e levando-a à perigosa convicção de que as ideias que expressa, por mais fantásticas que sejam, provêm de um Espírito de elevado gabarito intelectual e moral. Seu engano é evidente a todos, menos a ele próprio, que segue, fascinado e servil, o Espírito que se apoderou sutilmente de sua mente.

Diz ainda o artigo:

Na subjugação, Kardec distingue dois aspectos: a moral e a corporal. No primeiro caso, o ser encarnado é constrangido

---

[6] *Reformador* de maio de 1974, artigo "Possessão e exorcismo".

a tomar atitudes absurdas, como se estivesse completamente privado do seu próprio senso crítico. No segundo caso, o obsessor 'atua sobre os órgãos materiais e provoca movimentos involuntários', obrigando a sua vítima a gestos de dramático e lamentável ridículo.

Acha, por isso, o Codificador, "que o termo *subjugação* é mais apropriado do que *possessão*, de uso mais antigo". Nessa linha de raciocínio, portanto, o que conhecemos por *possessão* não seria senão um caso grave e extremo de *obsessão*.

Ao reexaminar o problema, em *A gênese*, capítulo XIV – "Os fluidos", Kardec chama a obsessão de "ação persistente que um Espírito mau exerce sobre um indivíduo", enquanto que, na *possessão*,

> em vez de agir exteriormente, o Espírito atuante se substitui, por assim dizer, ao Espírito encarnado; toma-lhe o corpo para domicílio, sem que este, no entanto, seja abandonado pelo seu dono, pois que isso só se pode dar pela morte. A possessão, conseguintemente, é sempre *temporária* e *intermitente*, porque um Espírito desencarnado *não pode tomar definitivamente o lugar de um encarnado*, pela razão de que a união molecular do perispírito e do corpo só se pode operar no momento da concepção (grifo nosso).

Prossegue o artigo de *Reformador*:

Ensina Kardec que, na obsessão grave, o obsidiado fica envolto e impregnado de fluidos perniciosos que cumpre dispersar pela aplicação 'de um fluido melhor', ou seja, por processos magnéticos, através de passes, por exemplo.

Adverte Kardec:

Nem sempre, porém, basta esta ação mecânica; cumpre, sobretudo, *atuar sobre o ser inteligente* (grifo do autor) ao qual é preciso se possua o direito de falar com autoridade que, entretanto, falece a quem não tenha superioridade moral. Quanto maior esta for, tanto maior também será aquela.

E acrescenta:

Mas ainda não é tudo: para assegurar a *libertação* da vítima, indispensável se torna que o Espírito perverso seja levado a *renunciar aos seus maus desígnios*; que se faça que o *arrependimento* desponte nele, assim como o *desejo do bem*, por meio de *instruções* habilmente ministradas, em evocações particularmente feitas com o objetivo de dar-lhe *educação moral*. Pode-se então ter a grata satisfação de libertar um encarnado e de converter um Espírito imperfeito (grifo nosso).

Ninguém poderia descrever melhor, em tão poucas palavras, o programa — síntese do processo de desobsessão: o obsessor não deve ser arrancado à força ou expulso. Ele precisa ser convencido a abandonar seus propósitos e levado ao arrependimento. Isto se faz buscando com ele um entendimento, um diálogo, pelo qual procuremos educá-lo moralmente, mas sem a arrogância do mestre petulante, e sim com o coração aberto do companheiro que procura compreender as suas razões, o núcleo de sua problemática, o porquê da sua revolta, do seu ódio. Por mais violento e agressivo que seja, é invariavelmente um Espírito que sofre, ainda que não o reconheça. A argumentação que utilizarmos tem que ser convincente.

A obsessão é, amiúde, um processo de vingança. Deseducado moralmente, como diz Kardec, o Espírito perseguidor busca alívio para o seu sofrimento fazendo sofrer aquele que o feriu, tornando-se ambos infelizes e envolvendo ainda outros nas tramas das suas desgraças. É preciso observar, no entanto, que tudo está previsto nas Leis divinas, que, ao mesmo tempo em que permitem a cobrança de nossas faltas, nos liberam, pelo resgate. A obsessão é impotente diante de Espíritos redimidos.

Voltaremos a cuidar do problema quando tivermos de conversar, mais adiante, acerca das técnicas e recursos sugeridos para o trabalho.

2.2.4 O perseguido

A vítima da obsessão é sempre uma alma endividada perante a lei. De alguma forma grave, no passado mais recente ou mais remoto, desrespeitou seriamente a lei universal da fraternidade, vindo a colher, como consequência inexorável, o sofrimento.

A falta cometida contra o semelhante expõe seu autor aos azares do resgate, mesmo que a vítima o tenha perdoado imediatamente. Muitas vezes, a vingança como que se despersonaliza, passando a ser exercida não por aquele que foi prejudicado, mas por alguém em seu nome, ainda que não autorizado por ele. Não importa que o perseguido, ou obsidiado, esteja na carne ou no mundo espiritual. Não importa que se lembre ou não da ofensa. Não importa que a falta tenha sido cometida nesta vida ou em remotas existências. O vingador implacável acaba descobrindo o seu antigo algoz, mesmo que este se oculte sob os mais bem elaborados disfarces, ligando-se a ele por largo tempo, vida após vida, aqui e no Espaço, alucinado pelo ódio, que não conhece limites nem barreiras.

Em *Dramas da obsessão*, narra o Dr. Bezerra de Menezes, pela mediunidade de Yvonne A. Pereira, um caso desses:

Aterrorizado ante as vinditas atrozes movidas pelos Espíritos de seus antigos amos de Lisboa, o Espírito João-José preferiu ocultar-se numa encarnação de formas femininas, esperançado de que, assim disfarçado, não pudesse ser reconhecido. Enganou-se, porém, visto que sua própria organização psíquica atraiçoou-o, modelando traços fisionômicos e anormalidades físicas idênticas aos que arrastara na época citada.

Uma vez identificado o antigo devedor, mesmo sob formas femininas, desencadeou-se sobre ele toda a tormenta da obsessão.

Temos tido, em nossa experiência direta, casos semelhantes. Um foi particularmente doloroso e aflitivo, porque os compromissos do obsidiado eram muito graves e suas dívidas cármicas acusavam reincidências lamentáveis, que o deslocavam da posição de ex-algoz para a de joguete impotente de implacáveis vingadores. Começamos a cuidar dele, na esperança de minorar-lhe as dores, quando ainda encarnado. Por algum tempo, conseguimos aliviar a pressão que se exercia, dia e noite, sobre ele e sua família. Em nosso grupo, assistimos a um trágico e incessante desfile de companheiros desarmonizados que enxameavam em torno dele, cada qual mais revoltado e odiento. Seus compromissos eram tantos, e tão sérios, que não conseguimos livrá-lo das suas dores, embora tenhamos alcançado, com a graça de Deus, apaziguar muitos dos seus temíveis carrascos e atraí-los para as tarefas de recuperação.

Como o seu caso tinha implicações profundas com o nosso plano geral de trabalho, segundo nos explicaram nossos mentores, tratamos dele por muito tempo ainda, havendo neste livro várias referências esparsas sobre ele, com os cuidados necessários para não identificá-lo.

Verdadeira multidão de Espíritos atormentava este irmão, jovem ainda na carne. Ao que me disse, certa vez, um de seus obsessores, custaram um pouco a identificá-lo em sua nova roupagem. Uma vez, porém, localizado, reuniram-se em torno dele, num cerco implacável, que durava as 24 horas do dia, aqueles que ainda se sentiam com suas contas por ajustar com ele.

Seguiam-no nos seus afazeres diários e o atormentavam durante o desprendimento do sono, espetavam-lhe "agulhas" de todos os tamanhos, impunham-lhe longos períodos de alienação, sopravam-lhe constantemente a ideia do suicídio, tomavam-lhe o corpo, inúmeras vezes, para as mais tresloucadas atitudes, para fugas, caminhadas, crises de mutismo; postavam-se diante de sua visão espiritual, sob formas monstruosas; neutralizavam o efeito de intensivo tratamento médico e espiritual; indispunham-no com a família e descontrolavam-lhe o pensamento, descoordenando-lhe as ideias.

Ao que nos foi indicado, em tempos da Roma antiga, exerceu, com destaque, o poder, e ajudou a desencadear uma das mais terríveis perseguições aos cristãos. É certo que suas vítimas daquela época o perdoaram, se foram realmente seguidoras fiéis do Cristo. Mas e as outras que lhe guardaram rancor? A quantos teria ele mandado tirar a vida, os bens, os amores, as esperanças, sem que estivessem preparados para suportar essas perdas, com equilíbrio e resignação?

Ao cabo de alguns anos de implacável perseguição de seus adversários, enceguecidos pelo ódio, e a despeito de todo o cuidado de que foi cercado, o pobre companheiro desencarnou tragicamente.

A perseguição continuou, talvez ainda mais encarniçada, do outro lado da vida. Estava agora mais exposto, mais acessível à abordagem de seus algozes, pois as obsessões não se limitam a atingir os encarnados. Ao contrário, os desencarnados são mais vulneráveis do que os encarnados, pois estes dispõem do "esconderijo" do corpo físico e se acham beneficiados pelo esquecimento temporário de suas faltas, o que, de certa forma, lhes dá alguma trégua, em virtude do descondicionamento vibratório. A lembrança constante dos crimes que cometemos nos mantém sintonizados com os perseguidores, e eles tudo fazem para que não nos esqueçamos dos erros praticados. Enquanto estamos remoendo nossas faltas, continuamos ligados aos obsessores.

Devemos, então, esquecer tudo, como se nada tivesse acontecido? Não, certamente. O arrependimento, porém, tem que ser construtivo, ou seja, ele não deve paralisar-nos. Cientes ou não da gravidade das nossas faltas — e, sem dúvida alguma, praticamo-las abundantemente no passado — é imperioso que nos voltemos para as tarefas de reconstrução interior, de dedicação ao semelhante que sofre, de policiamento de nossas atitudes, palavras e pensamentos. É preciso orar, servir, buscar reacender a chamazinha do amor, que existe em todos nós.

"Vai e não peques mais", disse o Cristo.

Por muito tempo se pensou que isso fosse apenas um tema sugestivo, para pregar sermões bonitos; hoje sabemos da profunda realidade que encerra o ensino evangélico. O Cristo sempre ligou o problema do sofrimento, físico ou espiritual, ao do erro.

"Estás curado" — diz Ele ao paralítico, a quem mandou tomar a sua cama e andar —, "não peques mais, para que não te suceda algo ainda pior" (João, 5:14).

Dessa forma, o erro — que os evangelistas chamam de pecado — acarreta o sofrimento, a punição, o resgate. Não que tenhamos de nos redimir necessariamente por meio do mecanismo da dor. A dor não é inevitável, porque o processo da libertação pode dar-se também por meio do serviço ao próximo, do aperfeiçoamento moral, da prece e da vigilância.

Da mesma forma, aquele que foi ferido pelo seu companheiro, por mais gravemente que o tenha sido, não deve nem precisa tomar a vingança em suas mãos, para que o outro resgate a sua falta. A lei do equilíbrio universal se incumbirá dele, senão hoje, no próximo século, ou no próximo milênio. O resgate pode ser despersonalizado, isto é, ninguém deve nem precisa arvorar-se em seu executor. Isto não significa que, ao sermos ofendidos, devamos transferir o nosso impulso de vingança às Leis de Deus. São muitos os que não tomam realmente a vingança em suas mãos, mas pensam, na intimidade do seu ser, com o mesmo rancor:

— Ele pagará!

É verdade, ele pagará, seja com a moeda da dor, seja com a do amor, mas se emitimos o nosso pensamento de vingança e ódio, continuamos ligados ao erro, reassumimos os compromissos que poderíamos ter resgatado com aquela humilhação ou aquele sofrimento, pois é certo que ninguém sofre por acaso, dado que não há reparos dolorosos como forma de punição aos inocentes.

Neste ponto, mais de uma lição encontramos, ainda e sempre, no Evangelho de Jesus. E é por isso que nenhum trabalho de desobsessão, digno e sério, deve ser intentado sem apoio nos ensinamentos do Cristo.

A questão é tão importante, tão vital à problemática do espírito, que Jesus a imortalizou no texto da oração dominical, o pai nosso: "... perdoa-nos as nossas dívidas" — relata Mateus, 6:12 — assim como perdoamos os nossos devedores..."

Nos versículos 14 e 15 desse mesmo capítulo, Jesus é ainda mais explícito: "Que se perdoardes aos homens as suas ofensas, também vos perdoará o vosso Pai celestial; mas se não perdoardes aos homens, tampouco vosso Pai perdoará as vossas ofensas".

Sob as luzes da Doutrina Espírita, o texto adquire uma dimensão que antes não havíamos notado. É que o perdão que concedemos àquele que nos feriu não lava o ofensor do seu pecado, ou seja, da sua falta, mas libera o ofendido, que, com o perdão, evita que se reabra o círculo vicioso do crime para resgatar o crime. Nesse angustioso círculo de fogo e lágrimas, de revolta e dor, ficam presas, por séculos e séculos, multidões enceguecidas pelo ódio e nunca saciadas pela vingança, pois a vingança não sacia coisa alguma, ela apenas junta mais lenha à fogueira que arde.

Por muito tempo achamos que toda essa doutrina do perdão fosse apenas um belo conjunto de figuras de retórica. A Doutrina dos Espíritos veio propor-nos um entendimento infinitamente mais racional e objetivo: o de que o perdão liberta. Não é uma simples teoria, é uma verdade, que o Cristo nos ensinou, mas que tanto temos relutado em experimentar.

Também neste ponto tivemos, certa vez, uma experiência inesquecível. Um companheiro desencarnado, em lamentável estado de desorientação, perseguido por uma pequena multidão de implacáveis obsessores, acabou por ser recolhido pelos trabalhadores do bem. Alguns de seus perseguidores foram tratados e reeducados moralmente, como ensina Kardec. Outros se afastaram, por sentir que a vítima punha-se fora de seu alcance. Alguns deles continuaram a ser levados ao grupo de desobsessão, a fim de serem doutrinados, e, no desespero em que viviam, descarregavam todo o seu rancor e agressividade sobre os componentes da equipe de socorro, especialmente contra o doutrinador, por ser este o porta-voz, aquele que fala e procura convencê-los a abandonar seus propósitos, que eles julgam justíssimos.

Pois bem. Certa noite, volta, para receber os nossos cuidados, o companheiro que havia sido recolhido. Estava novamente em poder de um impiedoso hipnotizador, de quem já o havíamos subtraído, a duras penas. Ele próprio confessou o seu drama: recaíra na faixa vibratória de seus perseguidores, ao deixar tombar as guardas que o protegiam. No decorrer do diálogo revelou-se mais impaciente do que nunca, exigindo, quase, solução imediata para o seu caso, pedindo a presença de parentes, sem nenhum desejo de entregar-se à prece e, acima de tudo, pronto para a vingança! "Assim que estivesse em condições" — e exatamente por isso não conseguia alcançar tais condições — "ele", o obsessor, "iria ver..."

Meu Deus, como poderemos negar o perdão ao que nos feriu, se o exigimos para nós, exatamente para as dores que resultaram da nossa imprudência em ferir os outros?

O obsidiado só pensa em livrar-se de seus adversários, a qualquer preço, mas se esquece, ou ignora, que ele também está em dívida perante a lei, pois, de outra maneira, não estaria sujeito à obsessão. O obsessor, por sua vez, procura punir o companheiro que o fez sofrer, deslembrado de que ele próprio criou, com a sua incúria, as condições para merecer a dor que lhe é infligida. Julga-se no direito de cobrar, pensando assim cumprir a Lei de Deus, para que a "justiça" se faça. E, de fato, a lei do equilíbrio universal coloca o ofensor ao alcance da punição, que é, em suma, a oportunidade do reajuste. Por isso, dizia o nosso Paulo, em sua penetrante sabedoria:

— Tudo me é lícito, mas nem tudo me convém.

Com frequência, os perseguidos apresentam-se em nossos grupos, nos primeiros momentos da libertação. Quantos dramas, Senhor, vêm transidos de pavor, cansados de prisões tenebrosas, fugindo de obsessões que lhes parecem terem durado uma eternidade. Esgotaram todo o cálice de profundas amarguras, sofreram todos os tormentos, passaram por todas as humilhações, submeteram-se a caprichos e desmandos, cumpriram ordens iníquas.

Um desses nos disse que estivera num dos calabouços infectos das trevas, onde nem chorar podia. Passaram-se séculos. Só nos pôde dizer que foi um sacerdote e que traiu alguém. Sente agora o peso de um enorme arrependimento e, quando convidado a orar comigo, não tem coragem de dirigir-se a Deus, pois se julga o último dos réprobos. A muito custo, consegue murmurar uma palavra:

— Jesus!...

E fala baixinho, consigo mesmo:

— Que sacrilégio, meu Deus!

Outro, também egresso de um calabouço, não conseguia articular a palavra; fazia entender-se por gestos. Trazia um peso na cabeça, que o obrigava a manter-se curvado sobre si mesmo e, além de tudo, estava cego.

Um terceiro apresenta-se com as "carnes" roídas pelos "ratos" e "baratas", após um longo período de reclusão.

Quase todos trazem ainda no perispírito os estigmas de suas penas: cegueira, deformações e mutilações, e, na mente, a lembrança de torturas e horrores inconcebíveis.

Subitamente, ao cabo de agonias seculares, durante as quais resgataram-se por meio da dor, escapam à sanha de seus perseguidores, tornam-se inacessíveis aos seus processos, evadem-se das masmorras e libertam-se do domínio magnético sob o qual se encontravam. Em suma: a Lei disse o "Basta!" a que até mesmo o mais terrível perseguidor tem de obedecer, ao assistir, impotente, à escapada da vítima. Chegou ao fim o processo corretivo e reajustador. Antes, era impossível: ninguém conseguiria interromper o curso da dor.

Este é o exemplo vivo da experiência mediúnica. Espíritos superiores, e já redimidos, seguem-nos os passos, até mesmo às profundezas da dor mais horrenda, sem poderem interferir senão com uma prece, ou uma vibração amorosa, pois o pobre companheiro transviado nem mesmo a presença dos amigos maiores pode perceber. Chegado, porém, o momento, tudo se precipita. Os mensageiros do bem estão apenas à espera de uma prece, ainda que somente esboçada, de um impulso de arrependimento, de um gesto de boa vontade ou de perdão. Lembram-se da advertência do Cristo?

> Reconcilia-te com teu adversário enquanto estás a caminho com ele, para que não te arraste ele ao juiz, e o juiz te entregue ao oficial de justiça, e este te ponha no cárcere. *Digo-te que não sairás de lá enquanto não tiveres pago o último centavo.*

Não está bem claro?
E muitos ainda acham que o Evangelho é só literatura... ou só poesia, ideal, inatingível... Razão de sobra teve Kardec para optar pela adoção da moral evangélica, pois há mais sabedoria e ciência nos textos ali preservados, do que em todos os tratados de Psicologia jamais escritos e nos que ainda se escreverão. A problemática do ser humano, suas complexidades e seus mecanismos de reajuste estão inseparavelmente ligados aos conceitos fundamentais da moral. Um dia, a Psicologia e a Psiquiatria descobrirão o Cristo.

2.2.5 Deformações

O perispírito é o veículo das nossas emoções. O Espírito pensa, o perispírito transmite o impulso, o corpo físico executa. Da mesma forma, as sensações que vêm de fora, recebidas por meio dos sentidos, são levadas ao Espírito pelos mecanismos perispirituais. É o perispírito que preside à formação do ser, funcionando como molde, a ordenar as substâncias que vão constituir o corpo físico. É nele que se gravam, como num videoteipe[7], as nossas experiências, com suas imagens, sons e emoções. Isto se demonstra no processo de regressão da memória, espontâneo ou provocado, no qual vamos descobrir, com todo o seu impacto, cenas e emoções que pareciam diluídas pelos milênios. É ele, pois, a nossa ficha de identidade, com o registro intacto da vida pregressa, a nossa folha corrida, o nosso prontuário.

Ele é denso, enquanto caminhamos pelos escuros caminhos de muitos enganos, e vai se tornando cada vez mais diáfano à medida que vamos galgando estágios mais avançados na escalada evolutiva. É nele, portanto, que se gravam alegrias e conquistas, tanto quanto as dores. Mas, como tudo no universo obedece à lei irrevogável da sintonia vibratória, parece que, ao nos desfazermos dos fluidos mais pesados e escuros, que envolvem o nosso perispírito nos primeiros estágios evolutivos, vamos também nos libertando das mazelas que naqueles fluidos se fixavam, ou seja, vamos nos purificando. Seria quase inadmissível a deformação perispiritual num ser de elevada condição moral. É, no entanto, muito comum naqueles que se acham ainda tateando nas sombras de suas paixões, e os trabalhadores da desobsessão encontram fatos dramáticos dessa natureza, a cada passo.

Muitos casos desse tipo tenho presenciado, desde pequenos cacoetes, ou apenas sensações quase físicas, até deformações e mutilações terríveis, culminando com as mais dolorosas ocorrências de zoantropia.[8]

Vimos, linhas atrás, alguns exemplos de mutilação provocada por "ratos" e "baratas", em masmorras tenebrosas do

---

[7] N.E.: Fita magnética usada para gravação, edição e reprodução de imagens, geralmente acompanhadas de sons. Tornou-se obsoleta com a introdução dos meios digitais de gravação.

[8] Nota do autor: Zoantropia, segundo os dicionários, é uma variedade de monomania em que o doente se julga convertido em animal.

mundo trágico das dores. Encontramos, na prática mediúnica, inúmeros exemplos aflitivos de desequilíbrio perispiritual.

Um antigo sacristão português, desencarnado, era recompensado, pela tarefa de lançar discórdias, com abundantes "refeições", regadas a bom "vinho" de sua terra.

Um ex-oficial nazista, que não se identificou, mostrou-se desesperado de fome. Renunciou a toda a arrogância, com que a princípio se apresentou, e humilhou-se, para pedir-nos, em voz baixa, para que ninguém o ouvisse, um simples pedaço de pão.

Tivemos casos de deformações "físicas", como a daquele irmão atormentado que trazia o braço paralítico. Quando me ofereci para curá-lo com um passe, ele declarou que, assim, teria mais um braço para brandir o chicote com que castigava suas vítimas.

De outras vezes, apresentaram-se pobres infelizes que não podiam expressar-se senão por gestos, porque a língua lhes tinha sido extirpada. Um destes, depois de reconstituída a sua condição, em vez de agradecer a Deus o benefício que acabava de receber, declarou que se vingaria daquele que, em antiga existência, mandara mutilá-lo. Foi-lhe mostrado, então, que, em existência anterior àquela, ele próprio mandara cortar a língua daquele mesmo que, depois, ordenou a sua mutilação. Nem assim ele se deu por achado: aquele a quem ele privara da língua não passava de um cão, pois era um mero escravo... Havia, porém, chegado a sua vez, e ele, não resistindo à realidade, entrou numa crise de arrependimento que o salvou.

Um dos casos mais dramáticos que presenciei foi o de um companheiro que havia sido reduzido, por métodos implacáveis de hipnose, à condição de um fauno. Estava de tal maneira preso à sua indução, que não podia falar, pois um fauno não fala. A despeito de tudo, porém, acabou falando inteligivelmente, para enorme surpresa sua. Fazendo o médium exibir suas mãos, dissera:

— Veja. Não tenho mãos, e sim cascos.

Estivera mergulhado, por séculos a fio, num tenebroso antro, onde conviveu, sob as mais abjetas condições sub-humanas, com outros seres reduzidos a condições semelhantes à sua, e que nem mais se conscientizavam de terem sido criaturas racionais. Fora também um poderoso, aí pelo século XV, na Alemanha, e deve ter cometido erros espantosos.

Um dos companheiros do grupo forneceu-nos recursos ectoplasmáticos e, com nossos passes e o apoio que obtivemos por meio da prece, foi possível restituir-lhe a forma perispiritual de ser humano. Alcançado esse ponto, um dos benfeitores presentes informou-nos do seu nome, pois ele não sabia quem era. Retomada a sua identidade, caiu numa crise de choro comovedora e teve um impulso de generosidade, lamentando não ter condições de volver sobre seus passos, para salvar os companheiros que continuavam retidos nas medonhas masmorras de onde conseguiram resgatá-lo.

Tivemos, certa ocasião, um doloroso caso de licantropia. Ao apresentar-se, incorporado no médium, o Espírito não consegue articular nenhuma palavra. Inteiramente animalizado, sabe apenas rosnar, esforçando-se por me morder. Embora o médium se mantenha sentado, ele investe contra mim, procurando atingir-me com as mãos, dobradas, como se fossem patas; de vez em quando, ameaça outro componente do grupo. Lembro-me de vagas cenas de atividades em desdobramento noturno, quando resgatamos, de sinistra região das trevas, um ser vivo que, em estado de vigília, não consegui caracterizar.

Como ele não tinha condições de falar, falei eu, tentando convencê-lo de que era um ser humano, e não um animal. A conversa foi longa e difícil. Sabia que, diretamente, ele ainda não tinha possibilidade de entender com clareza as palavras que eu dizia, mas estava certo de que, aos poucos, se tornaria sensível às vibrações de carinho e compreensão que sustentavam aquelas palavras. Falei-lhe, pois, continuamente, por longo tempo, procurando desimantá-lo, para libertá-lo do seu terrível condicionamento. Repetia-lhe que era um ser humano e não um animal; que tinha mãos, e não patas, unhas e não garras. Às vezes, ele tinha crises assustadoras, gargalhando, alucinado. Insistia em ferir-me com as suas "garras", e tentou, mesmo, agredir-me, com as duas mãos, como se tentasse abrir-me o peito para arrancar-me o coração. Mantive calma inalterada, a despeito da profunda e dolorosa compaixão e da ternura que sentia por ele. Foi um momento que exigiu muita vigilância e enorme cobertura espiritual, para que o grupo não entrasse em pânico, e não se perdesse a oportunidade de servir a um irmão tão desesperado. Não podíamos esquecer, por um minuto, que ele *não era um animal irracional*, mas uma criatura humana, que se tornou temporariamente irracional em decorrência do seu terrível comprometimento ante as Leis divinas. Tínhamos que falar a ele como a um irmão em crise, não a um lobo feroz. Aparentemente, estava em estado de inconsciência total, mas, no fundo do ser, ele preserva os valores imortais do espírito, com todas as aquisições feitas no rosário de vidas que já tinha vivido. É quase certo que tivesse uma bagagem respeitável de conhecimentos e recursos, pois na escalada espiritual nada se perde, em termos de aprendizado. É certo, ainda, que dívidas assim tão grandes e penosas somente podem ter sido assumidas em posições de relevo, nas quais houvesse oportunidade para oprimir o semelhante impunemente, sob a proteção de imunidades incontestáveis. Dificilmente temos oportunidade de endividar-nos tão gravemente, errando apenas contra nós mesmos. Invariavelmente, a falta cometida sacrifica e martiriza muitos irmãos, que julgamos meros instrumentos do nosso gozo e poder. Ademais, é preciso lembrar que o reajuste nunca é desproporcional à gravidade da pena, e a pena é sempre compatível com o grau de consciência com o qual praticamos a falta. Não que Deus nos castigue, como um pai severo e frio, mas é que a nossa consciência exige de nós a reparação, mesmo porque a lei universal, código sagrado que aviltamos, nos coloca à mercê da cobrança. A cada falta cometida, assinamos uma promissória inexorável, que um dia vencerá e nos será apresentada para resgate. Se tivermos acumulado a moeda limpa do serviço ao próximo, teremos com que pagar; caso contrário, não resta alternativa senão a dor, e podemos estar certos de que não faltarão cobradores, que se apresentarão como instrumento da Justiça divina, ávidos ante a oportunidade de se vingarem, ou simplesmente de darem azo às suas frustrações lamentáveis.

Ao cabo de prolongado monólogo com o irmão alienado, uma prece comovida e alguns passes, ele começou a aquietar-se, mas ainda insistiu em atacar-me de vez em quando. Não havia dito ainda uma palavra, mas, à medida que se acalmava, começou a reconhecer o ambiente. Apalpou a mesa que tinha diante de si, as cadeiras, o estofamento, a madeira, os entalhes, as cortinas, o sofá, o chão, o tapete. Tudo que estava ao alcance de sua mão, ele apalpou, investigou, examinou. Pacientemente, eu ia lhe explicando o que era cada coisa em que ele tocava. Parece que ele esteve encerrado em alguma caverna escura, por tempo que não sei estimar, e lá perdeu a visão e o senso das coisas. Estava ainda apavorado (o médium, realmente, queixara-se de uma terrível sensação de medo, pouco antes da incorporação desse Espírito). Olhava para trás, como se tentasse surpreender algum carrasco. A certa altura, parece que alguém o chicoteia violentamente, pois ele se contorce e grita, desesperado. Aos poucos, porém, vamos transmitindo a ele uma sensação de segurança e calma. Digo-lhe que ele foi retirado de lá, e que está, agora, numa sala limpa, e não vai mais voltar para a sua prisão.

Insistimos nos passes, e, ao cabo de muito tempo, ele pareceu ter readquirido a forma humana e começou a "conferir" suas mãos, o rosto, o corpo, mas ainda não conseguia enxergar: passou as mãos diante dos olhos, para testar. De pé, ao lado do médium, orei fervorosamente, com uma das mãos sobre os seus olhos e a outra na nuca. Enquanto fazia isso, ele procurava me reconhecer, também pelo tato, apalpando-me as mãos, o braço, a cabeça, o rosto. O ambiente estava tenso de emoção e do desejo de servi-lo, e creio que, por isso, realizou-se, mais uma vez, o suave milagre do amor. Ele começou a perceber os objetos, pela visão, e voltou a conferir tudo na sala, como se estivesse colocando juntas, pela primeira vez, em muito tempo (séculos, talvez) as sensações do tato e da visão. Olhou os móveis, a sala, as suas próprias mãos. Examinou os componentes do grupo, um por um.

Está calmo, agora. Parece que jatos de luz intensa o atingem nos olhos, porque ele se contrai e protege a vista com os braços. Como continuo a insistir em que ele pode falar, consegue dizer uma palavra:

— Água!

E fica a repeti-la, enquanto apanho o jarro, que conservamos sobre outro móvel, e lhe servimos vários copos, que ele bebe sofregamente, desesperadamente.

Por fim, percebo que está orando um Pai-Nosso, no qual eu o acompanho, emocionado até o fundo do meu ser. Ao terminar a prece, me abraça, em silêncio, sem uma palavra, esmagado pela emoção, e se desprende, deixando o médium desorientado, por alguns momentos, quanto à sua posição na sala.

O trabalho todo durou uma hora.

Como pode uma criatura humana ser reduzida a uma condição como essa? É evidente que ainda não dispomos de conhecimentos suficientes para apreender o fenômeno em todas as suas implicações e pormenores, mas a Doutrina Espírita nos oferece alguns dados que nos permitem entrever a estrutura básica do processo. A gênese desse processo é, obviamente, a culpa. Somente nos expomos ao resgate, pela dor ou pelo amor, na medida em que erramos. A extensão do resgate e sua profundidade guardam precisa relação com a gravidade da falta cometida, pois a lei não cobra senão o necessário para o reajuste e o reequilíbrio das forças universais desrespeitadas pelo nosso livre-arbítrio. Somos livres para errar e somos forçados a resgatar. Não há como fugir a esse esquema, do qual não nos livra nem mesmo a trégua com que somos beneficiados ao renascer. É exatamente para que tenhamos a iniciativa da correção espontânea, que a lei nos proporciona o benefício do esquecimento e nos concede a oportunidade do recomeço em cada vida, como se nascêssemos puros, sem faltas e sem passado. Não podemos, no entanto, esquecer que o passado está em nós, nos registros indeléveis do perispírito, determinando todos os nossos condicionamentos, os bons e os outros.

Por conseguinte, a falta cria em nós o "molde" necessário ao reajuste. Disso se valem, com extrema habilidade e competência, nossos adversários espirituais, aqueles a quem infligimos dores e penas atrozes num passado recente ou remoto. Muitos são os que agem pessoalmente contra nós, outros, porém, valem-se de organizações poderosas, onde a divisão do trabalho nefando ficou como que racionalizada, tantas são as especializações lamentáveis. Realiza-se, então, uma troca de favores, por meio de contratos, acordos, pactos e arranjos de toda sorte, em que a vítima do passado — esquecida de que foi vítima precisamente porque também errou — associa-se a alguém que possa exercer por ela requintes de vingança.

Entra em cena, aí, a fria equipe das trevas. Se o caso comporta, digamos, a "solução" da deformação perispiritual, é encaminhado a competentes manipuladores da hipnose e do magnetismo, que imediatamente se aproximarão de suas vítimas, contra as quais nada têm, às vezes, pessoalmente, iniciando o trabalho no campo fértil do endividamento de cada um. Quem não deve à Lei de Deus?[9]

É claro que o hipnotizador, ou o magnetizador, não pode moldar, à sua vontade, o perispírito da sua vítima, mas ele sabe como movimentar forças naturais e os dispositivos mentais, de forma que o Espírito, manipulado com perícia, acaba por aceitar as sugestões e promover, no seu corpo perispiritual, as deformações e condicionamentos induzidos pelo operador das trevas, que funciona como agente da vingança, por conta própria ou alheia. Nessas condições, a vítima acaba por assumir formas grotescas, perde o uso da palavra, assume as atitudes e as reações típicas dos animais e é segregado, por tempo imprevisível, de todo o convívio com criaturas humanas normais e equilibradas. Em antros diante dos quais o inferno é uma tosca e apagada imagem, imperam o terror, a alienação mais dolorosa, a angústia mais terrível, as condições mais abjetas. Nessas furnas de dor superlativa, criaturas que, às vezes, ocuparam na Terra elevadas posições, resgatam crimes tenebrosos, que entre os homens permaneceram impunes.

O trabalho de resgate desses pobres irmãos, que chegam até a perder a consciência da sua própria identidade, é tão difícil

---

[9] Nota do autor: Leia-se, a propósito, o cap. 5, "Operações seletivas", do livro *Libertação*, de André Luiz.

quão doloroso, e jamais poderá ser feito sem a mais ampla cobertura espiritual. Além da dor que experimentamos ao presenciar tão espantosa aflição, estejamos certos de que a audácia de socorrer tais irmãos desata sobre os grupos que a manifestam toda a cólera das organizações que os subjugam. Aliás, esse é um recurso de que se utilizam os trabalhadores do bem, para desalojar de seus redutos os verdadeiros responsáveis por essas atrocidades inomináveis. Furiosos pela temeridade dos seareiros do Cristo, eles se voltam contra o grupo mediúnico, que precisa estar preparado, resguardado na prece e em imaculada pureza de intenções. É essa, às vezes, a única maneira de trazê-los à doutrinação e à tentativa de entendimento. Esteja, porém, o grupo, atento e preparado para recebê-los, porque eles virão realmente fora de si, transtornados de ódio, ante o atrevimento daqueles que ousam provocá-los. Eles precisam "lavar a sua honra", recuperar o prestígio perante seus comandados e impor castigo exemplar ao grupo que teve a insensata ousadia de exasperá-los. Os casos mais graves de deformações perispirituais, como a zoantropia, em geral, e a licantropia, em particular, são relativamente raros, consideradas as incontáveis multidões de seres aprisionados nas trevas pelas suas aflições íntimas. Eles constituem importantes figuras, no tenebroso xadrez das trevas, e são guardados a sete chaves e defendidos com unhas e dentes, como tivemos oportunidade de verificar pessoalmente, numa excursão a essas furnas da dor. Chegado, porém, o momento do resgate, não há defesa que consiga resistir à vontade soberana de Deus, e os trabalhadores humildes da seara do Cristo conseguem trazê-los, nos braços amorosos, para a expectativa da libertação. A promissória maior está paga, e é preciso começar a reconstrução interior, pedra por pedra, com os escombros de um passado calamitoso. Geralmente, como vimos, são Espíritos de consideráveis cabedais e possibilidades, que se transviaram muito gravemente. Eles têm condições de retomar a trilha evolutiva, embora ainda com muitos erros a resgatar. Recebem de volta a consciência de sua própria identidade e recomeçam o aprendizado. São usualmente recolhidos a instituições especializadas, onde vai realizar-se a tarefa do descondicionamento. É novamente a hora de inúmeros especialistas: médicos da alma, cirurgiões do perispírito, profundos conhecedores da biologia transcendental e das complexidades da mente. Compareçem planejadores, doutrinadores, médiuns, magnetizadores, para reconstruir, com amor, o que foi destruído com ódio pelos planejadores, doutrinadores, médiuns e magnetizadores das trevas. As forças são as mesmas, os mecanismos são idênticos, os recursos são semelhantes, somente a direção é que muda, invertendo-se os sinais da operação, pois quase sempre os dedicados operadores que nos ajudam a reconstruir o Espírito, arrasado pela dor do resgate, são aqueles mesmos que, em épocas remotas, utilizaram-se dos seus conhecimentos para oprimir, para impor angústias e aflições, em nome de incontroladas ambições pessoais. O conhecimento ficou, porque os arquivos da alma são permanentes, mas mudou a motivação, e o que antes feria agora quer curar. Se antes conseguia realizar tanta coisa espantosa, trabalhando ao arrepio das Leis divinas, sem a sustentação dos poderes da Luz, que não conseguirá agora, ao voltar-se para o lado bom da vida, onde conta com o apoio de seus irmãos maiores?

2.2.6 O dirigente das trevas

Esta é uma figura frequente nos trabalhos de desobsessão. Comparece para observar, estudar as pessoas, sondar o doutrinador, sentir mais de perto os métodos de ação do grupo, a fim de poder tomar suas "providências". Foi geralmente um encarnado poderoso que ocupou posições de mando. Acostumado ao exercício da autoridade incontestada, é arrogante, frio, calculista, inteligente, experimentado e violento. Não dispõe de paciência para o diálogo, pois está habituado apenas a expedir ordens e não a debater problemas, ainda mais com seres que considera inferiores e ignorantes, como os pobres componentes de um grupo de desobsessão. Situa-se num plano de olímpica superioridade e nada vem pedir; vem exigir, ordenar, ameaçar, intimidar.

Tais dirigentes são ágeis de raciocínio, envolventes, inescrupulosos, pois o poder de que desfrutam não pode escorar-se na doçura, na tolerância, na humildade, e sim na agressividade, na desconfiança, no ódio. Enquanto odeiam e infligem dores aos outros, estão esquecidos das próprias angústias, como se a contemplação do sofrimento alheio provocasse neles generalizada insensibilização.

Evitam descer do pedestal em que se colocam para revelar-nos seus problemas pessoais, mesmo porque, consciente ou inconscientemente, temem tais revelações, que personalizam os problemas que enfrentam e os colocam na "perigosa" faixa de sintonia emocional que abre as portas de acesso à intimidade do ser.

Não são executores, gostam de deixar bem claro, são chefes. Estão ali somente para colher elementos para suas decisões; a execução ficará sempre a cargo de seus asseclas. Compareçem cercados de toda a pompa, envolvidos em imponentes "vestimentas", portando símbolos, anéis, indicadores, enfim, de "elevada" condição. Estão rodeados de servidores, acólitos, guardas, escravos, assessores, às vezes "armados", "montados" em "animais" ou transportados sob "pálios", como figuras de grandes sacerdotes e imperadores.

Um deles me disse, certa vez, que eu não o estava tratando com o devido respeito — o que não era verdadeiro

— porque achava impertinentes minhas perguntas e comentários. Para me dar uma ideia da sua grandeza, informou-me que, quando se deslocava, iam à frente dele áulicos, tocando campainhas portáteis, para que todos abrissem alas e soubessem quem vinha.

Pobre irmão desorientado! Num irresistível processo de regressão de memória, invisível aos nossos olhos, mas de tremendo realismo para ele, contemplou, com horror, sua antiga condição: participara do doloroso drama da Crucificação do Cristo. O impacto desta revelação, ou seja, desta lembrança, que emergiu, incontrolável, dos registros indeléveis do seu perispírito, deixaram-no em estado de choque e desespero, pois vinha nos afirmando desde a primeira manifestação, que era um dos trabalhadores do Cristo e não desejava senão restabelecer o poderio da "sua" Igreja.

2.2.7 O planejador

Este é frio, impessoal, inteligente, culto. Maneja muito bem o sofisma, é excelente dialético, pensador sutil e aproveita-se de qualquer descuido ou palavra infeliz do doutrinador para procurar confundi-lo. Mostra-se amável, aparentemente tranquilo e sem ódios. Não se envolve diretamente com os métodos de trabalho das organizações trevosas, ou seja, não expede ordens, nem as executa; limita-se a estudar a problemática do caso e traçar os planos com extrema habilidade. Os planejadores são elementos altamente credenciados e respeitados na comunidade do crime invisível.

Tivemos vários casos dessa natureza. Citarei um.

Apresentou-se mansamente. Nada de gritos, de murros ou de violências. Sorria, até. Era um sacerdote, dizia-se muito importante e foi logo declarando que não era dos que executam, pois em sua organização o trabalho era bem distribuído. Aliás, informou, pertencia a outro setor de atividade, mas havia sido convidado — e gentilmente acedeu, por certo — para dar "parecer" sobre o caso de que estávamos cuidando, um complicado problema de obsessão. Consultara a lista de "baixas" que a organização solicitante havia sofrido, entendendo-se por "baixa", naturalmente, aqueles que se deixaram converter à doutrina do amor, por meio da reeducação moral de que nos fala Kardec. Sente-se, evidentemente, muito envaidecido de sua brilhante inteligência e do poder e satisfação que isso lhe dá. Sua meta: restabelecer o prestígio da Igreja, muito abalado nestes últimos tempos. Acha que foi um mal sufocar o pensamento e não permitir que a razão imperasse na Igreja, que hoje estaria ainda dominando os homens. A certa altura, propõe um acordo entre *dois líderes*: ele e eu. Digo-lhe, com toda honestidade, que não sou líder e não tenho condições de negociar com ele; que procure meus superiores.

Com o passar das semanas, ele verifica que o problema é mais complexo do que esperava, e se apresta a abandonar o caso, com o qual não pretende envolver-se, já que sua tarefa é noutra organização. Dar-nos-á uma trégua. Tem um momento de honesta candura, ou realismo, como queiram: acha-se um cínico, pois sempre desprezou, mesmo "em vida", aqueles que, em elevadas posições hierárquicas, consultavam a ele, simples mortal, valendo-se de sua brilhante inteligência. É evidente, porém, que sente enorme satisfação ao recordar que, da sua "humilde" posição, manobrava os grandes, que lhe pediam conselhos e sugestões, porque já àquele tempo era um hábil articulador.

Há um *postscriptum* a esta narrativa: a conversão deste companheiro representou uma perda irreparável para as hostes das sombras, porque os impetuosos e agressivos chefes, e os executores teleguiados, sentem-se sem condições de estudar meticulosamente e traçar friamente um plano de trabalho que se desdobre como vasta e complexa operação de um xadrez psicológico. É preciso prever reações, estudar personalidades, propor concessões e arquitetar alternativas e opções, em caso de alguma falha ou mudança de condições básicas. Nada pode ser deixado ao acaso, à improvisação, ao impulso. Por isso, os planejadores gozam de enorme prestígio e respeito nas organizações trevosas.

Pelas reações de irmãos, também desequilibrados, que se apresentaram posteriormente ao nosso grupo, para tratamento, soubemos da perda irreparável que representou, para as hostes da sombra, o despertamento desse companheiro. Seus comparsas compareciam dispostos a tudo para resgatá-lo, pois julgavam-no nosso prisioneiro. É preciso compreender bem tais reações. Os irmãos desorientados empenham-se em verdadeiras campanhas belicosas, nas quais tudo vale e tudo é permitido, desde que os fins sejam alcançados. Formam suas estruturas organizacionais segundo as afinidades, por certo, mas, acima de tudo, segundo os interesses que tenham em comum. Para alcançarem os objetivos que têm em mira, organizam verdadeiro estado-maior de líderes brilhantes, experimentados e audaciosos. Toda campanha é estudada, planejada e executada com precisão militar e dentro de rigoroso regime disciplinar, onde não se admite o fracasso. Quem falhar perde a proteção de que desfruta, por achar-se ligado à organização poderosa, que domina pelo terror impiedoso, destemido, agressivo, implacável. Eles sabem muito bem que, ao desligarem-se da organização, estarão sozinhos diante de seus próprios problemas pessoais.

Nessas estruturas rígidas, o planejador exerce função importantíssima, porque é dos poucos, ali, que conservam a cabeça fria para conceber os planos estratégicos indispensáveis. Seus companheiros de direção costumam ser impetuosos homens de ação, que se entregam facilmente ao impulso desorientado de partir para a ação pessoal isolada, se não tiverem quem os contenha dentro de um inteligente planejamento global, que proteja não apenas os interesses de cada um dos componentes, isoladamente, mas também a segurança da organização. O planejador é o poder moderador, dotado de habilidade bastante para demonstrar, e provar aos "cabeças-quentes", que o interesse coletivo precisa sobrepor-se ao individual, por mais forte que seja este. É preciso que cada componente da sinistra máfia espiritual compreenda que os casos pessoais de cada um — vinganças, perseguições, conquistas de posições — passam a constituir objeto de cogitação coletiva, e, como tal, têm que esperar a vez e a oportunidade, submetendo-se à mesma estratégia: estudo, planejamento e ação, tudo a tempo e a hora. Nada de ações isoladas, atabalhoadas, que desperdiçam esforços e põem em risco a segurança da comunidade. Tudo se fará no tempo devido, e todos têm direito à utilização dos recursos da organização: seus técnicos, seus instrumentos, seus "soldados" e trabalhadores de toda a natureza. No interesse de todos, portanto, a coisa tem que funcionar com muita precisão e firmeza. O planejador é, pois, figura importantíssima na ordenação dessas tarefas maquiavélicas. Sua perda acarreta uma desorientação geral. É difícil, senão impossível, para os companheiros que permanecem na organização das sombras, admitir que alguém tão lúcido e brilhante se tenha deixado convencer por um doutrinador encarnado.

Como não conseguem admitir isso, somente podem concluir pela alternativa mais viável: o companheiro foi sequestrado, violentado em sua vontade e levado prisioneiro para alguma perdida masmorra. É preciso reunir forças e desencadear uma ação fulminante para resgatá-lo. Por isso, logo após a perda de um elemento importante — planejador ou executor —, fatalmente comparece ao grupo um truculento representante das trevas, para levá-lo "de qualquer maneira". É hora, então, da ameaça, dos gritos, dos murros, ou então, dos conchavos, das ofertas de trégua. A essa altura, porém, já estão agindo à base do impulso emocional, que nunca foi bom conselheiro, ainda mais em situações de crise. É quando mais precisam de um competente planejador. E o desespero de não tê-lo leva ao desvario, que muitas vezes os deixa completamente desarvorados. Daí a importância que os trabalhadores do bem conferem aos planejadores. Daí o prestígio e o respeito que esses brilhantes estrategistas gozam nas comunidades trevosas. Os líderes militares são bons na ação, mas quase nunca dispõem de condições para estudar meticulosamente e traçar friamente um plano de trabalho, que se desdobre como vasta e complexa operação de um xadrez psicológico. Não estão lidando mais com dados concretos, como no tempo em que exerciam tais funções na Terra. Não basta preparar soldados e equipamentos, estudar o terreno, comprar armamentos e entrar em ação. A tarefa é muito mais sutil, porque envolve inúmeros fatores imponderáveis, que subitamente emergem da imprevisível condição humana. É preciso prever tais reações, estudar personalidades, propor concessões e arquitetar alternativas e opções, na eventualidade de alguma falha ou mudança das condições básicas inicialmente articuladas. Nada pode ser deixado ao acaso, à improvisação, ao impulso.

Há pouco, falava um desses líderes das trevas sobre a sofisticação da sua aparelhagem. Andaram gravando nossas reuniões em videoteipe — a expressão é dele mesmo — para estudar-nos. Tinham nossas "fichas" completas, minuciosamente levantadas, bem como gravações e relatórios a nosso respeito, sendo esse material todo colhido na indormida vigilância que exercem sobre nós. Depois de tudo documentado, estudam-nos em grupos de trabalho, cabendo, então, aos planejadores elaborar a programação da "campanha". Mesmo enquanto conversam conosco, no decorrer da sessão mediúnica, acham-se ligados aos seus redutos, por fios e aparelhagem de transmissão, com o propósito de se manterem firmes, apoiados pelos companheiros que lá ficam, para que não sejam arrastados pela "fraqueza" da conversão ao bem. Esquecem-se de que, por aqueles mesmos dispositivos, a conversa do doutrinador também é transmitida e produz lá, naqueles redutos, certos impactos, num ou noutro coração mais predisposto ao apelo do amor fraterno.

———— • ————

Um desses sutis planejadores nos causou impressão profunda. Não viera especificamente para debater conosco, mas para tentar recuperar um Espírito que havíamos conseguido atrair e convencer de seus enganos. Ao incorporar-se no médium, demonstra indisfarçável embaraço por encontrar-se ali. Hesita e negaceia, parecendo estar realmente desarmado e perplexo. Aos poucos, interrogado com prudência paciente, vai revelando sua história.

Fora realmente apanhado desprevenido, pois não sabia que o grupo era aquele e, se o soubesse, não teria vindo. (É estranho que ignorasse isto...) Conhece o nosso mentor e, ao vê-lo, tentou recuar e voltar sobre seus passos, mas já era tarde. Identifica, num membro encarnado do grupo, uma pessoa que teria conhecido na França, no século passado. É, portanto, contemporâneo de Kardec e não esconde que conhece a Doutrina Espírita, até mais do que nós, segundo informa, sem falsa modéstia. Declara-se conselheiro e planejador da organização à qual se acha filiado.

Está convicto de que o Espiritismo precisa de uma "revisão" atualizadora e ele é um dos que colaborou no preparo de certa *matriz* (palavra sua) que dará origem a uma forma "moderna" de Espiritismo. Essa matriz era sustentada pelas emanações mentais de alguns companheiros encarnados, atuantes no movimento e aos quais foi prometida uma fatia de poder.

Está perfeitamente consciente de suas responsabilidades e não deseja recuar do pacto feito com seus superiores, que prevê, para ele, uma substancial parcela de poder e proteção para uma filha que estaria encarnada e muito assediada por Espíritos trevosos. Encaixo, a essa altura, um comentário, dizendo-lhe que nenhum pacto a protegerá dos seus compromissos cármicos, com o que ele parece concordar com o seu silêncio. Afinal, admite que não fez acordo com a treva: ele é a própria treva, e continua a sentir-se embaraçado diante de nós.

Depois de uma longa conversa, meramente informativa, em que ele vai revelando sua história, parece tomar uma decisão mais drástica e começa a falar em altos brados, a dar com as mãos na mesa, mas sinto nele falta de convicção.

Deixo-o falar, para vazar a sua cólera, a sua frustração e o seu temor, até que ele se acalma um pouco e começa a dar-me conselhos e fazer algumas confidências. Está em crise. Lembra-se de passadas encarnações e da constante presença do Cristo em suas vidas, mas também das inúmeras vezes em que, a seu ver, traiu o Mestre. Gostaria de voltar a ser um humilde galileu. Por fim, agarra as nossas mãos, chama-nos de amigos e nos adverte — agora com total sinceridade — dos riscos da nossa tarefa, e parte, em pranto, orando ao Cristo.

Também a sua perda desencadeou sobre o grupo um processo de agressões violentas e passionais. É difícil encontrar um bom planejador para repor uma "baixa" importante como essa...

2.2.8 Os juristas

Muitas vezes nos encontramos com esses trabalhadores das sombras, tão compenetrados de suas tarefas como quaisquer outros. São os terríveis juristas do Espaço.

Diz o artigo já citado, em *Reformador* de fevereiro de 1975:

> Estes também, autoritários e seguros de si, exoneram-se facilmente de qualquer culpa porque, segundo informam ao doutrinador, cingem-se aos autos do *processo*. Na sua opinião, qualquer juiz terreno, medianamente instruído, proferiria a mesma *sentença* diante daqueles fatos. Todo o formalismo processualístico ali está: as denúncias, os depoimentos, as audiências, os pareceres, os laudos, as perícias, os despachos e, por fim, a sentença — invariavelmente condenatória. E até as revisões, e os apelos, quando previstos nos "códigos" pelos quais se orientam (ou melhor: se desorientam).

São também impessoais e frios aplicadores das "leis".

Um desses juízes deu-me a honra de trazer, para argumentar comigo, os *autos do processo*. Abriu sobre a mesa o caderno, invisível a mim, e começou a citar a lista de crimes que o acusado havia cometido, desde o desencaminhamento de jovens inexperientes, até assassinatos. Só depois, pobre irmão, foi descobrir que estava lendo os autos de seu próprio processo! Trouxera consigo um servidor da sua equipe apenas para "carregar" os autos, coisa indigna de sua elevada condição de magistrado. Quando pediu ao contínuo que lhe passasse os autos, este lhe deu a documentação errada... O engano foi, aliás, seu mesmo, porque o bedel lhe dera primeiro um dos processos, e ele, em tom áspero e imperioso:

— Não é este, é o outro!

O "outro" era o dele!

Já me trouxeram também os autos do processo de minha "heresia", como também autos já arquivados, com *sentença* proferida, em caso que, segundo este jurista invisível, eu havia *apelado*.

2.2.9 O executor

Sente-se também totalmente desligado da responsabilidade, quanto às atrocidades que pratica, pois não é o mandante; apenas executa ordens. Usualmente, nada tem de pessoal contra suas vítimas inermes. Agasalham-se na crueldade agressiva e fria, sem temores, sem remorsos, sem dramas de consciência.

Quantos deles encontramos nos trabalhos de desobsessão! São remunerados das maneiras mais engenhosas e diversas, as que mais se ajustam à sua psicologia, aos seus vícios e às suas deformações.

Já vimos o exemplo do sacristão que era pago com suculentas refeições e vinhos deliciosos. Há os que são compensados com prazeres mais vis. Outros são estimulados a atos de particular "bravura", com vistosas *condecorações*. Um deles me exibia, com orgulho e frieza, uma preciosa condecoração por um gesto de enorme dedicação à causa de seus mandantes: empenhara-se em castigar sua própria irmã!

Outro, desses companheiros desarvorados, deixou-nos uma das mais comoventes lições, escrita, a princípio, com as sombrias cores do rancor, e depois, com as luminosas tintas do amor e da emoção.

Empenhara-se num processo tenebroso e complexo, de obsessões violentas, a serviço de um grupo que dispunha de vasto plano de atividade. Ao manifestar-se, mal conseguia conter o seu ódio e a sua irritação. Revela sua elevada hierarquia, ridiculariza, deblatera, ameaça e diz-se um dos trabalhadores do Cristo. Não se teria dignado comparecer diante de nós, se não nos tivéssemos metido em coisas que não eram de nossa conta. Conhece-me de longa data: sempre fui um herético impenitente, metido a reformista. Seus "soldados" estão lá fora, à sua espera. Quando, sustentados por luminosos trabalhadores espirituais, começamos a conseguir dele alguma reação positiva, parece entrar em pânico e não consegue ocultar certo temor, ele que sempre foi destemido homem de ação.

Ao cabo de algum tempo de diálogo, nas várias vezes em que compareceu ao grupo, ofereço-me para ajudá-lo, em alguma coisa de que necessite. Pergunto-lhe se não tem alguém a quem possamos servir.

É justamente isso que ele não entende: descobrira que, mesmo sem o saber, estávamos já servindo, com todo o nosso afeto e dedicação, a um Espírito muito querido ao seu coração, que em antiga encarnação fora seu filho e que nunca mais esquecera. Não podia compreender como estávamos ajudando o "menino", a troco de nada, sem exigir coisa alguma, enquanto ele tudo fazia para perseguir-nos. Aquilo era demais para a sua compreensão. Havia mais, porém. Descobrira que os mais terríveis obsessores de seu filho eram precisamente os companheiros da sua própria organização! E, no entanto, treinara "soldados" para nos dar combate sem tréguas, a nós, que tanto nos esforçávamos por ajudar o filho... Era, de fato, incompreensível...

Passadas algumas semanas, obteve permissão para transmitir-nos uma mensagem de gratidão, de amor, de arrependimento. Consideramo-la uma das coisas mais lindas e mais emocionantes que tivemos, ao longo de muitos anos de prática mediúnica. Quando me lembro disso, ainda me parece ouvir sua voz pausada, embargada, sofrida, a chorar o tempo perdido, a ausência do filho amado, que não lhe era possível nem visitar, mas que deixava aos nossos cuidados. Estava de partida para uma nova encarnação, que se prenunciava de muitas dores e renúncias, como ele precisava, para o reajuste. Sustentava-o a esperança de um reencontro alhures, no tempo e no espaço, um dia... um dia...

Assim são eles, pobres irmãos desorientados. Não nos impressionemos com a sua violência e agressividade. Trazem dores milenares e, a despeito de si mesmos, preservou-se em seus corações a pequenina chama do amor. Basta um sopro de compreensão e afeto para que ela se reacenda.

2.2.10 O religioso

É impressionante a elevada participação de transviados "religiosos" no trágico e doloroso desfile de Espíritos em lamentável desequilíbrio, nas sessões de desobsessão. Multidões de ex-prelados debatem-se, no mundo póstumo, em angústias e rancores inomináveis, que se arrastam, às vezes, pelos séculos.

Apresentam-se, quase sempre, como zelosos trabalhadores do Cristo, empenhados na defesa da "sua" Igreja. São argutos, inteligentes, agressivos, violentos, orgulhosos, impiedosos e arrogantes. Parece terem frequentado a mesma escola no Além, pois costumam trazer os mesmos argumentos, a mesma teologia deformada, com a qual justificam seus impulsos e sua tática. Têm os seus temas prediletos, como a cena da expulsão dos vendilhões do templo, que invocam como exemplo de que a violência é, às vezes, necessária e justificável, esquecendo-se, deliberadamente, das motivações daquele gesto: a vergonhosa comercialização das coisas sagradas e a indústria do sacrifício de pobres animais inocentes. O gesto não é gratuito nem fica sem explicações.

"Ao mesmo tempo" — escreve Mateus (21:13) — *"os instruía*, dizendo: Não está escrito: Minha casa será chamada casa de oração, por todas as nações? Entretanto, fizestes dela um covil de ladrões!"

A esse comércio vil, estavam associados os próprios sacerdotes. Muitos daqueles cambistas e negociantes não passavam de meros "testas de ferro" dos donos da verdade... e do dinheiro. Emmanuel informa, em *Paulo e Estêvão*, que Zacarias, o protetor de Abigail, conseguiu, mediante influência de certo Alexandre, parente próximo de Anás, "incluir-se entre os negociantes privilegiados, que podiam vender animais para os sacrifícios do Templo".

Os "religiosos" desorientados invocam também outras passagens, bem escolhidas aos seus propósitos, como aquela em que o Cristo declara que não veio trazer a paz, mas a espada (MATEUS, 10:34). Kardec tratou dessas questões no capítulo XXIII de *O evangelho segundo o espiritismo*, ao qual deu o título de "Estranha moral". Ainda comentaremos tais problemas, quando cuidarmos especificamente das técnicas e recursos sugeridos para o trabalho de desobsessão.

O grande problema desses queridos companheiros desarvorados é o poder. Quase sempre exerceram, nas organizações religiosas a que se filiaram, vida após vida, posições de mando e destaque. Estão acostumados a dominar os outros, não a si mesmos, pois tudo se permitem, desde que os objetivos que escolheram sejam alcançados. Constituem equipes imensas, que se revezam na carne e no mundo espiritual, mantendo estreito intercâmbio, porque também se revezam no poder, aqui e lá, e, por isso, suas organizações sinistras e implacáveis parecem eternizar-se no comando de vastas massas humanas, encarnadas e desencarnadas.

O intercâmbio, à noite, quando se acham parcialmente libertos os encarnados, é intenso. Realizam-se reuniões, para debate, estudo e planejamento. André Luiz nos dá uma pequena amostra dessa atividade em *Libertação*, no capítulo "Observações e novidades". Diz Gúbio, o instrutor:

> Não mediste, ainda, a extensão do intercâmbio entre encarnados e desencarnados. A determinadas horas da noite, três quartas partes da população de cada um dos hemisférios da crosta terrestre se acham nas zonas de contato conosco e a maior percentagem desses semilibertos do corpo, pela influência natural do sono, permanecem detidos nos círculos de baixa vibração qual este em que nos movimentamos provisoriamente.[10] Por aqui, muitas vezes se forjam dolorosos dramas que se desenrolam nos campos da carne. Grandes crimes têm nestes sítios as respectivas nascentes e, não fosse o trabalho ativo e constante dos Espíritos protetores que se desvelam pelos homens no labor sacrificial da caridade oculta e da educação perseverante, sob a égide do Cristo, acontecimentos mais trágicos estarreceriam as criaturas.

Prestaram bem atenção? Três quartos da população encarnada na Terra, ou seja, três pessoas em cada quatro, isto é, 75 por cento! André não fala especificamente de reuniões promovidas por religiosos, mas estas são ativas, frequentes e tenebrosas. Compareçem, investidos de enorme autoridade, aqueles que a conquistaram pela ardilosa sagacidade, pela prepotência e total desinteresse pelos aspectos éticos das questões envolvidas. Ai daquele que se intromete em seus afazeres e tenta impedir a realização de seus planos criminosos! Precisa estar muito bem preparado, vigilante, guardado na prece e assistido por Espíritos do mais elevado teor vibratório.

Ao longo de muitos séculos de intriga política, e do exercício da opressão e da intimidação, esses pobres "ministros de

---

[10] Nota do autor: A organização visitada, enorme cidade das trevas, era dirigida por um ex-papa, cuja libertação é o tema central do livro.

Deus" desenvolveram apurada técnica de trituração. Dispõem de recursos extremos e não hesitam em empregá-los, desde que atinjam seus fins.

Conservam, no mundo espiritual, seus paramentos, suas joias e todos os símbolos de suas posições. Vivem em "construções" suntuosas e soturnas, sentam-se em "tronos", cercam-se de áulicos prontos a executar-lhes o menor desejo. Celebram suas "missas", pregam sermões, mantendo um ritual pomposo e meramente exterior, tal como faziam aqui na Terra.

Uma jovem desencarnada, de quem cuidamos certa vez, nos contou, com penosa ingenuidade, que vivia alegremente, na irresponsabilidade da sua inconsciência. Ligara-se a um ser encarnado, a quem estávamos interessados em ajudar, aliás, sem que ele o soubesse. Comparecia uma vez por semana à presença do nosso amigo encarnado e o induzia aos desatinos dos sentidos desgovernados, participando, certamente, dessas orgias. Era "remunerada" com "roupas" luxuosas e bonitas e, evidentemente, gostava da sua tarefa. Totalmente teleguiada, era simples instrumento sob o poder implacável de seus senhores.

Agindo sob hipnose, atuava precisamente naquilo que constituía o principal problema do companheiro encarnado: sexo. Encontrava-se muito bem preparada pelos seus instrutores. Quando eu lhe disse que era mero instrumento em mãos alheias, ela respondeu que não, pois gozava de inteira liberdade. Não é maldosa, é irresponsável e perturbada. Conta que "ainda ontem, na missa, Monsenhor falou que era preciso evitar o aguilhão". Sabem, assim, que se saírem dali, por fuga ou fraqueza, encontrarão o espectro temido da dor, as lágrimas, o desespero. Enquanto estão ali, têm diversões, prazeres, vestidos bonitos e até mesmo os "tranquilizantes" psicológicos para a consciência atormentada, porque ex-sacerdotes fanatizados e duros ministram-lhes "sacramentos", levam-nas às missas que celebram e absolvem-nas dos pecados que porventura tenham cometido. É, sem dúvida, um plano maquiavélico, com o qual ex-"ministros de Deus" conseguem manipular, à vontade, pobres inocentes úteis que lhes caem sob o poder. A despeito de seus desvairamentos, sinto-a interiormente ingênua, quase pura. Poderia ser minha filha, digo-lhe, e ela responde que, se eu fosse seu pai, ela não teria coragem de vir me ver. Aproveito o ensejo para dizer-lhe que, nesse caso, não anda fazendo boas coisas, como alega, o que parece impressioná-la. Nesse ponto, ela me confessa que veio escondida. "Eles" não podem saber...

— Portanto — digo-lhe eu — você não tem liberdade, como disse...

Mais um argumento que ela intimamente reconhece legítimo. Mas prossegue, tagarelando inconsequentemente, para dizer que "quando eu vou lá, todas se escondem".

Por fim, faço uma prece e ela se sente perdida, sem saber o que fazer. Vê uma jovem serena e bela que a chama, mas ela teme e hesita; acaba cedendo e parte com ela.

Na sessão seguinte compareceu um *sacerdote*. Tinha forte sotaque alemão e era o "guia espiritual" do nosso companheiro encarnado, então sob tratamento em nosso grupo. Viera em busca da filha que desaparecera, precisamente a moça da semana anterior. Pobre irmão desgovernado! Ignorava que ela estava sendo vergonhosamente explorada pela mesma "organização" a que ele servia!

Dizia Paulo que tudo nos é lícito, mas nem tudo nos convém; para estes irmãos religiosos transviados, tudo convém, seja lícito ou não, desde que os ajude a alcançar seus objetivos. E, assim, misturam os conceitos de uma deformada teologia com os ritos da magia negra e com as técnicas da hipnose e da magnetização, realizando verdadeiras lavagens cerebrais, provocando pavorosas desfigurações perispirituais, desencadeando processos obsessivos penosíssimos.

Uma das infelizes criaturas a que atendemos certa vez nos contou a seguinte história: numa existência anterior, fora traída por uma mulher. Localizando esta agora, em outra vida — não ficamos sabendo se casada com o seu antigo marido —, atormentava-a livremente, com rancor e consciência tranquila, porque um sacerdote, seu amigo, a *perdoava* e a estimulava a prosseguir na sua deplorável tarefa.

Há, também, entre eles, os ex-inquisidores. Ainda rancorosos, mais fanáticos do que nunca, mantêm os mesmos processos de tortura e de encarceramento, em medonhas masmorras infectas. Quantos companheiros não socorremos, apavorados, roídos pelos ratos, enceguecidos pelas trevas, ainda sentindo as sensações de estrangulamento, carregando correntes imaginárias, com os olhos ou a língua arrancados, mortos pela fome, tuberculosos, desmembrados, alienados, atoleimados, muitos sem condições sequer de chorar...

Todo esse arsenal alucinante de opressão e miséria tem como suporte uma teologia que lhes é própria. Seus artífices não ignoram as verdades contidas na Doutrina Espírita, nem têm como negá-la, diante do que sabem, mas justificam suas atrocidades com frases estereotipadas, sempre as mesmas, no fundo, embora variadas na forma. Sim, reconhecem, é verdadeira a doutrina da reencarnação, por exemplo. A Igreja a admite há muito tempo, dizem, mas conserva tais conhecimentos limitados a uma elite pensante, pois essas informações não devem ser transmitidas à massa popular. Um dia, quando conseguirem restaurar todo o poderio da Igreja, esses conhecimentos serão liberados e o Evangelho do Cristo será novamente pregado tal como é, ou seja, como eles entendem que seja. Um deles me declarou, certa vez, que existe, pronta, uma nova versão do Evangelho, cuidadosamente preparada, para ser lançada no momento oportuno. Esse momento é sempre o mesmo: quando restabelecerem novamente o domínio total sobre a humanidade, tal como no passado, em que era honra concedida aos reis beijarem os pés dos Papas.

Enquanto isso, tramam, envolvem, planejam e executam, com a cumplicidade de muitas fraquezas humanas, próprias e alheias.

É claro, pois, que o alvo de preferência de suas investidas é o Espiritismo, que muitos combateram "em vida" e que prosseguem combatendo, com redobrado ardor, quando se passam para o mundo póstumo. Os grupos espíritas de trabalho mediúnico interferem direta ou indiretamente em seus planos. Muitas vezes, tais grupos se envolvem em autênticos vespeiros, ao tentarem ajudar companheiros encarnados ou desencarnados, sob o guante de terríveis obsessões. É que, em não poucas oportunidades, os obsidiados são peças importantes no complexo jogo de xadrez das sombras. Verdadeiras batalhas travam-se em torno de determinadas figuras humanas, e os grupos que intentam salvá-las das suas aflições precisam estar realmente bem preparados, ou serão impiedosamente esmagados pela agressividade dos poderosos dirigentes das trevas.

Por outro lado, o movimento espírita moderno, especialmente no Brasil, conta com enorme quantidade de antigos sacerdotes, arrependidos de seus desatinos passados, procurando, em nova encarnação, lavar as manchas de crimes hediondos que cometeram. Para os antigos comparsas, no entanto, são trânsfugas desprezíveis, que cumpre esmagar, apóstatas que têm de destruir, heréticos que precisam calar, a todo custo.

Quantos me têm interpelado, com as mais terríveis invectivas! Um deles, conhecendo meu passado, tanto na Igreja Católica como na Protestante, me disse, com ódio e desprezo:

— Protestante e espírita, dois porcos num só...

Outro, fanático e não mau, buscava-me há mais de quatro séculos, pois da última vez em que fomos companheiros, éramos sacerdotes católicos, antes ainda da Reforma Protestante.

Outros se empenham em "recuperar-nos", seja com ameaças, seja com promessas sedutoras ou barganhas inaceitáveis.

A esta altura, o leitor, algo impressionado, estaria perguntando se não há sacerdotes de boa índole no mundo espiritual. Certamente que sim, e, graças a Deus, em grande número; com muito mais frequência, porém, entre aqueles que foram pequenos e humildes servidores da Igreja, conscientes das grandezas do Evangelho de Jesus. São eles os serenos párocos de aldeia, monges e frades que se dedicaram à caridade e ao serviço ao próximo. São muitos os que rapidamente se adaptam às condições do mundo espiritual, onde não encontram nem o céu de gozos inefáveis, nem o inferno aterrador, tampouco o purgatório lendário, mas apenas as condições que criaram para si mesmos. Alguns dos mais destacados membros da hierarquia eclesiástica também vencem, com surpreendente brevidade, o período de perplexidade em que mergulham com a desencarnação.

Um deles, manifestado no Grupo Ismael, declara, na sua segunda comunicação:

> É estupenda a metamorfose que se operou no meu Espírito desde a visita que vos fiz. Extraordinário fenômeno, capaz de confundir a inteligência mais atilada e a criatura melhor provida de conhecimentos teológicos e profanos. Estupenda, grandiosa, diria mesmo fenomenal, é a obra em que colaborais, vós outros, homens terrenos, malquistos pela sociedade perversa dos vossos dias. Medito e considero: eu, servidor da Igreja, elevado à mais alta dignidade eclesiástica, na Terra de Santa Cruz, venho entre vós, criaturas

simples, na maioria sem grande preparo intelectual, beber da água da vida que o ensino da Igreja romana nunca pôde proporcionar ao meu espírito sedento. Quando daqui regressei, meus irmãos, o Infinito como que se havia transmudado e novo cenário se me deparou. A coorte dos que me acompanhavam, cabisbaixa e encolhida num recanto, demonstrava a sua contrariedade pelos efeitos que a minha visita produzira em meu espírito.[11]

Fora daqueles que, "em vida", segundo suas próprias declarações na sessão anterior, "procurara, juntamente com outros dignitários da sua Igreja, meios de conseguir que cessassem as atividades da Federação, na propaganda do Espiritismo, por considerar falsa e errônea essa doutrina, prejudicial ao Catolicismo". Era, agora, socorrido exatamente na organização que tentara fazer calar.

Note-se, também, em sua comunicação, a referência à coorte dos que o seguiam e ao desapontamento em que ficaram ao ver o bravo cardeal render-se espontaneamente àqueles que todos consideravam como adversários, que não mereciam piedade nem consideração.

De outro cardeal desencarnado ouvi, certa vez, a lamentosa queixa do arrependimento, não pelo combate ao Espiritismo, mas pelo que deixara de fazer de bom, quando dispunha de tantos recursos e poderes, em virtude do íntimo conhecimento dos bastidores políticos da Igreja.

Comovente, porém, são as pequenas manifestações anônimas, em serviços preciosos, de que somente tomamos conhecimento por via indireta. Um dos poderosos "Príncipes da

---

[11] *Trabalhos do grupo Ismael*, v. julho/1939 a dezembro/1940. Compilação do Dr. Guillon Ribeiro, edição da FEB, 1941, p. 137.

Igreja", impetuoso e arrogante, que nos tratava com superior condescendência, foi acolhido por um velho e humílimo criado de quarto, que o servira nos seus dias de glória.

Muitas são as lições dolorosas que nos ministram os dramas vividos por esses pobres irmãos que insistem em declarar-se trabalhadores do Cristo. Examinando suas tendências, estudando suas atitudes e pronunciamentos, creio que poderíamos identificar duas posições básicas neles: ambição e fanatismo. Às vezes, a ambição e o fanatismo parecem coexistir no mesmo Espírito, mas ocorrem, também, separadas. Os ambiciosos desejam o poder, o exercício da autoridade. Não sabem viver sem mandar, sem oprimir, sem impor sua vontade e suas ideias.

Movem-nos ambições desmedidas, sustentadas e impulsionadas pela filosofia da restauração da "verdadeira" Igreja do Cristo. Quantos deles não nos têm confessado sua impaciência e irritação ante a desagregação da autoridade da velha organização eclesiástica terrena! Não é essa a imagem da Igreja com que sonham. Querem-na forte, poderosa, autoritária, incontestada, ditatorial, como nos tempos idos; não essa aí, que está sempre recuando e entregando-se, como se acuada. No mundo espiritual em que vivem, conservaram os modelos medievais, com todo o seu cortejo de vícios. Só lhes resta reimplantar esses modelos entre os encarnados, repondo a esclerosada organização terrena no seu antigo "esplendor".

É certo que, para esses objetivos, encontram apoio nos mais insuspeitados setores da atividade humana, tanto aqui como no mundo espiritual. Para isto, ligam-se a outros poderosos do passado, com os quais celebram pactos sinistros de apoio mútuo, para partilharem do vasto bolo do poder, se e quando o reconquistarem. É comum encontrarmos, entre os desencarnados, sacerdotes de elevada hierarquia eclesiástica, perfeitamente entrosados com antigos governantes leigos que se revelaram indiferentes às questões puramente religiosas ou francamente hostis ao movimento cristão, que alguns deles chegaram mesmo a combater tenazmente, quando de suas passagens pela carne. Não importa. Desde que constituam bons parceiros na conquista das posições, as tenebrosas alianças realizam-se.

Quanto aos fanáticos, nem sempre são ambiciosos, no sentido da disputa do domínio político. Estão convencidos de que sua forma de pensar é a única certa, com exclusão de todas as demais. Combatem o Espiritismo, não tanto porque desejam posições de mando, mas porque o consideram uma odiosa heresia. No fundo, o fanático puro serve de instrumento ao ambicioso, pois este não se interessa pelo pensamento religioso em si, e sim pelo poder que uma teologia deformada e bem manipulada pode proporcionar.

Muitos desses Espíritos repetem incessantemente seus enganos por séculos a fio, buscando sempre os núcleos do poder, quaisquer que sejam as crenças em que se apoiam. Foram hierofantes de decadentes cultos egípcios, por exemplo; repetiram a experiência, como sacerdotes judeus, e voltam a insistir, como prelados católicos, sempre disputando posições de relevo, de onde possam manobrar. Para que essas mudanças tão radicais de posição teológica não os incomode, condicionam-se a um esquecimento das antigas circunstâncias, para não terem que enfrentar conscientemente uma realidade estranha, como a de declararem-se em luta pela restauração da Igreja do Cristo, quando toda a sua atividade e todas as suas verdadeiras convicções são um desmentido formal à doutrina de amor contida nos Evangelhos. Às vezes, despertam para a realidade, ante o impacto traumático de revelações que dormitavam em seus indeléveis registros perispirituais, como aquele imponente "servidor" do Cristo que acabou descobrindo que participara pessoalmente do drama da cruz... Outro ajudou a apedrejar Madalena... Um terceiro lamentava ter queimado uma santa. Seria Joana d'Arc?

Todos esses sabem muito bem por que fogem às lembranças do passado: é que as recordações arrastam-nos, inapelavelmente, a enfrentar suas próprias contradições íntimas, suas hipocrisias, seus desvios, suas fraquezas. O esquecimento deliberado e autoinduzido é uma fuga, um esconderijo. Enquanto estão ali, acham-se abrigados da dor. Por isso, não estão interessados, especificamente, nesta ou naquela teologia — o que importa é a ação, o poder. No fundo, sabem muito bem que não são trabalhadores do Cristo, mas há tanto tempo se condicionaram a essa atitude, que acabam por se convencer da sua autenticidade. É preciso um impacto mais violento para desalojá-los de suas terríveis autoilusões.

2.2.11 O materialista

Este não constitui problema difícil, no trabalho de esclarecimento. Viveu, na carne, convicto de que além da matéria nada existe; de que, além da morte, só há o silêncio e a escuridão do não-ser. Às vezes, tais posições foram meramente filosóficas, isto é, platônicas. A despeito da descrença em qualquer tipo de realidade póstuma, não foram intrinsecamente maus, apenas desencantados, indiferentes, desarvorados intimamente, embora, na aparência, seguros e tranquilos. São mais acessíveis, e mais prontamente aceitam a nova realidade.

Outros, porém, são daqueles que, descrentes da vida espiritual, entregaram-se de corpo e alma ao culto desenfreado da matéria. Ao contrário dos teóricos do materialismo, estes são os que o praticam, em todos os sentidos. Disputaram fortunas a ferro e fogo, intrigando, matando, se preciso fosse, promovendo negociatas, roubando, falsificando, ao mesmo tempo em que se deixaram arrastar pelo sensualismo pesado, que avilta todos os sentidos e anestesia cada vez mais as faculdades e a sensibilidade. Para estes, nada é sagrado, nada importa, senão a satisfação de suas ambições, de seus desejos, de suas vontades.

A objetiva realidade da vida póstuma põe-nos em estado de total confusão. Alguns deles, endurecidos nas suas convicções, continuam a viver no mesmo clima de maquinações e articulações, ainda presos aos seus interesses terrenos, perseguindo aqueles encarnados e desencarnados que se atravessaram no seu caminho. Geralmente desejam a volta à carne, pois somente nela se sentem relativamente felizes, não apenas pelo esquecimento de suas misérias íntimas, mas porque lhes proporciona os prazeres mais grosseiros a que se habituaram.

Em outros, o choque desperta para uma condição que eles não poderiam jamais admitir sem o impacto da desencarnação. Quando incorporados aos médiuns, embora confusos, a princípio, acabam por reconhecer que continuam vivos depois da "morte", pois estão pensando e falando, vendo e sentindo, por meio de um corpo que, evidentemente, não é o seu. Lembram-se das doenças que tiveram, mas se recusam a admitir que "morreram", porque isto implicaria reconhecer que o materialismo que professavam é inteiramente falso. A relutância é, ainda, vaidade. Preferem continuar negando, por algum tempo, do que admitirem, honestamente, que foram ludibriados por sua própria descrença na verdade superior.

É preciso conduzi-los com tato e paciência. A súbita e inoportuna revelação da nova condição em que se encontram poderá colocá-los em lamentável estado de choque emocional. Temos que compreender que é difícil àquele que não acredita na sobrevivência admitir que, a despeito da descrença em si mesmo, ele sobreviveu.

Em *Reformador* de setembro de 1975, no artigo "Lendo e comentando", está relatado um caso desses, tratado com extrema habilidade e carinho por uma excelente doutrinadora inglesa. O Espírito, por nome Tom, vivera agarrado aos seus bens e, especialmente, ao seu ouro, e, na sua imaginação, continuava a manipular as *moedas*, no mundo espiritual, totalmente desligado da nova realidade que vivia. Aos poucos, vai sendo conduzido a admiti-la.

2.2.12 O intelectual

Nem sempre é materialista. A escala cromática aqui é ampla e variada. Encontramo-los de todos os feitios, variedades e tendências. Há os descrentes, indiferentes, materialistas, espiritualistas, religiosos ou não. Foram escritores, sacerdotes, artistas, poetas, médicos, advogados, nobres, ricos, pobres. Quase sempre se deixaram dominar por invencível vaidade, fracassando na provação da inteligência.

No binômio cérebro/coração, no qual o homem deve buscar equilíbrio, deixaram disparar na frente um dos componentes, em sacrifício do outro. Brilhantes, demoram-se na doce e venenosa contemplação narcisista da própria inteligência, fascinados pelos seus mecanismos, sua engenhosidade e os *belos* pensamentos que produzem. Julgam-se geniais — e muitas vezes o são mesmo. São bons argumentadores e, quando movidos para objetivos bem definidos, tornam-se verdadeiramente difíceis de serem despertados, pois se acham solidamente convencidos do poder e da força das suas próprias fantasias, suas doutrinas, seus sofismas e suas autojustificações.

Vemo-los, às vezes, na condição de ex-sacerdotes também, como exímios criadores de tais sofismas. Estudaram profundamente os Evangelhos e a teologia ortodoxa. Leram os seus filósofos, escreveram tratados, pregaram sermões belíssimos, do ponto de vista literário, e tanto consolidaram suas construções, que acabaram acreditando nelas. São estes que constituem o diálogo mais difícil para o doutrinador. Não se exaltam, nem dão murros. Parecem, mesmo, suaves e tranquilos. Têm respostas prontas e engenhosas para tudo, fazem perguntas bem formuladas, procurando confundir, para desarvorar o interlocutor.

Ao cabo de algum tempo de observação atenta, descobrimos que o intelectualismo é como qualquer outra forma de fuga; é também um esconderijo para o Espírito que reluta em enfrentar uma realidade dolorosa.

Se conseguirmos restabelecer o vínculo, que sempre deverá existir entre cabeça e coração, estaremos a caminho de ajudá-lo. Narrarei um caso prático, para ilustrar o que desejo dizer com isso.

O companheiro apresentou-se irônico, aparentemente muito seguro de si. É culto, inteligente, bom sofista, versado em Filosofia, em Teologia e até mesmo nos textos evangélicos, que cita com a maior facilidade e propriedade. Conversamos longamente, e ele não perde oportunidade de ridicularizar-me ante minha pobreza intelectual e cultural. Num momento de incontida irritação, chama-me de débil mental e idiota, mas logo se contém, ao ser repreendido por um companheiro desencarnado de mais elevada hierarquia, como depois verificamos.

Mesmo com a voz pausada, deixa escapar suas terríveis ameaças, dizendo que nosso barco vai virar e seremos empurrados para o fundo, com barco e tudo.

— Dessa vez — diz ele — não vai ser fácil. Você vai cair do galho, macaco!

Segundo diz, há muito me segue e tem vontade de dizer algumas verdades na minha cara, porque ainda tenho muito do homem velho, com o que concordo plenamente. Não sabe por que não as diz, pois está certo de que, se isso acontecesse, naquela mesma noite o grupo estaria liquidado (está, certamente, sentindo os controles do médium). Fala do cerco que me vem fazendo, até mesmo nas minhas atividades profissionais, e refere episódios verídicos, para demonstrar sua familiaridade com o que diz respeito à minha vida particular. Conclui dizendo que, há tempos, quase conseguiram derrubar-me (há sempre um *quase*, na bondade infinita de Deus, quando nos empenhamos na tarefa abençoada de servir).

Ao cabo de longa conversa, despede-se, algo sonolento, mas firme nas suas convicções. Oro por ele durante toda a semana e, na reunião seguinte, ele volta.

Não está mais tão irônico e seguro de si, como da primeira vez. Perdeu a aparente serenidade, revelando-se profundamente irritado, furioso mesmo, ameaçador, agressivo, impaciente. Deve ser por causa da perda do valoroso companheiro que na semana anterior o advertira, quando me chamou de débil mental e que, com a graça de Deus, conseguimos despertar.

Declara-se um líder, e que, se eu tivesse visão espiritual, veria que todos os seus companheiros estão ali, atrás dele, como um bloco. Estão prontos e dispostos a desencadear a luta. As ameaças são terríveis, mas sinto-o mais desesperado do que rancoroso. Diz que transpusemos todas as barreiras e que é preciso um *basta*.

Enquanto conversamos, outro médium do grupo avisa-me que ouve bimbalhar de sinos e, em seguida, sons de órgão. Ele também ouve, mas recusa-se a reconhecer a situação, que, obviamente, teme, e insiste em retomar o debate filosófico-religioso. É a fuga desesperada ante toda e qualquer aproximação da emoção, que não seja o frio jogo de palavras a que está habituado e que o anestesia espiritualmente.

De vez em quando, dirige-se, irritado, a alguém invisível, que lhe cita trechos evangélicos. Em uma dessas, diz, nervoso:

— Eu sei. Capítulo 4, versículo 19, Primeira aos coríntios.[12]

Segundo me diz o outro médium, a música prossegue a vibrar dentro dele. A essa altura, ele começa a apalpar o seu médium: a face, os olhos e o corpo, demorando-se nas mãos. Começa sutilmente a crise. Ele conclui, em voz alta, que são mãos de um organista (que o médium foi, realmente, em antiga encarnação, na Alemanha). Pouco depois, ainda irritado, ante minha evidente falta de acuidade, diz-me que é cego! E mesmo assim domina, é um líder!, informa, satisfeito consigo mesmo. Sinto por ele uma compaixão infinita e me dirijo a ele com ternura, como se a pedir-lhe que me perdoe por não ter notado isso antes. Pergunto se permite que tentemos curá-lo, e ele recusa energicamente.

A essa altura, não consegue mais evitar que a música domine todo o seu ser. Fala sobre acordes que lhe causam verdadeiros choques. A crise aprofunda-se e ele ouve agora, irresistivelmente, a música sublime de um organista incomparável. Tenta desesperadamente fugir dela, tapa os ouvidos, bate com os cotovelos na mesa, cantarola uma canção, e diz a si mesmo:

— Reaja, frouxo!

---

[12] Nota do autor: "Mas, irei logo onde estais, se for da vontade do Senhor; e então, conhecerei, não a palavra desses orgulhosos, mas o seu poder."

Mas a torrente daquela música divina, que ele tem o privilégio de ouvir, arrasta-o irresistivelmente. Segundo me informam do mundo espiritual, ele costumava ouvir os recitais sempre do mesmo lugar, na terceira fila à direita. Digo-lhe isso, enquanto ele parece também reconhecer, daquele tempo, o seu médium atual.

Por fim, graças a Deus, a emoção daquela música inesquecível domina-o inapelavelmente. Está arrasado e murmura:

— Ele é um monstro... Tudo nele é grande...

Refere-se, por certo, ao organista que, do invisível, toca para ele neste momento. Logo a seguir, começa a chorar, vencido pela emoção que há tanto sufocou em seu coração generoso. A música que ele amava, e compreendia como poucos, foi o instrumento sutil que a Misericórdia divina utilizou para restabelecer o perdido contato entre coração e mente, que andavam divorciados.

Trato-o com infinito carinho e amor fraterno, e quando lhe peço perdão pela dor que lhe causamos naquela crise necessária, ele retruca, entre irritado e confuso:

— Não peça perdão, seu tolo!

Em seguida parte, ainda em pranto e com a visão recuperada.

2.2.13 O vingador

Vingar-se é ir à forra, punir alguém por aquilo que fez ao vingador e, por isso, vingança é uma palavra-chave nos trabalhos de desobsessão e esclarecimento. Aquele que se dedica a essas tarefas, precisa estudá-la a fundo, suas origens, suas motivações, seus mecanismos e as soluções que lhe estão abertas.

É preciso entender o vingador e aceitá-lo como ele se apresenta, se é que pretendemos ajudá-lo, pois ele é, antes de tudo, um prisioneiro de si mesmo, por meio da sua cólera e da sua frustração. Sua maior ilusão é a de que a vingança aplaca o ódio, quando, na realidade, o alimenta e o mantém vivo. Sua lógica é, ao mesmo tempo, fria e apaixonada, calculada e impulsiva, paciente e violenta, e sempre implacável. Envolvido no seu processo, ele nem sequer admite o perdão, e é capaz de perseguir sua vítima através de séculos e séculos, ao longo de muitas vidas, tanto aqui, na carne, como no mundo espiritual.

Quase sempre a vingança desdobra-se a partir de um caso pessoal, mas é comum encontrarmos também o vingador impessoal, aquele que trabalha para uma organização opressora. Ainda veremos isso mais adiante.

O vingador observa, planeja e espera a ocasião oportuna e o momento favorável. Não se precipita, mas não esquece: sempre que pode, interfere, ainda que seja somente para espetar uma agulha em sua vítima indefesa.

Casos tremendos e persistentes de obsessão vingativa resultam de amores frustrados, traídos ou indiferentes. Paixões irrealizadas ou aviltadas despertam os mais profundos sentimentos de revolta. De outras vezes, são crimes horrendos, como assassinatos, espoliações, desonras, difamações, iniquidades de toda sorte.

O vingador é aquele que tomou em suas mãos os instrumentos da Justiça divina. Não confia nela, ignora-a ou não tem paciência de esperar por ela. Não sabe, ainda, que o reajuste virá fatalmente, por meio da lei de causa e efeito. Todo aquele que fere com a espada, há de ser ferido por ela, segundo nos advertiu o Cristo. É certo, porém, que chegado o momento do resgate, a lei não exige que alguém — seja quem for — tenha que empunhar a espada para ferir o irmão devedor. Pode dar-se muito bem que ele se fira acidentalmente, caindo sobre um instrumento, por exemplo, ou morrendo numa intervenção cirúrgica, em princípio destinada a preservar-lhe a vida e, portanto, sem nenhuma intenção de cortar o fio que mantém unidos corpo físico e perispírito.

Em mensagem transmitida a Francisco Cândido Xavier, Irmão X narra um episódio desses, em que uma atrocidade praticada no ano 177, ao tempo de Marco Aurélio, veio a ser cobrada pela lei, na tragédia de 17 de dezembro de 1961, na cidade fluminense de Niterói. As simetrias são perfeitas. Não faltou um só elemento nessa cobrança coletiva e despersonalizada. Aqueles que ajudaram a promover o dantesco episódio de Lyon, há quase dezoito séculos, reuniram-se no circo de Niterói. As mesmas correrias, o mesmo atropelo, a mesma passagem estreita por onde alguns escaparam ao inferno.[13]

Tivemos, certa vez, um caso de vingança que muito nos marcou. Alguém nos pedira ajuda espiritual para uma jovem em constante estado de revolta, angústia e desajuste. Colocamos seu nome em nosso caderno de preces e aguardamos. Sem muita demora, duas ou três semanas após, compareceu ao grupo o Espírito indignado de seu perseguidor, e a história desenrolou-se. Fora seu esposo em antiga existência, na Idade Média. Eram gente abastada e provavelmente da nobreza, pois viviam num castelo. Seu drama é que, segundo ele, *todos os dias*, através dos séculos decorridos, à mesma hora, ele abre determinada porta, já sabendo o que vai encontrar: a cena inesquecível do flagrante de traição. Matou-a e suicidou-se, segundo os deformados "códigos de honra" daquela época. No entanto, a tragédia, longe de pacificar seu coração ou aplacar seu rancor, ainda mais o exacerbou, porque sofreu horrores, não apenas por causa do assassinato da esposa, como também em razão do horrendo crime do suicídio. As dores que se seguiram consolidaram seu

---

[13] "Tragédia no circo", *Reformador* de março de 1962.

ódio, e, desde então, ele perseguiu o Espírito da antiga amada. Tanto ele como ela tiveram outras vidas, nesse ínterim, e ela estava novamente encarnada. Seu desejo, agora, era o de levá-la ao suicídio (a jovem sofria realmente de impulsos suicidas), para tê-la totalmente sob seu domínio. Ele sabe da sua responsabilidade e está bem consciente de que responderá pelos novos crimes que pratica para vingar-se, mas isso, para ele, não importa; o que interessa no momento — e esse momento dura séculos! — é a vingança em si mesma. Por outro lado, os vingadores sempre esquecem, ou ignoram, que não há sofrimento sem motivo. No caso, se ele sofreu traição, é porque, por sua vez, já traiu também, no passado. E como poderemos negar indefinidamente o perdão de uma falta cometida contra nós — por mais grave que seja — se também precisamos de que as nossas próprias faltas sejam perdoadas?

Mas, em situações como essas, há um curioso processo emocional que o doutrinador precisa conhecer e empregar. É o paradoxo do ódio-amor. O vingador pensa odiar uma criatura que ele ainda ama, a despeito de tudo. Se a odiasse simplesmente, já a teria esquecido e não se manteria preso a ela durante tanto tempo. Parece que lhe restou uma esperança de reconquista, dolorosa, tênue, inconsciente, mas persistente.

No caso sob exame, foi realmente o que os salvou do tenebroso drama. Lembrei-me de perguntar se não tinham tido filhos. Realmente tiveram, duas criaturinhas encantadoras, um casal, que ele ternamente dizia que eram dois anjos. Disse-me, ainda, que atrás da porta seguinte, que ele se recusava sempre a transpor, sabia que encontraria os filhos amados. Era preciso, no entanto, manter acesa a chama rubra do ódio que, temia ele acertadamente, não poderia subsistir ao lado da doçura do amor paterno, que o colocaria em uma situação de ternura que ele queria evitar.

Na sessão seguinte, trouxeram-lhe, por desdobramento, o Espírito da ex-esposa. Houve um diálogo emocionado, do qual percebíamos apenas as suas falas. Sente-se vazio e cansado. Não tem mais ânimo, nem para vingar-se.

— Você é um trapo, e eu também — diz a ela. — Somos dois trapos. Vá em paz que não a perseguirei mais. Que Deus nos abençoe...

E adormeceu.

É extremamente complexo o processo da vingança. De certa forma, a lei universal nos proporciona os elementos para exercê-la, porque, com sua falta contra nós, aquele que nos feriu colocou-se à mercê da reparação, quase sempre dolorosa. E, por isso, o vingador sente-se um instrumento da Justiça divina, com todo o direito de exercê-la, esquecido de que está reassumindo um compromisso que, em parte, havia resgatado pela própria aflição que procura punir a seu modo. Por outro lado, ao mesmo tempo em que ele se vinga, o ofensor libera-se pela dor, e acaba, ao longo do tempo, por situar-se fora de seu alcance, enquanto ele, o perseguidor, continua preso à sua problemática e, portanto, às suas angústias, com um passivo enorme de faltas ainda por resgatar.

Ao vingar-se, ele reabre o ciclo da culpa e expõe-se, por sua vez, novamente à lei, que se voltará contra ele, alhures no tempo e no espaço.

Se conseguirmos convencer o vingador da lógica férrea desse mecanismo, estaremos em condições de ajudá-lo a libertar-se; caso contrário, ele seguirá escravo da sua própria vingança, uma vez que o livre-arbítrio, que lhe faculta a decisão de agir, responde do mesmo modo, pelas consequências amargas e inelutáveis que provoca. Não há outras opções: ou ele perdoa e segue à frente, ou insiste em cobrar, e demora-se nas sombras do sofrimento.

Consideramos diferentemente o obsessor e o vingador. Embora tenham muito em comum, nos seus métodos de ação e no que poderíamos chamar de sua filosofia, eles diferem sutilmente: obsessão muitas vezes é vingança, mas a vingança não é, necessariamente, um processo obsessivo. Não sei se me faço entender. O Espírito pode vingar-se longa e profundamente, sem desencadear obsessões à sua vítima, empenhando-se apenas em criar-lhe dificuldades e dores, angústias e frustrações. É que o Espírito, encarnado e desencarnado, que sofre um processo vingativo está, de certa forma, à mercê de seu algoz, porque ao errar expôs-se ao reajuste; mas, mesmo devendo, perante a lei desrespeitada, poderá estar a salvo da obsessão em si mesma. Assistimos, às vezes, à vingança indireta. Sem poderem, por qualquer razão, atingir a vítima visada, os "cobradores" alcançam-na fazendo sofrer aqueles que a cercam e que, por suas falhas pessoais e por suas conexões espirituais com a vítima, são impiedosamente sacrificadas ao ódio.

De um pobre irmão, envolvido em antiquíssima trama vingativa, alguém ouviu dizer, certa vez:

— Sou o responsável por todas as dores que os teus vêm sofrendo há muito tempo...

Isto não quer dizer que a vítima indireta seja invulnerável ou inatingível pela santificação; é que, empenhada em sincero e honesto processo de recuperação, dedicado à prece, ao serviço ao próximo, à melhora íntima, coloca-se sob a proteção da própria Lei divina, que lhe concede um crédito de confiança, pois as culpas são resgatadas também por meio do amor e não apenas da dor...

Atenção, porém, para um pormenor: isto não significa que sofram os justos pelos devedores, nem os pais pelos filhos, ou a esposa pelo marido. Não há sofrimento inocente na Justiça divina. O que acontece, nesses casos, é que o vingador atinge a vítima (que se colocou fora de seu alcance) por meio daqueles que lhe são caros, mas que também se acham em débito perante a lei, por motivos outros.

2.2.14 Magos e feiticeiros

Os trabalhadores da desobsessão não devem ignorar a realidade da magia negra, a fim de não serem tomados de surpresa nas suas tarefas redentoras. Com frequência, terão oportunidade de observar tentativas de envolvimento do grupo e de seus componentes, ou de pessoas que dele se socorrem, promovidas por antigos magos e feiticeiros que, no mundo espiritual, persistem nas suas práticas e rituais.

Extremamente complexo e delicado, especialmente porque é escassa, nesse particular, a literatura doutrinária de confiança existente, o assunto precisa ser abordado com muita prudência e lucidez.

O tema não ficou indiferente a Kardec, como podemos verificar do exame das questões 551 a 557, de *O livro dos espíritos*, sob o título "Poder oculto. Talismãs. Feiticeiros". Os Instrutores do eminente Codificador colocaram a questão naquele clima de prudência e lucidez de que há pouco falávamos. Obviamente, a época não estava madura para o aprofundamento do problema, nem seria isto apropriado no livro básico da Doutrina Espírita, cujo escopo era o de entregar aos homens uma síntese didática acerca do Espírito e suas manifestações, do seu relacionamento com Deus e com o universo. Disseram, porém, o suficiente para formular-se um juízo sobre a matéria, levando em conta as superstições que prevaleciam àquele tempo.

Foram muito sóbrios os Espíritos, limitando-se a respostas sumárias que, não obstante, deixaram aberturas para futuros desdobramentos. Ensinaram, por exemplo, que um "homem mau" não poderia, "com o auxílio de um mau Espírito que lhe seja dedicado, fazer mal ao seu próximo", porque "Deus não o permitiria".

A despeito da notável economia de palavras, o pensamento contido nesse período é, ao mesmo tempo, amplo e exato. Naquilo que Deus não o permite, realmente, nada podem fazer os Espíritos ainda voltados para o mal — e essa é a nossa proteção, pois o que seria de nós se tudo lhes fosse permitido? Quando, porém, nos credenciamos a esse amparo? Talvez seja melhor reformular a questão: Quando nos tornamos vulneráveis e, portanto, expostos à cobrança? A partir do momento em que nos atritamos com as Leis divinas, colocando-nos, portanto, não fora de sua proteção, não abandonados por Deus, mas submetidos às consequências de nossas próprias ações. É assim que um Espírito faltoso coloca-se, por exemplo, ao alcance de dores inomináveis, como a da obsessão. Realmente, seria desastroso que qualquer Espírito desajustado pudesse fazer conosco o que bem entendesse, mas estejamos certos de que, ao cometer nossos desatinos, abrimos a eles as portas da nossa intimidade. O próprio Cristo advertiu-nos de que, se não nos reconciliássemos com os nossos adversários, eles nos levariam ao juiz, e o juiz nos mandaria à prisão, donde somente seríamos liberados depois de cumprida toda a pena, até o último centavo.

Quanto à crença no poder de enfeitiçar, os Espíritos foram cautelosos, declarando que tais fatos são naturais, mal observados e, sobretudo, mal compreendidos, mas que algumas pessoas dispõem de grande *força magnética*, de que podem fazer mau uso, se maus forem seus próprios Espíritos, caso em que possível se torna serem secundados por outros Espíritos maus.

Sobre as fórmulas, esclarecem que todas são mera charlatanaria, e prosseguem:

Não há palavra sacramental nenhuma, nenhum sinal cabalístico, nem talismã, que tenha qualquer ação sobre os Espíritos, porquanto estes só são atraídos pelo pensamento e não pelas coisas materiais.

Kardec, no entanto, insistiu, com a pergunta 554, assim formulada:

Não pode aquele que, com ou sem razão, confia no que chama a virtude de um talismã, atrair um Espírito, por efeito mesmo dessa confiança, visto que, então, o que atua é o pensamento, não passando o talismã de um sinal que apenas lhe auxilia a concentração?.

"É *verdade*" — respondem os Espíritos —; "mas da pureza da intenção e da elevação dos sentimentos *depende a natureza do Espírito que é atraído* [...]" (grifo nosso).

Do que se depreende que o talismã, em si, nada vale, mas funciona como uma espécie de condensador de energias psíquicas emanadas do operador que, pelo pensamento, atrai os seres desencarnados que lhe são afins.

Realmente, como muito bem observa Kardec, em nota de sua autoria, em seguida à questão 555:

O Espiritismo e o magnetismo nos dão a chave de uma imensidade de fenômenos sobre os quais a ignorância teceu um sem-número de fábulas, em que os fatos se apresentam exagerados pela imaginação [...].

Lamentavelmente não temos ainda um estudo aprofundado dessa curiosa temática, mas é certo que o Espiritismo tem condições para desmistificar muito da complicada e, às vezes, ingênua ritualística da magia, retirando-lhe a aura de mistério e ocultismo, para explicá-la em termos de conhecimento científico, aberto, racional, dentro do contexto das leis naturais. O Espiritismo não ignora o fenômeno, nem o nega, como vimos. A Doutrina empenha-se em negar o caráter sobrenatural que alguns procuram atribuir aos fenômenos, bem como as inúteis complicações dos ritos, fórmulas, invocações, posturas, símbolos, apetrechos e instrumentos de que se valem os operadores, que não passam de médiuns agindo em consonância com seus companheiros desencarnados.

Sobre a influência dos astros, por exemplo, ensina Emmanuel[14] que:

> As antigas assertivas astrológicas *têm a sua razão de ser*. O campo magnético e as conjunções dos planetas influenciam no complexo celular do homem físico, em sua formação orgânica e em seu nascimento na Terra; porém, a existência planetária é sinônimo de luta. Se as influências astrais não favorecem a determinadas criaturas, urge que estas lutem contra os elementos perturbadores, porque, acima de todas as *verdades astrológicas*, temos o Evangelho, e o Evangelho nos ensina que cada qual receberá por suas obras, achando-se cada homem sob as influências que merece (grifo nosso).

Dentro dessa mesma linha de pensamento, reconhece o esclarecido mentor, as influências que podem exercer, sobre

---

[14] XAVIER, Francisco Cândido. *O Consolador*, q. 140, FEB.

Espíritos encarnados ou desencarnados, os nomes que recebem, por causa da "simbologia sagrada das palavras". Também os números "possuem a sua mística natural", segundo suas vibrações. Os próprios objetos armazenam energias que ainda não estão bem definidas para nós.

"Os objetos" — responde Emmanuel à questão 143 —, "mormente os de uso pessoal, têm a sua história viva e, por vezes, podem constituir o ponto de atenção das entidades perturbadas, de seus antigos possuidores no mundo; razão por que parecem tocados, por vezes, de *singulares influências ocultas*, porém, nosso esforço deve ser o da libertação espiritual, sendo indispensável lutarmos contra os fetiches, para considerar tão somente os valores morais do homem na sua jornada para o Perfeito" (grifo nosso).

O assunto mereceu também observações, ainda que sumárias, de André Luiz, em *Evolução em dois mundos*, capítulo 17 — livro que talvez ainda levemos meio século para desdobrar em todas as suas implicações. Diz o autor espiritual que, a certo ponto da história evolutiva...

> [...] iniciou-se o correio entre o plano físico e o plano extra-físico, mas, porque a ignorância embotasse ainda a mente humana, os médiuns primitivos nada mais puderam realizar que a *fascinação recíproca*, ou *magia elementar*, em que os desencarnados, igualmente inferiores, eram aproveitados, *por via hipnótica*, na execução de atividades materialonas, sem qualquer alicerce na sublimação pessoal.

E prossegue:

> Apareceu então a goecia ou *magia negra*, à qual as Inteligências superiores opuseram *a religião por magia divina*, encetando-se a formação da mitologia em todos os setores da vida tribal.

Os desencarnados

[...]
A luta entre os Espíritos retardados na sombra e os aspirantes da luz encontrou seguro apoio nas almas encarnadas *que lhes eram irmãs.*

Desde essas eras recuadas, empenham-se o bem e o mal em tremendo conflito *que ainda está muito longe de terminar,* com base na mediunidade consciente ou inconsciente, técnica ou empírica.

Essa digressão introdutória tornou-se indispensável para que a nossa penetração no lusco-fusco da magia conte com um suporte de bom senso e racionalismo, a funcionar como fio de Ariadne, que nos permita transitar pelos seus meandros, sem o menor temor de perder o caminho de volta.

Não resta dúvida de que os fenômenos elementares de magia reportam-se às eras primitivas, como nos assegura André Luiz. Embora os autores especializados procurem distinguir magia de feitiçaria — e ainda veremos isto um pouco adiante — a Enciclopédia Britânica lembra que o termo inglês para esta última, *witchcraft*, quer dizer a arte ou ofício do sábio, uma vez que a raiz semântica da primeira seção da palavra, *witch*, está associada com a palavra *wit*, saber.

Realmente, os magos, originários, segundo Lewis Spence,[15] da antiga Pérsia, eram cultores da sabedoria de Zoroastro. Possivelmente da raça média, adquiriram enorme prestígio, especialmente, ao que parece, depois que Ciro os institucionalizou, ao fundar o império persa, sobre o qual exerceram considerável influência político-religiosa. É evidente que esse prestígio tinha que ser alicerçado em rico acervo de conhecimentos, pois o homem sempre respeita e, às vezes, teme aquele que sabe.

---

[15] *An Encyclopaedia of Occultism*, University Books, New York, 1960.

"Religião, filosofia e ciência" — escreve Spence — "estavam todas em suas mãos. Eram médicos universais que curavam os doentes do corpo e do espírito e em estrita consistência com essas características, socorriam as mazelas do Estado que é apenas o homem em sentido mais amplo."

Distribuíram-se em três graus: os discípulos, os professores e os mestres, o que vale dizer que o conhecimento de que dispunham os grandes mestres era ministrado por processos iniciáticos, à medida que o discípulo revelava condições de absorvê-lo e aplicá-lo rigorosamente, segundo os métodos e interesses da Ordem.

A organização correspondeu generosamente ao apoio que recebeu de Ciro, muito contribuindo, com seus recursos, para consolidação das conquistas do rei persa, mas, por volta do ano 500 a.C., entrou em desagregação, especialmente por causa da tenaz perseguição de Dario Histaspes. Emigrações em massa espalharam-nos pela Capadócia e pela Índia, mas ainda eram uma força respeitável ao tempo de Alexandre, o Grande (356-323 a.C.) que, segundo Spence, sentiu-se enciumado de seus poderes.

São profundas as implicações da magia em alguns cultos religiosos, mais intensamente, é claro, nos primitivos, tanto quanto na Medicina, na Astrologia, no magnetismo, na alquimia e em certas correntes místicas que prevalecem até hoje.

Lewis Spence declara, no seu erudito verbete, que, a seu ver, misticismo e magnetismo são idênticos para alguns ocultistas, entre os quais cita, em tempos recentes, Auguste Comte, o Barão du Potet e o Barão de Guldenstubbé, este último autor do livro *La Realité des Esprits*, publicado em 1857.[16]

Sir James Frazer[17] considera magia e religião uma só coisa, tão identificadas se acham entre si. Isto é provavelmente

---

[16] Nota do autor: Ver "O Tempo, o preconceito e a humildade", em *Reformador*, ago. 1975.

[17] Nota do autor: *The Golden Bough*, MacMillan, New York, 1951. Eruditíssimo tratado

verdadeiro para as primitivas crenças, mas não para as religiões mais recentes, que embora conservem sinais exteriores dos antigos cultos — símbolos, ritos, fórmulas, encantações —, perderam contato com os seus aspectos esotéricos.

Um conceito reproduzido por Spence informa-nos que o apelo aos deuses constitui prática religiosa, enquanto a prática da magia tenta forçá-los à complacência. A religião é frequentemente oficial e quase sempre organizada, enquanto a magia é, usualmente, proibida e secreta.

Embora Spence nos fale da magia na Pérsia, sabemos que ela floresceu amplamente no Egito, muito antes da época citada na sua obra. Os livros mediúnicos de Rochester, vários deles publicados pela FEB, narram, com minúcias de extremo realismo, processos terríveis de magia e ocultismo, como em *O chanceler de ferro* e *Romance de uma rainha*.

O segundo livro do Antigo Testamento — o *Êxodo* — especialmente nos capítulos de 5 a 13, narra o duelo entre os magos egípcios e hebreus, ante a aturdida expectativa de todo o país.

Já antes disso, no capítulo 4, os guias espirituais de Moisés conferem-lhe poderes ostensivos, pois certamente ele deveria conhecer bastante acerca dos rituais e da teoria que os sustentava.

O Espírito que se apresenta como Jeová ordena que conduza o povo hebreu para fora do Egito, mas Moisés revela sua impotência em convencer sua gente a segui-lo.

— Não acreditarão em mim — diz ele — nem ouvirão a minha voz, pois dirão: Jeová não te apareceu coisa alguma.

— Que tens tu na mão? — pergunta-lhe Jeová.

— Um cajado.

---

sobre magia e religião que, mesmo em forma condensada, apresenta-se com 827 páginas de texto. A obra completa consta de 12 volumes.

— Atira-o ao chão.

Mal atirado ao solo, o cajado transformou-se numa serpente.

Ante o temor de Moisés, o Espírito disse-lhe que a agarrasse pelo pescoço, o que ele fez, voltando a serpente a ser um mero cajado.

Essa mesma "mágica", no melhor sentido da palavra, Moisés faria diante do Faraó e sua corte.

Segundo Will Durant,[18] a crença na feitiçaria, na Idade Média, era praticamente universal. *O livro da penitência*, do Bispo de Exeter, condena as mulheres "que professam a faculdade de modificar a mente dos homens pela feitiçaria, ou encantamento, como do ódio para o amor ou do amor para o ódio, bem como enfeitiçar ou roubar os bens dos homens", ou ainda as que declaram "cavalgar durante certas noites certos animais, com um bando de demônios em formas femininas, ou estarem em companhia de tais".

Quando a Igreja resolveu entrar em cena para coibir a prática, criou-se um clima de terror que, ao mesmo tempo em que combatia as crendices, parecia atribuir-lhes certa substância, que mais as autenticavam na imaginação do povo inculto, porque ninguém combate aquilo que não teme. As consequências dessas impiedosas perseguições foram danosas e lamentáveis para o entendimento do fenômeno mediúnico, e é bem provável que a notícia que os Espíritos superiores vieram trazer a Kardec, no século XIX, pudesse ter sido antecipada de um século ou mais, se em vez de queimar os médiuns medievais, sob a acusação de que mantinham pactos com o demônio, procurassem estudá-los com respeito e interesse. A despeito disso, não foram poucos os prelados católicos que, durante toda a existência, mantiveram cultos paralelos de magia negra, com os seus estranhos rituais.

---

[18] *The Age of Faith*, Simon and Schuster, New York, 1950.

Ao escrevermos este livro, o mundo moderno assiste, algo perplexo, a um fantástico ressurgimento da magia negra e da feitiçaria, por toda parte e, desta vez, não nos países menos desenvolvidos ou primitivos, e sim nos de mais avançada tecnologia e mais sofisticada cultura, como a Inglaterra, os Estados Unidos, a França, a Itália.

A Britânica, tanto quanto *Sir* James Frazer, atribui à magia origens nitidamente religiosas, sob a forma de cultos à base de animais sacrificados. Oferendas de sangue e de estranhas substâncias eram feitas para propiciar os deuses em troca de favores, fosse em benefício de alguém ou com a intenção de destruí-lo.

Entre os ritos destinados a destruir um inimigo, por exemplo, o mais antigo, dramático e conhecido consiste em modelar uma pequena estátua representativa da vítima, geralmente em cera, e, com os métodos apropriados, espetá-lo com agulhas e punhais.

Seria impraticável, num resumo como este, repassar todo o campo da magia e empreender sua avaliação em termos de Doutrina Espírita; poderemos, não obstante, tentar oferecer algumas noções colhidas em alentados livros, facilmente encontráveis no mercado, praticamente em todas as línguas vivas.

Um desses autores é o médico francês, Dr. Gérard Encausse, contemporâneo de Allan Kardec, que, sob o pseudônimo de Papus, escreveu abundantemente sobre o assunto. Seu filho, o Dr. Philippe Encausse, também médico, revelou igual interesse pela matéria, produzindo algumas obras sobre o assunto, como *Sciences Occultes et Déséquilibre Mental*.

Colheremos algumas informações na obra de Papus intitulada *Tratado elementar de magia prática*.[19]

---

[19] Tradução de Enediel Shaiah, 1974, 5. ed. Editorial Kier, Buenos Aires, do original francês *Traité Élémentaire de Magie Pratique*.

Antes de mergulharmos no seu livro, creio útil transmitir ao leitor espírita uma ideia da posição de Papus em relação ao Espiritismo. Escreve ele, na página 11 de seu livro:

> Existe, não obstante, uma forma de experiências mágicas próprias para as pessoas pusilânimes, e que aconselharemos a quantas desejarem divertir-se, dedicando, à sobremesa, alguns momentos aos fenômenos de espiritismo. Nada têm de difíceis e sim muito consoladores, e, afinal de contas, situam-se a tal distância da verdadeira magia, que não há a temer nenhum acidente sério, desde que não se esqueça da precaução de deixar as coisas no momento oportuno.

Ao apreciar alguns aspectos da magia, da qual o Dr. Encausse é admirador ardoroso, tentemos não ser tão radicais e superficiais como ele, em relação ao Espiritismo.

Papus acata o princípio, também lembrado por *Sir* James Frazer, acima citado, segundo o qual o mecanismo da magia precisa de um veículo entre a vontade humana e as coisas inanimadas. Na opinião de *Sir* James Frazer, toda a magia baseia-se na lei da simpatia, ou seja, "as coisas atuam umas sobre as outras, a distância, por estarem secretamente ligadas entre si por laços invisíveis".

"Para isso" — escreve Papus — "o operador deverá *aplicar sua vontade*, não sobre a matéria, mas sobre aquilo que incessantemente a modifica, o que a ciência oculta denomina o plano de formação do mundo material, ou seja, *o plano astral*" (o primeiro grifo é nosso; o segundo, do autor).

Esse plano, os magos concebem como sendo as forças da natureza, das quais, por certo, tanto se utilizam os trabalhadores do bem, como os outros.

"Não cabe dúvida" — prossegue Papus — "que são as forças da natureza que o mágico deverá pôr em ação, *sob o influxo da sua vontade*; mas que classe de forças são essas?"

Diz ele que são as forças hiperfísicas, assim entendidas as que apenas diferem das energias meramente físicas nas suas origens, pois emanam de seres vivos e não de mecanismos inanimados.

No fenômeno da pronta germinação, crescimento da planta e produção de frutos, que alguns faquires teriam realizado, segundo testemunhos nos quais Papus acredita, aconteceria apenas uma abundante doação, à semente, e depois à planta e ao fruto, das energias orgânicas do faquir, que se poriam em consonância com as energias armazenadas na semente. Diz Papus:

> A vontade do faquir põe em ação uma força capaz de desenvolver, em algumas horas, a planta, que, em condições normais, levaria um ano para atingir aquele ponto de crescimento. A dita força não tem muitos e diversos nomes de bom sentido; pura e simplesmente, chama-se vida.

A magia seria, portanto, uma ação consciente da vontade sobre a vida. A definição completa proposta por Papus é a seguinte: "É a aplicação da vontade humana dinamizada à evolução rápida das forças vivas da natureza".

À página 91, resume ele a sua teorização, ao dizer que são três as maneiras de agir sobre a natureza:

> 1ª — *Fisicamente*, modificando a estrutura do ser ou de um ponto qualquer na natureza, pela aplicação exterior de forças físicas, que utiliza o trabalho do homem. A agricultura, em todas as categorias, a indústria, com todas as suas transformações, entram neste quadro.
>
> 2ª — *Fisiológica* ou *astralmente*, modificando a estrutura de um ser, por meio da aplicação de certos princípios e de certas forças, não à forma exterior, mas aos fluidos que circulam

dentro do aludido ser. A Medicina, em todos os seus ramos, é um exemplo desse caso, e haveremos de declarar que a Magia (ele a escreve com letra maiúscula, embora escreva Espiritismo com letra minúscula) admite a possibilidade de influir sobre os fluidos astrais que atuam na natureza e sobre os que atuam nos homens.

3ª — *Psiquicamente*, atuando diretamente, não sobre os fluidos, mas sobre os princípios que os põem em movimento.

Vamos conferir:

"Colaboradores desencarnados" — escreve André Luiz[20] — "*extraíam forças de pessoas* e coisas da sala, *inclusive da natureza* em derredor, que casadas aos elementos de nossa esfera faziam da câmara mediúnica precioso e complicado laboratório" (grifo nosso).

O resto é aplicação prática desses princípios: se os orientamos para o bem, obteremos resultados positivos; se os dirigirmos para o mal, arcaremos com a responsabilidade correspondente. E é precisamente na aplicação que mais veementes restrições o Espiritismo teria a fazer à magia, ainda que sem tocar os tenebrosos domínios da magia negra.

Ao cuidarem dos problemas da obsessão, por exemplo, mesmo os adeptos mais bem informados da magia, revelam um despreparo comovedor, atribuindo a base do fenômeno à formação das chamadas *larvas*, que se alimentariam da "substância astral" emanada do "imprudente que lhes deu vida". Para a criação dessas larvas, basta que se tenha medo dos ataques de ódio de outra pessoa, e segundo Papus, a prática mediúnica espírita seria uma dessas causas.

Papus oferece dois métodos diferentes para tratamento dessas "obsessões": um de ação indireta, outro de ação direta.

---

[20] *Nos domínios da mediunidade*, cap. 28 – "Efeitos físicos".

Exemplifica ambos. Num deles, em Londres, optou pelo método indireto, magnetizando uma senhora na presença do obsidiado. A mulher, em transe, via uma faixa fluídica pairando em certo recanto da residência da vítima. Orientado pela descrição da mulher, Papus desenhou a faixa num pedaço de papel branco, "consagrado e perfumado", e prosseguiu:

> Terminado que foi o desenho, uma fórmula e uma prece puseram em comunicação a imagem física com a forma astral e então cortamos o desenho em vários pedaços, com a ajuda de uma grande e afiada lâmina de aço. A mulher adormecida declarou que os cortes influíram, incontinente, na forma astral, que, igualmente, se desfez em pedaços.

E, com isto, estaria curada a "obsessão"...

O segundo método (direto) seria recomendável para "os casos em que a obsessão toma um caráter especialmente grave".

Baseia-se no princípio de que as *larvas* e os *elementais* — seres algo animalizados que servem aos magos — alimentam-se da substância astral de que é muito rico o sangue. O método consiste, pois, no seguinte: toma-se uma mecha de cabelos do obsidiado, que deverão ser incensados, consagrando-os segundo o procedimento habitual. Em seguida, o paciente deverá aproximar-se e diante dele se molhará um punhado de seus cabelos no sangue de uma pomba ou de uma cobaia, também consagrados sob a influência de Júpiter ou de Apolo, pronunciando-se o Grande Conjuro de Salomão. Para isto, o oficiante deverá vestir-se de roupas brancas.

Em seguida, colocar o cabelo, molhado em sangue, sobre uma pequena prancha, traçar à sua volta um círculo, desenhando-o com uma mistura de carvão e ímã pulverizado. Escrever no interior do círculo, nos quatro pontos cardeais, as quatro letras do tetragrama sagrado. A seguir, com a espada mágica (ou, na sua falta, com uma ponta de aço comum, com cabo de madeira envernizada) investir energicamente contra os cabelos, ordenando à larva que se dissolva.

Segundo o autor, o processo raramente falha, pelo menos depois de repetido três vezes, de sete em sete dias.

A reprodução destes métodos não tem por objeto aqui ridicularizar o procedimento daqueles que os praticam, pois como seres humanos, e irmãos nossos, merecem respeito e consideração; limitamo-nos a expô-los. Aqueles que lidam com graves problemas obsessivos, sabem muito bem que pouca diferença existe entre esse procedimento e o recurso igualmente inócuo do exorcismo eclesiástico. Num ou noutro caso, podem, no entanto, produzir resultados positivos, inteiramente aleatórios, seja porque o Espírito obsessor ficou algo impressionado com as complexidades do ritual, ou porque resolveu, *sponte sua* [por sua própria iniciativa], abandonar sua vítima; mas é raro que um obsessor ferrenho e tenaz desista definitivamente da luta, apenas porque alguém o ameaçou com uma espada.

Por exemplos como estes, podemos admitir que os verdadeiros segredos da magia perderam-se há muito. Restaram apenas fragmentos de uma técnica que, em tempos idos, foi manipulada com habilidade e competência. Os magos caldeus, persas e egípcios não ignoravam fenômenos elementares como os da obsessão, a ponto de tentarem curá-la com práticas tão ingênuas. Seus recursos e conhecimentos eram muito mais amplos e profundos. Mas, se essa técnica perdeu-se para os encarnados — pelo menos para os que têm escrito os tratados mais conhecidos de magia —, ela se preservou para os Espíritos desencarnados, antigos magos que levaram para a vida póstuma os conhecimentos especializados.

A propósito, parece ainda oportuno reproduzir uma das normas coligidas por Papus:

> Tratai de não vos servir jamais desta arte contra vosso próximo, *a não ser para uma vingança justa*. Mesmo assim, porém, aconselho-vos que é melhor imitar a Deus, que perdoa, e que vos tem perdoado a vós mesmos. E não há ocasião mais meritória do que a de perdoar.

A despeito do apelo ao perdão, quem achará que sua vingança é injusta? Buscando novamente André Luiz, encontramos em *Nos domínios da mediunidade*, capítulo 20, esta observação preciosa de Áulus:

> — Abstenhamo-nos de julgar. Consoante a lição do Mestre que hoje abraçamos, o amor deve ser nossa única atitude para com os adversários. *A vingança, Anésia, é a alma da magia negra*. Mal por mal significa o eclipse absoluto da razão. E, sob o império da sombra, que poderemos aguardar senão a cegueira e a morte?

Outro autor bastante conceituado entre os entendidos é Eliphas Levi. O Dr. Gérard Encausse tem-no em elevada conta e, por várias vezes, em suas obras, refere-se a ele com respeito e admiração. Eliphas Levi também viveu no século XIX e sua obra *Dogma e ritual da alta magia*,[21] por exemplo, foi escrita em 1855, quando o Espiritismo estava ainda na fase preliminar das mesas girantes. Embora sem declarar-se católico, Levi acata os principais dogmas ortodoxos: a divindade de Jesus, a Trindade, a existência do céu e do inferno. A despeito disso, não se furta a algumas críticas veementes, como esta, por exemplo:

---

[21] Editora Pensamento, São Paulo.

A Igreja ignora a magia, porque deve ignorá-la ou perecer, como nós o provaremos mais tarde; ela nem ao menos reconhece que seu misterioso fundador foi saudado no seu berço por três magos, isto é, pelos embaixadores hieráticos das três partes do mundo conhecido, e dos três mundos analógicos da filosofia oculta.

A obra de Papus é bem mais didática e ordenada do que a de Levi, mas os princípios fundamentais identificam-se em vários pontos importantes e ambos consideram o mago como o verdadeiro conhecedor e o feiticeiro como simples imitador. Papus usa uma imagem, dizendo que o mago é o engenheiro da magia, enquanto o feiticeiro é simples obreiro.

"Há uma verdadeira e uma falsa ciência" — escreve Levi —; "uma magia divina e uma magia infernal, isto é, mentirosa e tenebrosa; temos de revelar uma e desvendar outra; temos de distinguir o mago do feiticeiro; e o adepto do charlatão."

O estilo de Levi, como, aliás, o de Papus, também, é algo pomposo, às vezes obscuro e nem sempre muito coerente. Ambos concordam, porém, em que o conceito fundamental da magia está na movimentação, em proveito próprio, dos segredos e forças da natureza.

Levi defende a tese de que a resistência, num sentido, é indispensável para que a força aplicada, em sentido contrário, se robusteça e a vença. Seus dogmas não são menos surpreendentes, como este, por exemplo:

> Assim, para o sábio, imaginar é ver; como, para o mago, falar é criar. Aquele que deseja possuir não deve dar-se. Só pode dispor do amor dos outros aquele que é dono do seu, ou seja, não o entrega a ninguém.

Quanto ao fenômeno das mesas girantes, diz ele, "outra coisa não são senão correntes magnéticas que começam a formar-se, e solicitações da natureza que nos convida, para a salvação da humanidade, a reconstituir as grandes cadeias simpáticas e religiosas". Por isso, atribui "todos os fatos estranhos do movimento das mesas ao agente magnético universal, que procura uma cadeia de entusiasmo para formar novas correntes". Os golpes, *raps* e os instrumentos que tocam, aparentemente sozinhos, "são ilusões produzidas pelas mesmas causas".

Sua descrição da evocação do Espírito de Apolônio de Tiana, em Londres, é de uma riqueza impressionante de minúcias e começa com um sabor de romance de capa e espada, quando ele recebe, dentro de um envelope, no hotel, um cartão cortado transversalmente, com este recado:

"Amanhã, às três horas, diante da abadia de Westminster, vos será apresentada a outra metade deste cartão".

Era uma senhora, e colocou à disposição dele, após os juramentos devidos, arsenal completo, com toda a instrumentação necessária a uma evocação. Ao cabo de complicadíssimo ritual, um Espírito manifestou-se, realmente:

> Chamei três vezes Apolônio, fechando os olhos; e, quando os abri, um homem estava diante de mim, envolto inteiramente por uma espécie de lençol, que me pareceu ser mais cinzento do que branco; a sua forma era magra, triste e sem barba, o que não combinava exatamente com a ideia que primeiro tinha de Apolônio. Experimentei uma sensação extraordinária de frio, e quando abri a boca para interrogar o fantasma, me foi impossível articular um som. Pus, então, a mão sobre o signo do pentagrama, e dirigi para ele a ponta da espada, *ordenando-lhe* mentalmente, por este signo, *a não me amedrontar e a obedecer-me*. Então, a forma ficou mais confusa e ele desapareceu imediatamente. *Ordenei-lhe* que voltasse: então senti passar, junto a mim, como que um sopro, e, alguma coisa tendo-me tocado na

mão que segurava a espada, tive imediatamente o braço adormecido até os ombros. Julguei entender que esta espada ofendia o Espírito, e a plantei, pela ponta, no círculo junto a mim. A figura humana reapareceu logo; mas senti tão grande fraqueza nos meus ombros e um repentino desfalecimento apoderar-se de mim, que dei dois passos para me assentar. Desde que fiquei assentado, caí num adormecimento profundo e acompanhado de sonhos, de que me restou, quando voltei a mim, somente uma lembrança confusa e vaga (grifo nosso).

Assim foi realizada a evocação que, sem nenhum ritual complicado, sem substâncias, círculos, espadas e vestimentas especiais, e sem evocação, realiza-se, a cada instante, em incontáveis sessões mediúnicas.

Quanto à magia negra, apresenta o autor o que chama de revelação nova e que consiste no seguinte: "O diabo, em magia negra, é o grande agente mágico, empregado para o mal por uma vontade perversa".

Também o enfeitiçamento está dentro dessa linha de raciocínios.

"O instrumento do enfeitiçamento não é outro senão o próprio grande agente, que, sob a influência de uma vontade má, se torna, então, real e positivamente o demônio."

Às vezes, no entanto, deixa entrever que o domínio que muitos buscam exercer sobre o semelhante não está tanto nos ritos e nas práticas, mas na própria psicologia humana:

"Acariciar as fraquezas de uma individualidade é apoderar-se dela e fazer dela um instrumento, na ordem dos mesmos erros e das mesmas depravações".

Ou então:

Todos nós temos um defeito dominante, que é, para nossa alma, como que o umbigo do seu nascimento pecador, e é por ele que o inimigo sempre nos pode pegar; a vaidade, para uns, e preguiça para outros, o egoísmo para o maior número. Que um espírito hábil e mau se apodere desta mola, e estais perdidos.

De outras vezes, percebemos, de relance, por que tanto se empenham em conquistar a insensibilidade os Espíritos encarnados e desencarnados que fazem do domínio sobre o semelhante a meta de suas vidas: "Só o adepto de coração sem paixão" — escreve Levi — "disporá do amor ou ódio daqueles que quiser fazer de instrumento da sua ciência". Prossegue adiante:

> O magista deve, pois, ser impassível, sóbrio e casto, desinteressado, impenetrável e inacessível a toda espécie de preconceitos ou terror. Deve ser sem defeitos corporais e estar à prova de todas as contradições e de todos os sofrimentos. A primeira e mais importante das obras mágicas é chegar a esta rara superioridade.

Em suma, ele tem que aprender a querer, para poder impor a sua vontade. A instrumentação é secundária, quando uma vontade firme e dinâmica sustenta os seus interesses. É preciso crer que se pode, e esta fé deve traduzir-se imediatamente em atos.

Vejam este outro conselho: "Ter o maior respeito por si mesmo e considerar-se como um *soberano desconhecido*, que assim faz para *reconquistar* a sua coroa".

Por causa desse e de outros princípios e noções, não é fácil lidar com os magos desencarnados. Não exatamente por causa dos danos que possam causar-nos. Se estamos num grupo mediúnico bem constituído e harmonizado, nada conseguirão contra nós. Nada sofreremos em razão do próprio trabalho de desobsessão, o que seria injusto, mas é claro que, como seres imperfeitos que somos, temos abertas as brechas das nossas próprias imperfeições. Como nos disse um amigo espiritual, certa vez, sofreremos, no decorrer do trabalho de desobsessão, apenas aquilo que estiver autorizado pela nossa ficha cármica. É claro, pois, que os trabalhadores das sombras empenharão o melhor de seus esforços no levantamento de nossas fichas, ou seja, de nossa vida pregressa, estudando-nos sob todos os ângulos, vigiando-nos, a fim de surpreenderem-nos no momento em que mostramos onde a nossa cerca está arrombada... Entrarão em ação imediatamente. Estão convictos de que poderão atingir-nos; é só questão de tempo e oportunidade, pensam eles, e, como dizia Levi, "para poder é preciso crer que se pode e esta fé deve traduzir-se imediatamente em atos".

Estejamos vigilantes, porém tranquilos e guardados na paz do Cristo. Se o nosso trabalho é de Deus, sigamos em frente, serenos, confiantes, destemidos. Estejamos preparados, porém, para enfrentar os companheiros desarmonizados. Aqueles que por longos séculos vêm praticando a magia, estão habituados a vencer pela vontade disciplinada — que aprenderam a dominar — todos os obstáculos. Não nos impressionemos, porém, com os seus rituais, seus gestos, seus talismãs, suas evocações, suas palavras misteriosas e secretas.

Temos que atuar não sobre esses sinais exteriores dos seus cultos, mas sobre os seus Espíritos atormentados, embora aparentemente seguros e frios. Toda aquela serenidade aparente desmorona quando conseguimos convencê-los de seus trágicos enganos. Estejamos prontos para ajudá-los, pois este é o momento mais grave, mais sério, mais profundamente humano de suas vidas: quando entreveem uma réstia de luz a iluminar-lhes o próprio coração, os escombros dos antigos sonhos, os fantasmas que trazem no íntimo, os desenganos, os remorsos, as angústias, o desespero. É preciso tratá-los com carinho, com humildade e singela compreensão, porque a dor do despertamento é, quase sempre, esmagadora. Quem a presenciou pode fazer ideia, porque senti-la, em toda a sua profundidade, somente aquele que a experimentou.

Lembremo-nos de que os Espíritos que na Terra estiveram envolvidos nas práticas mágicas não desapareceram, nem se perdeu o conhecimento dos mecanismos de certas leis do magnetismo, da hipnose, da manipulação de drogas e fluidos, de forças naturais e de toda a parafernália que lhes proporcionava poderes secretos e misteriosos, mas muito reais.

Com os esclarecimentos contidos hoje na Doutrina Espírita, estamos em condições de entender muitos desses segredos e mistérios, pois, no fundo, o mago sempre foi um médium, assistido por companheiros desencarnados, com os quais se afina bem, no interesse de ambos. Os Espíritos vivem em grupos, ligados por interesses comuns, e revezam-se na carne e no além, apoiando-se mutuamente, alguns empenhados em finalidades nobres, construtivas e reparadoras, e outros envolvidos, século após século, em lamentáveis e tenebrosas práticas de dominação e vingança, tortura, perseguição, infligindo sofrimentos atrozes aos infelizes que lhes caem sob o poder maligno e infeliz.

O conceito de *Sir* James Frazer, de que a magia baseia-se na simpatia, é válido. Em Espiritismo, diríamos que se trata de sintonia vibratória. Não que a magia tenha poderes por si mesma, pois ela não encontra ressonância e, por conseguinte, não alcança êxito junto àqueles que já se redimiram, ou que, pelo menos, acham-se defendidos pela prece, pela vigilância e pela prática da caridade no serviço ao próximo.

―――•―――

Por mais de uma vez temos tido experiências com processos de magia, em trabalhos de esclarecimento mediúnico.

Magos do passado, que continuando no Além seus estudos e práticas, compareçem, excepcionalmente, aos trabalhos de desobsessão nos quais se acham envolvidos, pois não gostam de descobrir-se. Entre eles encontramos até ex-sacerdotes católicos que, em tempos idos, praticaram a magia e, revertidos ao mundo espiritual, retomaram suas experiências.

À visão espiritual de nossos médiuns apresentavam-se com as vestimentas e os símbolos de sua preferência, ou portando "objetos", poções, signos, velas, substâncias e até acompanhados de acólitos, para servi-los.

Um deles trouxe-nos — certamente para intimidar-nos — um pobre ser espiritual inteiramente dominado, reduzido a uma deplorável condição sub-humana de pavor e deformação perispiritual. Nosso médium viu-o atirar esse pobre espírito, de rastros, num círculo magnético infernal, do qual a infeliz vítima não podia livrar-se, por mais que se debatesse. Era um exemplo para nós, a fim de que deixássemos de interferir em sua atividade, disse ele.

Outro veio traçar signos e fazer invocações contra um de nós, especificamente. Tinha recebido uma solicitação, selada com sangue, num terreiro. Não podia deixar de atender ao "irmão de sangue". Depois de seu ritual, cumprido à nossa vista, declarou que sua vítima "estava amarrada", e partiu.

Mais tarde manifestou-se outro de sua equipe — ou seria ele mesmo? — com a proposta de "desfazer" o trabalho. E repetia, incessantemente:

– Quer que *vire*, eu *viro*... Quer que *vire*, eu *viro*...

Não; não queríamos que ele *virasse*, com o que ele ficou muito desapontado, pois obviamente teria sido muito mais fácil, para ele, alcançar seus objetivos ocultos e lamentáveis, se aquele a quem ele visava propusesse um "pacto", que entregaria a ele sua vítima, de pés e mãos atados, pronta para o "serviço". Vendo-se recusado, passou para outro médium, no mesmo grupo, e apresentou-se agora com outro nome, embora reclamando que seu "cavalo" não prestava, porque não o obedecia. Tinha diante de si um prato de sangue, com o qual pretendia alcançar-nos.

De outra vez, um desses visitantes sinistros deixou sobre a mesa, segundo relato de um de nossos videntes, pequenas caveiras com as órbitas iluminadas por uma baça luz vermelha. Uma para cada um de nós.

Acontece, porém, que, empenhado em trabalhos redentores, o grupo dispõe de proteção e ajuda de companheiros redimidos, também antigos magos, profundos conhecedores desses trabalhos, sempre presentes para contraporem seus conhecimentos e recursos às desesperadas tentativas desses irmãos, agarrados ainda ao lado escuro da vida, tentando dominar pelo terror. Um desses companheiros infelizes confessou que via ao nosso lado quem, melhor do que ele, conhecia os segredos de sua arte e a neutralizava. Mais do que isso: por processos que não se revelaram aos nossos sentidos, o mago foi completamente desarmado em suas táticas, tão cuidadosamente planejadas. Nosso médium viu apenas que, em torno dele, colocaram sete lâmpadas, ou lanternas, de cores diferentes.

Um caso marcou época, pela sua extraordinária sofisticação. O mago era realmente profundo conhecedor de sua arte e engendrou um mecanismo magnético, por meio do qual mantinha, subjugadas aos seus propósitos, as mentes de quatro seres encarnados.

Em suma, a magia é mais comum do que desejaríamos admitir, e oferece riscos realmente sérios, contra os quais os grupos mediúnicos têm que estar muito bem preparados e assistidos. É claro que ela age apenas quando e onde encontra as necessárias brechas e o condicionamento da culpa, da falta, do erro, que nos sintoniza com o mal e nos expõe à aproximação dos implacáveis cobradores das trevas.

Os magos desencarnados são, as mais das vezes, inteligentes, experimentados e conhecedores profundos das mazelas e fraquezas humanas, pois vivem disso, nas suas práticas funestas. Não se detêm diante de nenhum escrúpulo, não temem represálias, são pouco acessíveis à doutrinação, ao apelo do amor e do perdão. Sabem, como todo Espírito envolvido nas sombras das suas paixões inferiores, que somente estarão protegidos da dor enquanto mantiverem em torno de si mesmos aquele clima de terror. Atacam para não serem atacados, oprimem para não serem oprimidos, espalham a dor para fugirem às suas próprias. Sabem muito bem que no dia em que "fraquejarem", ou seja, aceitarem a realidade maior, que muito bem conhecem, chegará o duro momento da verdade e começará a longa escalada de volta. E quem desceu semeando sofrimentos só pode contar com sofrimentos durante a subida. Não há outro caminho. Por isso são implacáveis e, por isso, demoram-se no erro que, paradoxalmente, os compromete cada vez mais. Estão perfeitamente conscientes, no entanto, de que um dia — não importa quando — terão fatalmente que enfrentar a realidade de si mesmos, pois o mal não é eterno.

Enquanto isso, utilizam-se da vontade bem treinada, para movimentar, em seu proveito, as forças da natureza.

2.2.15 Magnetizadores e hipnotizadores

São amplamente utilizados, nos processos obsessivos, os métodos da hipnose e do magnetismo, que contam, no Além, com profundos conhecedores e hábeis experimentadores dessas técnicas de indução, tanto entre os Espíritos esclarecidos e despertos para as verdades maiores, como entre aqueles que ainda se debatem nas sombras de suas paixões.

Lá, como entre os encarnados, os métodos são os mesmos. Para incumbências de importância secundária, basta uma indução superficial, mas para os procedimentos mais elaborados, os hipnotizadores do Espaço utilizam-se de recursos extremamente sofisticados. Ensina André Luiz, em *Mecanismos da mediunidade*:

> [...] nos atos mais complexos do Espírito, para que haja sintonia nas ações que envolvam compromisso moral, é imprescindível que a onda do hipnotizador se case perfeitamente à onda do hipnotizado, *com plena identidade de tendências ou opiniões*, qual se estivessem *jungidos*, moralmente, um ao outro, *nos recessos da afinidade profunda* (grifo nosso).

É claro, pois, que nisto, como em quase toda a problemática espiritual, vamos encontrar o mesmo dispositivo da sintonia vibratória. Os Espíritos superiores utilizam-se da hipnose para socorrer, para ajudar, para aliviar, para corrigir desvios. Os desajustados, para dominar e punir.

Em *Memórias de um suicida*, o autor espiritual oferece exemplos desses trabalhos redentores, em que Espíritos altamente credenciados, competentes e moralizados, movimentam, com enorme respeito e carinho, os arquivos da mente, por métodos hipnóticos e magnéticos. Explica um dos instrutores:[22]

> O aparelhamento que vedes harmonizado em substâncias extraídas dos raios solares — cujo magnetismo exercerá a influência do ímã —, é uma espécie de termômetro ou máquina fotográfica, com que costumamos medir, reproduzir e movimentar os pensamentos... as recordações, os atos passados que se imprimiram nos refolhos psíquicos da mente e

---

[22] PEREIRA, Yvonne A. *Memórias de um suicida*, Segunda parte, "Os arquivos da alma", FEB.

que, *pela ação magnética*, ressurgem, como por encanto, dos escombros da memória profunda de nossos discípulos, para impressionarem a placa e se tornarem visíveis como a própria realidade que foi vivida!... (grifo nosso)

Desdobra-se ali um processo de regressão irresistível, como recurso extremo para desalojar realidades soterradas na memória profunda do ser e que precisam ser trazidas à tona para desencadear o mecanismo da recuperação.

Mas, como todo recurso do conhecimento humano, este também é neutro, isto é, tanto pode ser usado para ajudar a levantar o ser que caiu, como para fazer cair aquele que está de pé.

"Defino a sugestão, no seu sentido mais lato" — escreve Bernheim, em *Hypnotisme et Suggestion* — "como o ato pelo qual uma ideia é despertada no cérebro e *aceita por ele*."

Passando por sobre a conotação materialista da definição proposta, pois a sugestão é transmitida ao Espírito, e não ao cérebro, vemos que há uma condição básica, que é a da *aceitação* pelo *sujet*. Para esta aceitação, que instaura o processo do domínio, é preciso que hipnotizador e hipnotizado estejam "jungidos moralmente um ao outro, nos recessos da afinidade profunda", como diz André Luiz.

Alguns magnetizadores e hipnotizadores adotam o procedimento de segurar os polegares de seus *sujets*, por algum tempo, antes de iniciarem o trabalho propriamente dito. Com isto se afinizam com ele (ou ela), num intercâmbio vibratório, que os coloca em condições de ajustarem-se fluidicamente.

Seja qual for, porém, o processo — e não podemos aqui fazer estudo mais profundo e extenso do fenômeno — os hipnotizadores e magnetizadores das trevas acabam por alcançar o domínio de suas vítimas depois de obterem a aceitação de que nos fala Bernheim, mesmo que forçada. Para isso, manipulam com extrema habilidade os dispositivos da culpa e da cobrança, ou seja, a própria lei de causa e efeito. O Espírito culpado, convencido dessa culpabilidade, cede e entrega-se.

Temos presenciado alguns casos dramáticos, nesse campo. Já lembramos, algures neste livro, aquele companheiro desencarnado que, mesmo depois de resgatado e posto a salvo da faixa vibratória de seu hipnotizador, recaiu sob seu domínio, por causa de sua própria invigilância.

Mesmo incorporado ao médium, este irmão não se furtava com facilidade à terrível influência de seu perseguidor que, em nossa presença, tentava induzi-lo a arrastar toda a sua família, ainda encarnada, à desencarnação, sugerindo-lhe ideias de ódio, vingança e morte. O pobre irmão repetia incessantemente:

— Odeio minha mãe... Odeio meu pai... Odeio minha mãe... Odeio meu irmão... Matar minha mãe... Matar meu pai...

E assim por diante, sem parar, pois não apenas a sugestão se lhe ia implantando cada vez mais na vontade, como ainda, falando continuamente, ele era impedido de ouvir as observações do doutrinador. Com um esforço muito grande, por meio de passes de dispersão, de preces e de contrassugestões, foi possível libertá-lo, pelo menos para uma trégua. Parou, exausto, com o médium coberto de suor, respiração opressa e acelerada, e pediu a ajuda de Deus, pois conseguíramos que ele dissesse que amava a mãe e não que a odiava.

Com frequência, também, os hipnotizadores procuram atuar sobre os membros encarnados do grupo, lançando as bases de induções preliminares a serem desenvolvidas depois, durante o desprendimento do sono, ou mesmo durante a vigília. Não é nada fácil lidar com esses terríveis manipuladores da mente humana. Nada os detém e, para eles, tudo é válido, desde que alcancem os resultados que desejam.

Às vezes, os companheiros que assistem o grupo, do lado da luz, interferem de maneira sutil, mas eficaz. Certa vez, um Espírito atormentado e, certamente, hábil magnetizador, pretendeu usar comigo a sua técnica. Pediu-me a mão. Coloquei-a na frente de seus olhos e lhe disse:

— Pode pegar.

Ele hesitou um instante e depois agarrou-a fortemente, sem que eu apertasse a sua: mantinha minha mão estendida, com os dedos unidos. Algo então aconteceu de estranho e curioso. Através da minha mão, ele recebeu uma espécie de choque elétrico, evidentemente uma descarga magnética, que o atingiu na altura do plexo cardíaco. Talvez algo temeroso, pensou em retirar logo a sua mão e não o conseguia! Embora ele é que segurasse a minha mão, e não eu a dele, e por mais esforço que fizesse, inclusive com a outra mão tentando desprender seus dedos, só a muito custo libertou-se do laço magnético. Isto o impressionou de tal forma que, da próxima vez que compareceu, começou a chamar-me, com ironia, por certo, mas evidentemente também com respeito, de "o homem da mão"...

Outro que tentava me dominar por meio de passes magnéticos tinha atrás de si, segundo nos informou, depois da sessão, o próprio médium que o recebeu — um dos nossos queridos companheiros, profundo conhecedor do assunto, que neutralizava todo o seu trabalho junto a mim.

Certa ocasião, um irmão transviado, que estava sendo atendido, também se utilizava de processos de magnetismo e magia contra o grupo. Trouxera os seus instrumentos e as substâncias necessárias. A certa altura, percebeu a presença daqueles que nos defendiam, utilizando-se, para o bem, de técnica superior à dele. Como que pensando alto, ele nos dizia que sabia o que os nossos amigos estavam fazendo, mas nada podia contra eles.

Procedimentos magnéticos são também usados para reduzir seres gravemente endividados a condições de extrema e aviltante deformação perispiritual, como casos de zoantropia, sobre os quais já falei neste livro. E é pela magnetização (passes) positiva que se torna possível restituir-lhes a condição normal. Escreve André Luiz, em *Libertação:*

> Temos aqui a gênese dos fenômenos de licantropia, inextricáveis, ainda, para a investigação dos médicos encarnados. Lembras-te de Nabucodonosor, o rei poderoso a que se refere a *Bíblia*? Conta-nos o Livro Sagrado que ele viveu, sentindo-se animal, durante sete anos. O hipnotismo é tão velho quanto o mundo e é recurso empregado pelos bons e pelos maus, tomando-se por base, acima de tudo, *os elementos plásticos do perispírito* (grifo nosso).

2.2.16 Mulheres

O trabalho mediúnico oferece insuspeitadas condições de aprendizado. Cada sessão traz as suas surpresas; cada manifestação, suas lições e ensinamentos. A contínua observação desse vaivém de companheiros desencarnados, o desfile trágico de problemas, angústias, dores e ódios, a força irresistível do amor, as maravilhas da prece, o poder do passe constituem experiência inesquecível para aqueles que, ao longo dos anos, entregam-se a essas tarefas redentoras.

Uma pergunta poderá ser colocada agora. Que papel representam as mulheres nesses dramas que se desenrolam entre os dois mundos? Há mulheres obsessoras? Há mulheres que se vingam, que perseguem, que odeiam? Sim, mas em número bem mais reduzido que os homens.

Antes de prosseguir, talvez sejam convenientes algumas observações de caráter doutrinário.

O Espiritismo ensina que o Espírito não tem sexo, podendo encarnar-se como homem ou como mulher, em diferentes existências, mas que costuma escolher, preferentemente, um ou outro sexo, renascendo continuamente como homem ou mulher (questões 200 a 202 de *O livro dos espíritos*). Ao comentar as respostas, Kardec escreveu o seguinte:

> Os Espíritos encarnam como homens ou como mulheres, porque não têm sexo. Visto que lhes cumpre progredir em tudo, cada sexo, como cada posição social, lhes proporciona provações e deveres especiais e, com isso, ensejo de ganharem experiência. Aquele que só como homem encarnasse só saberia o que sabem os homens.

Dessa forma, não são muito precisas as expressões Espírito feminino e Espírito masculino, que são usadas à falta de outras. A questão é bem mais complexa do que parece à superfície.

Certa vez, perguntei a um amigo espiritual por que difere tanto, na sua estrutura psíquica, o Espírito encarnado como homem daquele que se encarna como mulher. O homem é mais agressivo, dado a gestos de coragem física, menos sentimental, ao passo que a mulher inclina-se mais à compassividade, à renúncia, ao recato, sendo, portanto, mais acessível à emoção e aos sentimentos. Por que isso, se, não tendo sexo, os Espíritos deveriam ser assemelhados?

Disse-me ele, coerente com os postulados doutrinários, que, como Espíritos, conservam características em comum, mas, ao se reencarnarem, aceitam condições que lhes ofereçam desenvolvimento de certas faculdades em detrimento de outras; ou melhor, optam pelo aprimoramento de alguns aspectos espirituais em que estejam particularmente interessados.

Assim é, realmente. Como a perfeição deverá resultar, um dia, do desenvolvimento harmonioso de todas as faculdades possíveis ao ser humano, é natural que este tenha que ir por etapas, cultivando-as em buquês, até que, alcançando o ponto desejado, possa encetar outras realizações.

Tentemos, não obstante, ampliar um pouco mais a questão, na esperança de alcançar uma visão mais clara de suas dificuldades. Ao responderem à pergunta formulada por Kardec (Têm sexos os Espíritos?), os instrutores informaram o seguinte: "*Não como o entendeis*, pois que os sexos dependem da organização. Há entre eles amor e simpatia, mas baseados na concordância dos sentimentos".

Certamente que sentiram, esses instrutores, que não era tempo, ainda, de aprofundar mais a questão, mas disseram o bastante para compreendermos alguns pontos essenciais. De fato, a Doutrina nos ensina, alhures, que o ser encarnado resulta de um "arranjo" entre três componentes distintos: espírito, perispírito e corpo físico. Ao declararem que o sexo depende da organização, deixaram bem entendido que a diferenciação sexual não alcança o núcleo da individualidade, representado pelo Espírito imortal, pois fica contida nos limites extremos da organização perispiritual.

Por outro lado, Emmanuel informa, em resposta à pergunta 30: "Há órgãos no corpo espiritual?",[23] que sim, pois o corpo físico "é uma exteriorização aproximada do corpo perispiritual", e prossegue acrescentando que tal exteriorização "subordina(-se) aos imperativos da matéria mais grosseira, no mecanismo das heranças celulares, as quais, por sua vez,

---

[23] XAVIER, Francisco Cândido. *O consolador*, cap. 1.

se enquadram nas indispensáveis provações ou testemunhos de cada indivíduo".

Essa interdependência entre corpo físico e perispírito é acentuada por André Luiz[24] ao declarar que:

> Os cromossomos, estruturados em grânulos infinitesimais de natureza fisiopsicossomática, *partilham do corpo físico* pelo núcleo da célula em que se mantêm, e *do corpo espiritual* pelo citoplasma em que se implantam (grifo nosso).

É bastante compreensível, pois, que os seres que trazem o perispírito ainda espesso, regressem ao mundo póstumo, pela desencarnação, com uma pesada carga fluídica, profundamente impregnada de materialidade e, por conseguinte, de sensações e necessidades bem semelhantes às que experimentava na carne.

Isto é confirmado pelos relatos mediúnicos, sendo a série André Luiz bastante rica em informações desse tipo. Para não alongar demais esta digressão, sugiro a releitura do capítulo 9 de *Nosso Lar*, sob o título "Problema da alimentação".

Informa Lísias que, há cerca de um século, a questão alimentar era muito séria ali na colônia. Muitos dos recém-chegados da carne "duplicavam exigências". Queriam mesas lautas, bebidas excitantes, *"dilatando velhos vícios terrenos"*. Quando a direção da colônia tomou providências mais enérgicas para coibir os abusos, estabeleceu-se um comércio clandestino com os representantes das trevas que, agindo, como sempre, por meio das brechas que as nossas paixões inferiores lhes abrem, utilizavam-se desse lamentável intercâmbio como instrumento de infiltração e assalto à vasta organização regeneradora intitulada "Nosso Lar".

---

[24] XAVIER, Francisco Cândido. *Evolução em dois mundos*, cap. 6.

Foram implantadas severas medidas de correção e reajuste, mas os alimentos não foram totalmente abolidos, em virtude da condição perispiritual, ainda bastante densa, da grande maioria dos que habitam aquela colônia.

No capítulo 18 dessa mesma obra, Laura informa que:

— Afinal, nossas refeições aqui são muito mais agradáveis que na Terra. *Há residências*, em "Nosso Lar", que as dispensam *quase* por completo; mas, nas zonas do Ministério do Auxílio, não podemos prescindir dos concentrados fluídicos, tendo em vista os serviços pesados que as circunstâncias impõem. Despendemos grande quantidade de energias. É necessário renovar provisões de força (grifo nosso).

Portanto, a alimentação com substâncias concentradas é ainda indispensável, mesmo para aqueles Espíritos mais esclarecidos, que se entregam a tarefas redentoras, ainda que mais humildes.

Assim, da mesma forma que os problemas alimentares, os de sexo não ficam totalmente eliminados por um passe de mágica, simplesmente porque se deu a desencarnação. Espíritos enredados nas tramas da sensualidade tombam em situações calamitosas no mundo póstumo. Somente os mais purificados conseguem libertar-se dos apelos da carne.

"Entre os casais mais espiritualizados" — informa Laura a André —, "o carinho e a confiança, a dedicação e o entendimento mútuos permanecem muito acima da união física, reduzida, entre eles, a realização transitória". Diz um elevado instrutor:[25]

Inútil é supor que a morte física ofereça solução pacífica aos espíritos em extremo desequilíbrio, que entregam o corpo

---

[25] XAVIER, Francisco Cândido. *No mundo maior*, cap. 11.

aos desregramentos passionais. A loucura, em que se debatem, não procede de simples modificações do cérebro: dimana da desassociação dos *centros perispiríticos*, o que exige longos períodos de reparação.

E, mais adiante:

Convictos desta realidade universal (a aquisição gradativa das virtudes) não podemos esquecer que *nenhuma exteriorização* do instinto sexual na Terra, qualquer que seja sua forma de expressão, *será destruída, senão transmudada* no estado de sublimação (grifo nosso).

Não resta dúvida, portanto, do estudo doutrinário e das observações colhidas, por Espíritos credenciados, no imenso laboratório da vida, que o sexo persiste no mundo póstumo, até que seja sublimado. A sublimação há de marchar, por isso, junto com a sutilização progressiva do Espírito, pois que, chegado à condição de pureza, o sexo será, para o Espírito, apenas a lembrança de uma experiência valiosa que, entre outras, lhe serviu de degrau para a sua escalada.

Retomando, porém, nossas perguntas iniciais, poderemos responder que, infelizmente, Espíritos que passaram por experiências no sexo feminino também odeiam, perseguem, obsidiam. Alguns são mesmo particularmente agressivos, rancorosos e violentos. É que, levando para o Além as suas frustrações, seus desvios, suas ânsias, recaem, fatalmente, em faixas desarmonizadas, onde se consorciam com outros seres igualmente desarvorados, para darem prosseguimento ao exercício das paixões incontroladas. Nesse estado, continuam mulheres, sentindo e agindo como tais. Exercem seus poderes de sedução sobre outros seres, ganham "vestimentas", "joias", "sapatos" e "perfumes", a troco de favores. Prestam serviços tenebrosos junto a companheiros encarnados, mancomunados aos seus comparsas das sombras, que lhes asseguram uma "boa vida" de prazeres e proteção contra a dor que as espera fatalmente, para o reencontro, um dia, lá na frente.

De outras vezes, são escravizadas, reduzidas à condição mais abjeta, e seviciadas, perambulando, dementadas, em andrajos imundos, por vales de sombras espessas, até que, desgastadas pelo sofrimento, tenham um impulso de arrependimento que lhes possibilite o socorro de que tanto necessitam.

Temos tido algumas experiências com espíritos femininos. Já lembrei, noutro ponto deste livro, o caso da irmã que se empenhava em perturbar uma família, tentando destruir um lar, para o que contava com o apoio de um sacerdote desencarnado, que a incentivava e a isentava de culpa, "absolvendo-a", provavelmente no confessionário, da responsabilidade, sob a alegação de que, em encarnação anterior, ela também fora traída.

Tivemos o caso de uma jovem que se suicidara por uma paixão desvairada, numa antiga encarnação na Escócia, quando aquele a quem amava abandonou-a, grávida e na vergonha. Localizando-o como encarnado, perseguia-o, tentando — e conseguindo — induzi-lo a erros bastante sérios.

Outra — fora irmã de caridade — atormentava uma criatura encarnada, em cumprimento a "ordens superiores".

Vimos, também, aquela pobre companheira, teleguiada por hábeis indutores, que transviava um homem encarnado e era recompensada com festas, vestidos bonitos e prazeres.

Em certa oportunidade compareceu uma bem mais difícil. Já há algum tempo vinha tentando induzir um dos componentes do grupo a uma atitude extremamente arriscada. O caso era apresentado de maneira sutil, inteligente, como se fosse a coisa mais natural do mundo. Seria *apenas* a antecipação do que, segundo o Espírito, estava já programado para mais tarde. Não haveria culpa alguma, portanto. Era "fisicamente" simpática, apresentava-se bem vestida, unhas muito polidas, sorridente, educada, cordial.

Várias vezes tentou influenciar o nosso companheiro, apresentando-se ante seus olhos espirituais ou durante o desdobramento do sono natural. Finalmente, comparece aos nossos trabalhos mediúnicos.

Ri-se, muito divertida da situação. Tem a voz suave, envolvente e doce. Diz-se muito bela, elegante, esguia, bem-cuidada. Conta casos, sorri, faz gestos graciosos e parece imensamente segura de si mesma. Trata-me com condescendência e superioridade. Informa que "trabalha" junto a casais e que seu objetivo é libertar a mulher, para que todas sejam como ela, felizes e livres para gozar a vida, sem preconceitos. De vez em quando, para a exposição para rir, pois deixa entrever que se decepcionou profundamente comigo. Conhecia-me apenas de nome e a realidade não confere com a imagem que formulou a respeito da minha aparência. Acha-me, provavelmente, feio, desengonçado e ridículo. Diz que no mundo em que vive é muito poderosa, porque é a *favorita*. Ainda muito condescendente, aconselha-me, como amiga, a juntar minhas coisas e partir enquanto é tempo, pois não tenho a menor ideia do que estou fazendo e onde estou me metendo. Esquiva-se habilmente às perguntas, muito segura, inteligente e tranquila. Quando lhe formulo questão mais complexa, desculpa-se, dizendo que é uma mulher e não é dada à Filosofia.

Do mundo espiritual, sugerem-me que lhe pergunte por que fugiu de um certo castelo inglês. Ela continua a negacear, mas se mostra visivelmente transtornada. Por fim, perde a calma, abandona a atitude de inconsequente e superior condescendência, e ordena-me autoritariamente que me sente, o que não quero fazer, para permanecer junto do médium que a recebe.

É chegado o momento de começar realmente o processo de doutrinação. Até aqui — o trabalho todo durou cerca de uma hora — o tempo foi aplicado em tatear a sua personalidade e os seus problemas, a fim de obter informações. Agora, já dispomos de alguns elementos mais concretos. Digo-lhe, de início, que sua beleza física, de que tanto se orgulha, é mera criação de sua mente, mas ela está bem preparada para o confronto. Pede um espelho para me provar que não tenho razão. Nesse ponto, não obstante, vê junto dela um Espírito de aparência agressiva e pejado de vibrações desarmonizadas. É um antigo esposo, de quem ela matou todos os filhos recém-nascidos e os enterrou no jardim. Não queria filhos, porque eles "deformam o corpo". Está igualmente preparada para esse encontro. Na organização em que vive, como favorita de um poderoso líder das trevas, tudo aquilo lhe fora mostrado em retrospecto, por meio de imagens vivas, em filme, para que ela pudesse, numa emergência como esta, suportar a lembrança das suas próprias atrocidades, sem se perturbar e perder o "equilíbrio". Agora, enquanto revê as cenas, está aparentemente segura e continua a rir-se de tudo, dizendo que não adianta mostrar-lhe nada. A despeito do seu preparo, no entanto, não resiste muito tempo e entra em crise dolorosa, a pobre e querida irmã. Seu ex-marido incorpora-se em outro médium e atira-lhe impropérios, entre dentes, chamando-a de assassina. Diz-lhe que está à sua espera e ri, de prazer insano, ante o desespero em que ela se precipita. Dirijo a ele algumas palavras, tentando acalmá-lo, e me volto para ela, a fim de ajudá-la a enfrentar o seu problema, as suas recordações e, principalmente, o seu futuro. Ela me responde em perfeito inglês:

— *I burned all the bridges behind me* (Queimei todas as pontes por que passei).

Respondo-lhe que tentou também queimar as pontes para o futuro e, por isso, se sente prisioneira numa ilha sinistra. É uma longa e penosa agonia! Sente as mãos sujas de sangue, detesta aquele vestido vermelho, que não consegue trocar, e começa a temer o momento fatal em que terá de deixar o médium para enfrentar a nova realidade que se postou diante dela subitamente, mas, por certo, não inesperadamente. Ela pressente as dores que a esperam, pois muitas vezes deve ter presenciado esse momento dramático em outros Espíritos endividados. De repente, começa nela um fulminante processo de envelhecimento, ao mesmo tempo em que suas roupas apresentam-se sujas e em frangalhos. Ela ainda consegue dizer que seu ventre secou e, por fim, desprende-se com enorme sofrimento para o médium, que ficou com os resíduos da sua profunda e dolorosa angústia.

Poucas semanas depois deste caso, tivemos outra manifestação de Espírito feminino. Também é das que se dizem atraentes e sedutoras, estando, obviamente, empenhada em fascinar criaturas encarnadas e desencarnadas, a serviço dos seus mandantes. Vai logo dizendo, muito sorridente, que não venha com as minhas conversas macias. Ainda se fossem outras conversas... diz, maliciosamente. Declara-se muito sutil e por isso é destacada para missões delicadas. Teria descoberto que o pobre doutrinador é muito amado e teve o desejo de conhecê-lo pessoalmente; no entanto, mal pode esconder seu desapontamento. Presa aos seus condicionamentos, esperava, por certo, que eu fosse jovem e belo, e não um desenxabido senhor de cabeça a branquear. Digo-lhe que realmente sou um velho sem graça e quando lhe pergunto se ela é jovem, responde corretamente que o Espírito não tem idade. A uma outra pergunta minha, declara que vive no céu, pois o céu é um estado de espírito e ela é muito feliz. A conversa prolonga-se aparentemente sem rumo, mas é a fase em que são colhidas as informações de que necessitamos para o trabalho real de doutrinação.

Depois de reunidos os elementos que me parecem suficientes, proponho-me a orar. Ela protesta, alegando que eu oro demais e, mal me levanto, ela se debruça sobre a mesa, em pranto, numa crise emocionante, dolorosa. Sinto por ela uma infinita e paternal ternura e lhe falo com muito carinho. Ela deixa cair todas as guardas e me conta que é uma infeliz: foi explorada pelos homens aqui, na carne, e continua a ser explorada do lado de lá. Vive num verdadeiro campo de concentração, com outras criaturas infelizes. Enquanto "ela" estava lá — refere-se, como depois apuramos, à irmã atendida semanas antes e que descobrimos ter sido uma duquesa — foi protegida; depois, não. Havia sido incumbida de uma tarefa, junto à esposa de alguém que estávamos interessados em ajudar; mas, ao chegar junto a essa pobre senhora, viu-a em pranto, a chorar às escondidas. Teve pena dela e ficou sem coragem de executar friamente o seu mandato (estava presente também quando telefonei para essa amiga encarnada, para consolá-la de dores que me havia confiado). Aproveito para dizer-lhe que foi aquele momento de compaixão, diante da sua vítima em perspectiva, que a salvou, permitindo que fosse, por sua vez, socorrida. Sente-se muito desconcertada e arrependida de ter-me tratado como tratou, de início. Quando lhe digo que tenho idade para ser seu pai, ela me interrompe para afirmar que não teve a intenção de me ofender. Como estou, precisamente naquela noite, comemorando 56 anos de idade, digo-lhe que ela acaba de me dar o mais lindo presente: seu coração. Ela teme seus verdugos e está apavorada ante as perspectivas de ser arrastada por eles, ao deixar o médium. Sente-se muito emocionada ante o carinho e o respeito com que a tratamos, se diz cansada e confessa que até aos meus prejudicou bastante em suas atividades. Vê, agora, ao seu lado, uma jovem pacificada e tranquila, que veio recebê-la, mas um dos emissários da sua tenebrosa organização está presente, em outro médium, e tenta confundi-la, dizendo que a moça que a espera também é deles, o que não é verdade. Pergunto se ela confia em mim. Diz que sim. Peço-lhe que siga a moça, e ela parte, repetindo uma pequena prece que lhe sugiro:

— Jesus, me ajude!

Houve, neste caso, um pós-escrito. O companheiro que se incorporou em outro médium, para ameaçá-la, perguntou se eu ainda dispunha de tempo para atendê-lo. Respondi-lhe que, infelizmente, não, porque tínhamos uma disciplina de trabalho que precisava ser obedecida, mas poderíamos conversar na oportunidade seguinte, com o que ele concordou, dizendo que voltaria. No decorrer da semana, porém, nossos mentores disseram-nos que ele havia sido doutrinado no mundo espiritual mesmo, e que se esclarecera, não sendo, portanto, necessário trazê-lo novamente ao grupo.

———— • ————

São essas algumas experiências com Espíritos ditos femininos.

Às vezes, elas são obsessoras implacáveis, tão violentas e agressivas como os homens, tão irracionais quanto eles, nas suas paixões e no desejo insaciável de vingança; mas são estatisticamente em número reduzido em relação aos Espíritos masculinos e, decididamente, mais abertas ao entendimento e predispostas ao despertamento, porque mais sensíveis ao apelo da ternura, da emoção, do respeito à sua condição feminina, ainda que estejam transitoriamente numa posição de aviltamento, ou, talvez, por isso mesmo. Ao sentirem que são tratadas como seres humanos, reagem como seres humanos, respondendo, mais cedo ou mais tarde, às vibrações da nossa afeição.

O mais comum, porém, em trabalhos mediúnicos, é encontrar mulheres que vêm recolher nos seus braços amorosos os companheiros recém-despertos. São velhos e seculares amores: mães, esposas, filhas, irmãs, que guardaram ternuras profundas, alimentadas em esperanças que nunca se apagaram, nem mesmo esmoreceram. Compareçam, às vezes, ainda enoveladas, elas próprias, em resgates dolorosos, mas quase sempre já mais avançadas no caminho da pacificação. Algumas encontram-se de há muito revestidas de luz e harmonia. Um destes casos, intensamente dramático, está relatado por André Luiz, em *Libertação*. Matilde desce aos subterrâneos da dor, para resgatar o seu amado Gregório, que se transviara lamentavelmente, e é com o seu amor apenas — e é tudo! — que enfrenta a sua cólera, numa cena inesquecível.

3
O campo de trabalho

3.1 O problema

O ser humano, encarnado ou desencarnado, vive no clima da emoção, pressionado ou sustentado por ela, levado por ela às furnas mais profundas da dor e da revolta, ou alçado aos píncaros da felicidade e da paz. Ela nos afeta, mesmo quando, ocasionalmente, parece não existir em nós. É oportuno lembrar que emoção, etimologicamente, quer dizer *ato de deslocar*, ou seja, *mover*. Arrastado pela emoção, o Espírito se desloca, num sentido ou noutro, caminhando para as trevas de sofrimentos inenarráveis ou subindo para os planos superiores da realização pessoal, segundo ele se deixe dominar pelo ódio ou se entregue ao amor. Esse deslocamento o conduz a extremos de paixão, que o esmaga, ou a culminâncias de devotamento, que o santifica, e, muitas vezes, em estágios ainda inferiores da evolução, confunde-se em nós a realidade ódio/amor, e nos confundimos nela e com ela, porque é comum tocarem-se os extremos.

O trabalho de desobsessão não deve ignorar essa realidade. Frequentemente, o processo da desobsessão se desencadeia, de maneira paradoxal, por amor, e é lembrando esse aspecto que conseguimos, às vezes, ajudar os irmãos, que se atormentam mutuamente, a colocarem um ponto final nas suas angústias. O que acontece é que temos em nós todos o instinto egoísta — e quase todos os instintos são egoístas — de conservar a posse total do objeto de nossa preferência ou afeição: a esposa, o esposo, o filho, o dinheiro, a posição social, o poder. Suponhamos que a esposa nos traia, que o filho nos rejeite, que o dinheiro ou o poder nos sejam arrebatados. Passamos imediatamente a odiar os que nos privaram da posse daquilo que amamos ou valorizamos. Com isto, percebemos que amor e ódio são duas faces de uma só realidade, luz e sombra, que em determinado ponto absorveram-se uma na outra, criando uma opressiva atmosfera de penumbra, na qual perdemos a visão dos caminhos e o senso da direção. Para desfazer esse clima de crepúsculo, que agonia e desorienta o Espírito, é preciso ajudá-lo a identificar bem seus sentimentos, a fim de separá-los. Estejamos certos, para isso, de uma realidade indisputável, ainda que pouco percebida: o amor, como dizia Paulo aos Coríntios, não acaba nunca. Mesmo envolvido, soterrado no rancor e na vingança, ele subsiste, sobrevive, renasce, está ali. O ódio não o exclui; ao contrário, fixa-o ainda mais, porque em termos de relacionamento homem/mulher, o ódio é, muitas vezes, o amor frustrado. Odiamos aquela criatura exatamente porque parece que ela não quer o nosso amor, porque nos recusa, nos traiu, nos desprezou, porque a amamos...

No momento em que conseguimos convencer o companheiro desencarnado, em crise, que ele odeia porque ainda ama, ele começa a recuperar-se, compreendendo que essa é uma verdade com a qual ele ainda não havia atinado. Por mais estranho que pareça, o rancor contra a amada, ou o amado, que traiu ou abandonou, é que mantém acesa a chamazinha da esperança. Aquele que deixou de amar é porque não amou bastante e, com menor dificuldade, desliga-se do objeto de sua dor. Cedo compreende que não vale a pena perder seu tempo, e angustiar-se no doloroso processo de vingar-se, dado que — e isto também pode parecer contraditório — não podemos ignorar o fato de que a vingança impõe, também ao vingador, penosas vibrações de sofrimento.

Vários casos assim temos encontrado na experiência de nossos grupos.

Um desses foi comovente. O Espírito manifestante era de uma mulher. Seu antigo companheiro, ora encarnado, fazia parte de nosso grupo e ela ainda trazia em seu coração um rancor que 130 anos não conseguiram extinguir. Fora muito bela, inteligente, de elevada posição social, e rompera com todas as convenções da época para segui-lo. E por mais de um século, recolhida ao mundo espiritual, achara que não valera a pena o seu sacrifício e que ele não dera valor às suas renúncias e nem as merecera.

Foi muito difícil o diálogo com ela. Tudo foi tentado pelos nossos queridos amigos espirituais. Levaram-na a um encontro com ele — desdobrado pelo sono — a um local, na Europa, onde viveram momentos de intensa felicidade e enlevo. Ajudavam, como podiam, o doutrinador, nos seus esforços. Ela era muito brilhante e estava muito magoada: tinha respostas oportunas, encontrava em si mesma todas as justificativas para continuar agindo daquela maneira. Afinal de contas, não pensara noutra coisa por mais de um século! Promoveram, os benfeitores espirituais, encontros com um filho que o casal tivera naquela ocasião e que se encontrava também no mundo espiritual, bastante pacificado e dedicado ao trabalho construtivo. Reencontrou-se ela, também, com outra filha — esta reencarnada — à qual se dirigia com carinho e afeição, por meio do médium. Nada. Certa vez, em lugar de ligá-la ao seu médium habitual, ligaram-na com o próprio companheiro, objeto de seus rancores, pois ele também dispunha de excelentes faculdades mediúnicas. Quando ela percebeu que falava por seu intermédio, retirou-se prontamente, muito chocada. De outras vezes, ele tentou dialogar com ela, mas a experiência foi negativa, pois a sua palavra parecia exacerbar o rancor que a infelicitava.

Esse drama durou meses, semana após semana. E ela, irredutível. Certa vez, sentindo que começava a ceder aos argumentos ou aos sentimentos de afeição que colhia no grupo, ela desligou-se subitamente do médium. Nossos benfeitores, por doce constrangimento, trouxeram-na de volta, já em pranto. Ela veio indignada, revoltada, falando entre lágrimas:

— Quando vai terminar esta farsa?

Pacientemente, o doutrinador lhe devolveu a pergunta com outra:

— Você acha, minha querida, que suas lágrimas também são uma farsa?

Estava chegando ao fim de sua longa e penosa agonia íntima. Começou a ceder, à medida que o amor reacendia a sua chama, a princípio timidamente, e depois, com todo o vigor antigo, mas agora purificado, expurgado da paixão que fora a sua perda. Acabou por reconciliar-se com o seu antigo amado.

Esta história, tão verídica e dramática quanto a própria vida, teve um final emocionante e, graças a esse episódio, vivi uma das mais belas e comovedoras emoções da minha experiência no trato com os Espíritos.

O problema

Certa noite, ela veio apenas para despedir-se. O drama e a dor estavam encerrados. Agora, era a retomada da trilha evolutiva, a perspectiva de novas experiências redentoras: a querida irmãzinha preparava-se para reencarnar-se, perfeitamente reconciliada com a vida e com o amor. Foi-nos permitido identificá-la na nova encarnação que se iniciava sob tão belos auspícios e tão gratas alegrias para todos aqueles que a amavam.

Renasceu. Uma bela criança, em lar feliz e equilibrado. Logo nos primeiros meses de sua nova existência, tive oportunidade de vê-la. Visitava eu a família, e a jovem mãe me chamou para ver a criança. Entramos no quarto em que ela dormia profundamente. A mãe acendeu a luz, sob meus protestos, pois temia que ela acordasse, mas ela continuou dormindo. Era linda, e dormiu ainda alguns segundos. Depois, abriu os olhinhos, contemplou-me — seu antigo doutrinador, com quem sustentou batalhas impetuosas — e me deu o prêmio inesperado de um belíssimo sorriso... Em seguida, adormeceu novamente, como um anjo que era. Senti naquele sorriso a mensagem da paz e da gratidão. Seus olhinhos exprimiam felicidade e amor. Sua expressão me dizia, na linguagem inarticulada da emoção:

— Ah! É você? Eu já estou aqui, amigo...

Sem dúvida alguma, o amor também renascera com ela. Seu antigo companheiro recebe dela, hoje, o amor transcendental da neta muito querida pelo avô, que mereceu também a bênção do reencontro e da reconciliação.

A coisa não é tão fácil quando o Espírito desajustado persegue aquele que o fez perder a posição, o poder, o dinheiro ou o amor. Quase sempre se esquece o vingador de que ele próprio desencadeou o mecanismo do resgate quando, em passado esquecido, mas indelével, cometeu faltas idênticas contra o próximo. Na confusão em que se envolve, o culpado de sua queda, de suas frustrações, não são os seus próprios enganos, é aquele que ali está, encarnado ou desencarnado. Sua revolta e sua angústia como que se personalizam, objetivam-se, e é mais fácil lutarmos e tentarmos destruir uma pessoa, que identificamos como causadora de nossa derrota, do que enfrentarmos a dura realidade de que a causa está em nós mesmos e que o ser a quem perseguimos foi apenas o infeliz instrumento da Lei. Nossos erros são cometidos contra a Lei divina; é preciso deixar a ela o trabalho de reajuste. Aquele que assume a posição de tomar a Justiça divina em suas mãos, está reabrindo o ciclo da dor, em vez de fechá-lo com o perdão. Mais uma vez é preciso lembrar aqui a técnica desobsessiva que o Cristo nos ensinou:

> Ouvistes dizer: Amai vosso próximo e odiai vosso inimigo. Pois vos digo: Amai os vossos inimigos e rogai pelos que vos perseguem, para que sejais filhos de vosso Pai celestial, que faz brilhar o seu sol sobre os maus e sobre os bons e chover sobre os justos e os injustos.[26]

Orar por aqueles que nos perseguem não é *apenas* um preceito evangélico teórico — e já seria muito, por certo — é um ensinamento do mais elevado valor prático, ante os companheiros com os quais nos desentendemos no passado. O

---

[26] Nota do autor: MATEUS, 5:43 a 45. A *Bíblia de Jerusalém* esclarece, em nota de rodapé, que a expressão "odiai vosso inimigo" não se encontra no texto da lei, o que é verdadeiro, pois não consta de LEVÍTICO, 19:18, de onde foi extraída a citação. Esclarece, porém, que a expressão era forçada, por causa da pobreza da língua. O vocabulário da época, ao que se depreende, não tinha uma expressão correta para descrever o sentimento que não seria nem amor, nem ódio, nem indiferença e, por isso, todo aquele que não fosse amigo, seria inimigo; tudo o que não pudesse ser considerado amor, era ódio. De certa forma, essa pobreza semântica perdura.

rancor que sentem por nós sobrexiste, ou se dilui, segundo nossas próprias reações, sempre observadas atentamente pelos nossos cobradores. Se os odiamos também, o ódio que nos votam sustenta-se, fica estimulado, persiste, atravessa os séculos e os milênios. Isto é uma realidade terrível, que multidões de sofredores ignoram, lamentavelmente. Se deixamos de odiar e passamos a orar por aquele que nos atormenta, libertamos pelo menos dois seres: a nós e a ele, além de outros que possam estar comprometidos no processo.

Nunca será suficientemente enfatizada a importância deste conceito, em trabalhos de desobsessão. Isto é válido também — e como! — para a maneira pela qual recebemos nossos irmãos em desajuste e com eles dialogamos. Deixaremos para debater esse aspecto mais adiante, quando cuidarmos das técnicas e recursos sugeridos para o trabalho. Convém, no entanto, insistir e repetir: os Espíritos em estado de perturbação avaliam as nossas emoções e não as nossas palavras. Estão, no fundo, ansiosos de que os convençamos de seu erro, porém jamais reconheceriam isso. Se no debate opusermos nossa irritação à deles, nada conseguiremos senão confirmá-los nos erros em que se enquistaram através do tempo, repetindo enganos e desenganos.

Lembro-me de um exemplo, entre muitos, dessa curiosa posição espiritual. O companheiro manifestou-se impetuoso e logo revelou-se indignado porque não conseguiu despertar em mim uma reação idêntica à sua, ou seja, também de irritação, para que se criasse o clima da desavença que pensam convir-lhes. Como me mantinha sereno e imperturbável, ele se esvaziou pouco a pouco do seu ímpeto e partiu, algo desapontado, mas ainda não convencido, talvez pensando em descobrir um método qualquer de me irritar, a fim de arrastar-me para a sua faixa vibratória, onde melhor poderia alcançar seus propósitos.

Na semana seguinte, deu-se a coisa mais linda. Incorporou-se ao seu médium, ao meu lado, olhou-me e disse, com voz emocionada, em tom e em palavras que nunca mais me esquecerei:

— Não precisa armar-se. Você já me ganhou...

Uma simples frase dessas descreve um mundo de emoções e de decisões que um livro não poderia conter. Que me restava dizer a ele, senão da profunda emoção e gratidão pela sua resposta ao sentimento da fraternidade?

O doutrinador tem que estar, pois, muito atento para não deixar envolver-se pelo rancor que o Espírito traz em si. Um confrade, experimentado nas lides espíritas, e que acumulou, ao longo dos anos, extenso rol de casos curiosos, contou-me que um doutrinador desavisado, profundamente irritado com o desajustado Espírito manifestante, berrou-lhe, no auge da desarmonização:

— Materializa-te, que quero te dar uma bofetada!

A situação é consideravelmente mais difícil quando o doutrinador defronta-se com seu próprio obsessor. Neste caso, a tarefa assume implicações de natureza muito pessoal, para as quais o doutrinador tem que estar preparado. Mais adiante, estudaremos um caso destes. Neste ponto, basta extrair da situação um ensinamento extremamente precioso e que nunca deve ser esquecido: o de que o arrependimento e o remorso também devem ser construtivos. Isto vale, tanto para o que persegue quanto para o perseguido. Tentemos explicar este delicadíssimo mecanismo.

Imaginemos um Espírito desencarnado, envolvido num tenebroso processo de obsessão. Ele persegue e vinga-se de alguém implacavelmente, século após século, num ódio que parece não ter fim e que nunca chega à saciedade, pois é da natureza do ódio jamais satisfazer-se em si mesmo. É certo que ele ignora, consciente ou não, a causa anterior que determinou o efeito da sua dor. Digamos que ele tenha sido assassinado, por alguém, enquanto exercia elevada posição de mando, como um rei, por exemplo, ou déspota medieval. Toda a sua cólera, no mundo das trevas, se concentra naquele que provocou a sua desencarnação. Ele não quer saber que anteriormente, naquela vida ou em outra, remota ou não, ele mesmo praticou falta semelhante e agora recebe a visita inevitável da lei. Ele só sabe que aquele miserável o matou e, portanto, merece todos os castigos e punições. Além do mais, ele sabe também que, ao errarmos, expomo-nos, a nosso turno, à cobrança, o que, na sua maneira de pensar, dá-lhe o "direito" de punir e de vingar-se.

Suponhamos, ainda, que ao cabo de uma feliz doutrinação, aquele severo perseguidor resolva, afinal, encerrar o processo da vingança. Está cansado, chegou à conclusão de que não vale a pena continuar, porque um dos grandes infelizes é ele próprio; ou, mais grave ainda, descobriu que, no passado, ele próprio cometeu faltas muito mais terríveis do que aquela que pretendeu cobrar, em nome de um Deus em que ele mesmo não acreditava. Pode ele, em tais circunstâncias, descer a abismos de autocomiseração e dor. Temos tido oportunidade de presenciar arrependimentos dramáticos, desesperados.

É o momento de ajudá-lo a construir algo com os salvados de sua tragédia, mostrando-lhe que o remorso deve ser construtivo, senão ele, que estava parado na estrada da evolução, vai continuar paralisado pelo remorso.

De outro lado, vejamos o perseguido, ou obsidiado. Nem sempre ele sabe por que sofre os rigores da vingança.

O erro vem de muito longe, e deve ser muito grave, para que ele sofra daquela maneira, mas ele desconhece as causas da sua dor e nem sequer tem oportunidade de enfrentar, num diálogo, o seu obsessor. Como Espírito, ele não o ignora; apenas o véu do esquecimento o protege, como a todos nós, de lembranças extremamente dolorosas, que não temos condição de suportar com a nossa consciência de vigília. Se ele tem oportunidade, porém, de conhecer a razão de sua obsessão, e entrega-se ao remorso desenfreado, dificulta a libertação de seu próprio Espírito e do de seu verdugo. Por outro lado, ele não pode ignorar o arrependimento, pois é exatamente este sentimento que lhe dá os primeiros recursos para livrar-se da dor. Sem arrependimento, colocamo-nos em posições nas quais não podemos sequer ser ajudados. A situação é, pois, muito complexa e delicada, porque o mesmo sentimento de remorso que o levou a merecer ajuda, pode retê-lo à mercê do seu perseguidor, se não for canalizado para fins construtivos. O remorso é, pois, uma flor belíssima, de muitos e pontiagudos espinhos. É preciso estudá-lo, tratá-lo com serenidade, equilíbrio e humildade. Sim, estamos arrependidos do erro cometido contra o irmão; mas não podemos permitir que o nosso arrependimento alimente indefinidamente o seu rancor. É nisso, aliás, que ele se esforça: manter a sua vítima sempre lembrada do erro, porque o arrependimento serve duplamente, tanto para fazê-la sofrer como para estimular a cobrança, que se eterniza.

— Paga a tua dívida! — gritou certo companheiro desarvorado.

Mas pagar como? Que entenderia ele por pagar a dívida? Certamente que com a dor que resgata e com o arrependimento que nos retém preso a ela. É uma situação extremamente crítica e delicada.

Ainda voltaremos a este tema, que contém outras implicações e conotações de grande interesse para o trabalho de doutrinação.

3.2 O poder

Muitos dramas, cujos vagalhões vêm rebentar em nossas mesas de trabalho mediúnico, têm o seu núcleo principal na terrível paixão pelo poder. Um Espírito disse-me certa vez em que dialogávamos:

— Sempre fui grande!

Em termos humanos, sim, fora grande, desde remotíssimos tempos, desde o antigo Egito até à Europa moderna. Mas o que é realmente a grandeza?

"O maior dentre vós seja vosso servidor" — disse o Cristo, segundo *Mateus*, 23:11 e 12, "pois o que se exalta será humilhado e o que se humilha será exaltado".

Em *Lucas*, 22:24 a 27, o texto é ainda mais explícito:

> Entre eles, houve também uma discussão sobre quem parecia ser o maior. Ele lhes disse: Os reis das nações governam como senhores absolutos e os que exercem autoridade sobre elas se fazem chamar benfeitores; mas não assim, entre vós, senão que o maior entre vós seja como o menor, e o que manda, igual ao que serve. Por que quem é o maior, o que está à mesa ou o que serve? Não é o que está à mesa? Pois eu estou entre vós como aquele que serve!

Portanto, o conceito de grandeza formulado pelo Cristo não foi o de servir às nossas paixões, mas o de servir ao semelhante. Ele mesmo, cuja verdadeira grandeza era impossível de ser ocultada, confirmava-se como simples servidor.

Em outra oportunidade, utilizando-se de sua impecável didática, Jesus confirmou e ampliou o seu pensamento, como a que nos demonstrar, sutilmente, que não tínhamos noção real do conceito de grandeza:

"Em verdade vos digo que não há, entre os nascidos de mulher, maior do que João Batista; contudo, o menor no reino dos Céus é maior do que ele".

Vemos, assim, que os parâmetros humanos de aferição da grandeza são inaceitáveis em termos espirituais. Entre nós, que tudo avaliamos segundo a insignificância de nossas medidas, tudo o que sobreleva à mediocridade dos nossos horizontes torna-se grande, mesmo que do lado negativo da ética. É um *grande* criminoso aquele que mata com requintes de crueldade uma pessoa ou duas, mas é um *grande* guerreiro aquele que mata milhares. É grande o que disputou e conquistou a sangue e fogo posições de mando e governou multidões com pulso de ferro. São grandes os "príncipes" da Igreja, que ampliaram os poderes materiais da organização. É grande o escritor que obteve muito sucesso literário, quer sua obra seja construtiva ou desagregadora.

Nessa invertida escala de valores, a criatura evangelizada, serena, amorosa, que leva uma existência a serviço do próximo, em renúncias ocultas e no silêncio do anonimato, passa despercebida, ignorada e até desprezada.

Isto nos induz a colocar sob suspeita nossos critérios usuais de avaliação da grandeza, pois eles nos têm levado, ao longo do tempo, a cometer tremendos enganos. Confundimos, frequentemente, o exercício do poder com a grandeza. Os sinais exteriores do poder nada dizem sobre o gabarito moral do Espírito que os detém. E muitos de nós, no passado e no presente, temos nos deixado levar pela perigosa ilusão de que somos grandes, somente porque dispomos de autoridade incontestada; mas, quantas vezes, como simples anões espirituais, não temos subido as escadarias do poder? O pior, no entanto, é que o vírus do poder nos contamina, e a infecção instala-se em nós, por séculos e séculos. Espíritos atingidos por esse deslumbramento lamentável arrastam consigo, para o mundo espiritual, a paixão invencível do mando, e lá se juntam às organizações trevosas, que se utilizam deles para oprimir e espalhar a desarmonia por toda parte. Eles se prestam a isso, contanto que lhes sejam conferidos os sinais externos do poder, as insígnias, os séquitos, os tronos, bem como o comando de vastas organizações opressoras, pois não aprenderam, ainda, a viver fora desse clima.

A decepção de alguns desses Espíritos é terrível, quando se encontram privados daquilo que constitui o próprio ar que respiram. Kardec nos preservou a comunicação de uma rainha indiana de Oude. (*O céu e o inferno*, segunda parte, cap. VII.)

— P. Vós, que vivestes nos esplendores do luxo, cercada de honras, que pensais hoje de tudo isso?
— R. Que tenho direito.
— P. A vossa hierarquia terrestre concorreu para que tivésseis outra mais elevada nesse mundo em que ora estais?
— R. Continuo a ser rainha... que se enviem escravas, para me servirem!... Mas... não sei... parece-me que pouco se preocupam com a minha pessoa aqui... e contudo eu... sou sempre a mesma.

E depois:
"— P. Tendes inveja da liberdade de que gozam as europeias?
— R. Que poderia importar-me tal liberdade? Servem-nas, acaso, ajoelhados?"

Outra grande dama, ex-rainha da França, em condições melhores do que a da infeliz rainha indiana, encontrou em elevada posição, no mundo espiritual, alguém que fora obscuro servidor da sua corte e de quem agora ela dependia para ser ajudada.

Muitos são, no entanto, os que se revezam nos postos de mando, aqui e lá, montando e dirigindo terríveis organizações especializadas no crime espiritual.

Dificilmente comparecem aos trabalhos de doutrinação os verdadeiros chefes dessas organizações. Vêm geralmente seus emissários mais credenciados, assessores de confiança, seus destacados líderes.

Um deles, que se apresentou como líder religioso, me disse:

— Meu Imperador é Fulano — e disse o nome de alguém que, em tempos idos, comandou exércitos e povos.

Mesmo com os chefes menores, o trato é difícil, e não devemos alimentar esperanças de rápidas e radicais conversações. É preciso compreendê-los, no próprio contexto em que vivem. Como vão deixar o poder? Entregá-lo a quem? E por quê? Como irão viver sem as pompas, as ordens, as expedições, os planejamentos, as verdadeiras campanhas que desencadeiam contra aqueles que consideram seus irredutíveis adversários? Como voltar a ser um simples e endividado Espírito, despojado de suas próprias "defesas"?

Sim, porque sabem muito bem que, enquanto permanecerem ligados àquelas tenebrosas estruturas, estão adiando o momento do encontro consigo mesmos, com suas mazelas, suas consciências, seus remorsos. Enquanto estão ali, permanecem ao abrigo dos olhares amargurados de antigos amores, que o tempo não apagou. Por que trocar a glória, que chega às fronteiras da "divinização", pelo sofrimento anônimo, pela reencarnação de resgate?

O único jeito, a única saída possível, está em agarrarem-se tenazmente ao poder, que exercem com a sensibilidade anestesiada. É por isso, também, que se recusam terminantemente a um diálogo que possa arrastá-los para a faixa da emoção, da brandura, da compaixão, da sentimentalidade.

Enquanto estiverem no exercício do poder estarão ao abrigo da dor maior, de enfrentarem a si mesmos. É mais fácil enfrentar a dor dos outros.

3.3 Vaidade e orgulho

Muito ligado ao problema do poder está o da vaidade, e também o do orgulho. Vimos como se entrelaçam, no caso da rainha indiana.

A vaidade se apresenta sob muitos aspectos e é claro que nem sempre está associada ao exercício do poder. Às vezes, limita-se aos cuidados com a aparência "física", as vestimentas, ou à inteligência.

Muitos são os que nos visitam, nas sessões mediúnicas, em estado de exaltação vaidosa. Há os que se julgam muito belos (ou belas), os que ostentam condecorações, joias, mantos, séquitos de servidores e acólitos, bem como os que alardeiam conhecimentos intelectuais estupendos. Um desses foi enfático. Dirigia uma organização que mantinha Espíritos aprisionados sob as mais abjetas condições do submundo das dores. Ao apresentar-se, falou imediatamente sobre si mesmo: era belo, poderoso, "divino".

– Você me vê? — pergunta-me.

Sempre fora importante. É o senhor daquela região (o médium havia sido levado, por desprendimento). Tem ali muitos prisioneiros, guardados por um velho que, em tempos passados, fora seu escravo, e que chicoteou, em nossa presença. Quanto a mim, devo-lhe algo muito sério, pois lhe arrebatei alguém que estava destinado a ficar também, como prisioneiro, em seus tenebrosos domínios.

Quando comparece da segunda vez, faz uma cena, fingindo ser um pobre enforcado, necessitado de socorro urgente e de passes restauradores. Ao perceber que não conseguiu iludir-nos, ri, desapontado, dizendo que estamos ficando muito sabidos e perigosos. Retoma o diálogo irônico, envolvente, inteligente. Revela-se um dos magistrados do Espaço. Cabe-lhe fazer com que a lei seja cumprida. Não é ele quem retém seus prisioneiros; são seus próprios crimes, e eles querem ficar lá, numa autopunição inevitável. Volta a dizer que é belo, brilhante e poderoso. Sente-se nele a evidente satisfação consigo mesmo, com aquilo que faz, a alegria quase infantil com que contempla a si mesmo e à sua obra sinistra.

Fez com alguns companheiros encarnados um pacto. Poder *versus* poder. Ele os ajuda a conquistarem uma fatia de domínio, no lado de cá da vida, e eles lhe dão, por sua vez, a parte que lhe toca. A essa altura, propõe, também a mim, uma barganha: libertará aqueles em quem estou interessado, em troca de uma condição: devo "depor as minhas armas". E, muito vivo e inteligente, antecipa minha resposta:

"Sei que você vai dizer que o amor não é uma arma...".

Não só isso, respondo-lhe, mas também não tenho autoridade para fazer acordos. Fale com meus superiores, lá mesmo, no mundo espiritual. Tudo ele tenta, inclusive o meu envolvimento, com elogios e lisonja. Depois, perde a paciência, indignado. Não está acostumado a resistências assim, irracionais e tolas, ele que é um "deus"...

Coitado! Como é difícil cair do pedestal... mas vai aos poucos cedendo, e enquanto entra em crise, o pior lhe acontece, pois vê sua beleza física desmoronar-se lentamente, enquanto um súbito e estranho processo de envelhecimento destrói-lhe as belas feições. Ouve choro de crianças (tê-las-ia sacrificado?) e, por fim, confessa que seu ódio "perdeu a força".

É uma afirmativa desesperada, arrancada do fundo de si mesmo, e não deve ter sido fácil para ele reconhecê-lo;

a crise começou a precipitar-se nele, a partir do momento em que deixou de ser belo. Demonstrada, a ele próprio, a insuficiência da vaidade física, as demais vaidades também entraram em colapso.

Quanto ao orgulho, visita-nos com igual frequência, e vem sempre associado à vaidade ou ao poder, ou a ambos. Alguns nos invocam a velha fórmula:

— Você sabe com quem está falando?

Comandam vastas instituições do terror. Apresentam-se aparentemente tranquilos e seguros, ou assaz rancorosos e agressivos. Às vezes são, de fato, muito brilhantes e cultos, artificiosos no raciocínio envolvente, na formulação de perguntas embaraçosas, hábeis manipuladores do método socrático, com o objetivo de obter a condenação do doutrinador, por meio de suas próprias palavras. Que prazer sentem em oprimir e dominar! Que orgulho pelas posições que ocupam, conquistadas com dores e sofrimentos infligidos ao semelhante! Vivem, literalmente, em pedestais, dos quais nem pensam em descer, porque, se o fizerem, encontrarão seus próprios fantasmas, suas culpas, suas angústias pessoais. Alguns creem-se realmente divinizados e onipotentes. Um deles me disse que acreditava em Deus:

— O fato de eu existir — afirmou —, prova que alguém me criou.

Mas, quanto ao Cristo, fora um fraco. Nada tinha contra Ele, contanto que Ele não interferisse com seus planos, que eram grandiosos.

Outro companheiro, chocado com o tratamento que havíamos dispensado ao seu "chefe", por meio de outro médium, manifestou-se irritado, até mesmo algo assustado, dizendo-nos que nem fazíamos ideia de quem era ele, pois, do contrário, não o teríamos tratado daquela forma. Ele era muito importante mesmo:

— Ah! se você soubesse quem é ele...

E os antigos "Príncipes" da Igreja, que comparecem tremendamente enfatuados, condescendo em conversar conosco, trânsfugas miseráveis, traidores vis, envolvidos com uma doutrina maléfica, demoníaca, como o Espiritismo? Que pompa, coitados! Que olímpica indignação!

Um destes me conheceu em antiga encarnação, durante a Reforma Protestante, onde fôramos adversários, no campo teológico. Num "flash" de inspiração, pois estou familiarizado com as minúcias da história da Reforma, identifiquei-o pelo nome. Era ele mesmo. Acabamos, ambos, descobrindo as fontes ocultas de seu fanatismo religioso: em tempos idos, ele fora um daqueles que apedrejaram Estêvão...

3.4 Processos de fuga

A contínua observação desses métodos, ao longo dos anos, vai desenhando para nós um perfil mais nítido dos segredos e mistérios do transviamento moral. As atitudes agrupam-se e, em cada uma delas, repetem-se os gestos, as palavras, os impulsos, as motivações. No entanto, guardam todas, e cada uma delas, a sua individualidade e as suas surpresas. Não sei como explicar esse jogo, entre o inédito e o esperado. Parece que as posições são basicamente as mesmas, mas, dentro delas, cada um toma o caminho que lhe impõem os seus fantasmas interiores. Em suma: há certas constantes que se repetem, que se cristalizam, que constituem modelos, padrões, ou o que seja, dentro dos quais a individualidade de cada um se preserva, mantendo certa autonomia. É como se, num conceito amplo de determinismo difuso, eles agissem dentro de um amplo raio de livre escolha.

Vamos a alguns exemplos.

Uma das constantes, identificadas nesses Espíritos que perseguem, que dominam, que espalham a dor, é a fuga. Fogem de si mesmos, das suas próprias dores, das suas angústias e frustrações. Sejam quais forem as justificativas que invoquem para as suas atitudes — quando as apresentam — o mecanismo é sempre o mesmo: procuram esquecer seus próprios crimes e aflições, adiar o encontro com a verdade, anestesiar-se na insensibilidade, pelo cruel e desumano processo de acostumar-se à fria contemplação da dor alheia. É preciso entendê-los bem. Não são monstros irrecuperáveis, que merecem o santo horror e a condenação eterna. Não são seres desprezíveis, que tenhamos de abandonar à sua própria sorte, para sempre. Temos que nos aproximar deles com sentimento de amor fraterno e de compreensão, não com nojo, como se fôssemos os redimidos, e eles os réprobos perdidos em seus crimes. Temos de entender que estão em fuga. A couraça de que se revestem é mais frágil do que parece, e não é impenetrável aos fluidos sutis do amor. Defendem-se da dor, atacando, agredindo, maltratando. Tentam cicatrizar suas próprias feridas abrindo ferimentos em outros corações. No fundo, sabem que podem somente adiar o reencontro com as suas realidades interiores, mas não ignorá-las para sempre. Quantos deles nos têm dito que sabem muito bem disso, mas que saberão "ser homens", quando chegar, para eles também, a cobrança! Enquanto não chega, prosseguem suas tarefas abomináveis. Sabem de suas responsabilidades, e imaginam, com bastante precisão, o que os espera um dia, quando "caírem". Por isso mesmo é que resistem, enquanto podem, buscando apoio nas organizações a que pertencem, pois essa é a lei a que se apegam: a lei da solidariedade incondicional, que os protege mutuamente do dia do despertamento.

Essa é a doutrina da fuga.

Por outro lado, quem foge precisa de esconderijos para ocultar-se. No caso, ocultarem-se de si mesmos. São muitos, esses refúgios. O principal deles talvez seja o esquecimento do passado. Este recurso é básico, essencial mesmo, para aquele que precisa, perante sua própria consciência, justificar, por exemplo, uma vingança impiedosa, que se prolonga no tempo e vara séculos ou milênios. Enquanto o perseguidor estiver "esquecido" das origens de sua verdadeira dor, ele sente forças, em si mesmo, para perseguir aquele que o feriu. Se ele voltar sobre seus passos, ao seu pretérito, irá descobrir que sofreu aquele ferimento exatamente porque, antes, causou dor semelhante a alguém, faltando, assim, à lei universal da fraternidade. O esquecimento o ajuda a manter acesa a chama rubra do ódio e, portanto, a da vingança. É vítima "inocente" de um crime inominável. Aquele miserável roubou-lhe a mulher, espezinhou a sua honra, levou-o ao crime, ao suicídio, à miséria, a ele, que sempre foi bom e correto, que nenhum mal fez a ninguém...

Se um dia ele descobre, por exemplo, que há séculos vêm os dois disputando, à ponta de punhal, aquela mesma mulher, através de várias encarnações infelizes, sua perplexidade é enorme, e, muitas vezes, o impacto dessa lembrança é suficiente para sacudi-lo fora de seu esconderijo psicológico e recolocá-lo na trilha evolutiva da recuperação interior.

De outras vezes, nem isso basta, pois são muitos os que, através de uma longa e tenebrosa experiência espiritual, quase sempre no lado errado da vida, conhecem bem o passado e, mesmo assim, prosseguem na fria execução de seus planos medonhos. Estes também estão em fuga, mas não buscam os esconderijos habituais, e sim o atordoamento da ação.

Enquanto estão atordoados, organizando planos tenebrosos e os levando a efeito, vivem a salvo das suas próprias dores. A desesperada atividade mantém-nos, de certa forma, alheios aos seus dramas e desesperos.

Um deles confessou-me que conhecia bem o seu passado. Ocupara, em cada vida, a posição que lhe convinha aos propósitos pessoais. Amava a glória e o poder, acima de tudo. Responsabilidades, claro que tinha muitas. E daí?

Outros dizem que não se importam com o resgate. O que importa é o que fazem no momento. Isso lhes agrada. É isso que desejam fazer; seja a vingança, seja a disputa de maiores fatias de poder, sejam as campanhas mais amplas, em que emprestam sua colaboração à organização a que pertencem, e que, por sua vez, também os protege.

A imaginação de cada um cria seu próprio mecanismo de fuga. Há os que se prendem aos conceitos teológicos, depois de desfigurá-los e corrompê-los, para servirem aos seus propósitos. Isto é particularmente válido para os antigos sacerdotes, que se apoiam em fantásticas teologias, e em textos escolhidos com extremo cuidado, no próprio Evangelho do Cristo. Quantos deles temos encontrado nas tarefas mediúnicas!

Lembro-me de um, em particular. Montara sua própria organização, nas trevas.

Apresenta-se aparentemente muito humilde e manso. Informa-me que "consentiu em receber-nos na sua câmara", porque a entrevista lhe foi solicitada por pessoas que ele respeita e admira. É claro que se vê naquilo que chama sua própria "câmara". É a segunda vez, em muitos anos, que concorda em tratar diretamente com alguém, pois tem seus auxiliares para contatos e execução dos planos. Quer saber o que desejamos dele, embora certamente o saiba.

O diálogo prossegue, tranquilo, enquanto ele permanece escondido na sua mansidão aparente, mas as ameaças mais claras começam a filtrar-se: não nos deixará sair dali, sem saber do que se trata, pois dignou-se a conceder-nos a entrevista. Ao fim de longa conversa, difícil, em que ele se mantém ameaçador, na sua aparente tranquilidade, nossos benfeitores revelam-nos que se trata de um antigo franciscano extraviado. Aos poucos, conseguimos despertá-lo para a realidade que ele tanto teme enfrentar.

Qual teria sido o mecanismo do fenômeno, que se poderia chamar de "inversão de local"? Como e por que o Espírito, incorporado no médium, no cômodo em que realizamos os trabalhos mediúnicos, poderia julgar-se recebendo-nos em sua "câmara"? Os nossos mentores não nos explicaram o ocorrido, mas creio que não seria fantasioso admitir, especulativamente, nesse caso, a velha e segura técnica da hipnose. Por mais defendidos que se julguem encontrar esses companheiros desavorados, em suas furnas escuras, não são invulneráveis à Misericórdia divina. Se o fossem, não teriam jamais a oportunidade de se libertarem de sua condição tão dolorosa. Ao passo que eles não têm condições de peso específico para subir às regiões da luz a fim de promover distúrbios e "conquistas", o que seria inadmissível, os Espíritos iluminados podem descer, sacrificialmente, aos antros da angústia, e o fazem com frequência, a fim de tentar o resgate de companheiros que já ofereçam um mínimo de condições para ser ajudados.

De algum modo, cujo conhecimento ainda nos escapa, aquele irmão deve ter sido preparado e condicionado de tal forma, pelos trabalhadores do Cristo, que, mesmo deslocado, em nosso grupo sentia-se ainda em toda a segurança do seu reduto, no qual condescendia generosamente em receber-nos, com as suas pouco veladas ameaças.

É possível também — e esta seria uma forma alternativa de considerar o caso — que o nosso médium tenha realmente sido desdobrado, sob a proteção do Alto, até o "local", e de lá transmitido a mensagem que nos possibilitou o diálogo. Frequentemente, temos presenciado esse fenômeno do deslocamento de médiuns, que, desdobrados do corpo físico, vão ao encontro do Espírito que os nossos mentores desejam pôr em contato conosco.

Deixo abertas as opções mencionadas, bem como outras que não me tenham ocorrido. Um dia saberemos o suficiente para entender melhor essa extraordinária faculdade que é a mediunidade.

São muitos os que falam em nome de uma fé que não possuem mais, em nome de um Deus que não amam, de um Cristo que pretendem colocar a serviço de suas paixões subalternas e de um Evangelho que somente citam naquilo que lhes convém, com as interpretações que lhes interessam. Não negam a reencarnação, nem a sobrevivência, nem a comunicabilidade dos Espíritos; mas isto será revelado — dizem — quando a Igreja for restabelecida em toda a sua glória, ou seja, quando voltar a dominar, como instrumento de suas ambições.

Às vezes o esconderijo é a cultura intelectual. Constroem seus próprios sistemas, inventam brilhantes sofismas e adestram-se em uma dialética deformada, mas, nem por isso, frágil e desarticulada; ao contrário, bastante inteligente, pois, sendo eles inteligentes, precisam de um inteligente mecanismo de fuga.

Enfim, cada um constrói o seu esconderijo, inventa suas defesas, segundo suas inclinações, recursos e intenções. A finalidade, porém, é uma só: esconder-se das próprias angústias.

Quando descobrimos suas motivações, estamos a caminho de poder ajudá-los a libertar-se da dor. Os indícios precisos eles mesmos no-los fornecem. É preciso estarmos atentos, vigilantes, pacientes e prontos a servi-los naquilo que lhes convém aos Espíritos atormentados, e não naquilo que possa estimular-lhes as paixões abrasadoras.

3.5 As organizações: estrutura, ética, métodos, hierarquia e disciplina

Muito temos falado, aqui, sobre as organizações do submundo da dor e do desespero. Tentemos estudá-las mais de perto.

É claro que jamais nos trouxeram, nossos irmãos desarvorados, os esquemas e organogramas de suas instituições, mas, de tanto ouvi-los falar delas, creio possível montar, com as inúmeras peças do gigantesco *puzzle*, um quadro inteligível desse tenebroso painel de desespero e aflição.

Em primeiro lugar, é preciso não cometer o trágico engano de subestimá-las. Elas são realmente temíveis. Foram concebidas e são operadas por inteligências privilegiadas, Espíritos longamente experimentados no mal, no exercício do poder, nos meandros do sofisma. Isto não significa que, no desempenho de tarefas redentoras do bem, nos deixemos dominar pelo pavor, no trato com seus representantes, pois é exatamente isso que desejam e a que se acostumaram. Dominam pelo terror que inspiram em toda parte, e, se cairmos nessa faixa, estaremos correndo riscos imprevisíveis. O problema de lidar com elas é, pois, extremamente complexo. E nunca é demais repetir: não o faça quem não esteja suficientemente apoiado por Espíritos esclarecidos, devotados ao bem e experimentados nesses trabalhos. Se o grupo conta com a colaboração de companheiros experientes, eles saberão dosar o

As organizações: estrutura, ética, métodos, hierarquia e disciplina

trabalho, segundo seus próprios recursos e possibilidades, e as tarefas de maior responsabilidade vão sendo trazidas, à medida que conseguimos passar pelas preliminares, de menor envergadura. As equipes orientadas por esses dedicados trabalhadores anônimos do mundo superior manter-se-ão equilibradas, sempre que se portarem com prudência e sabedoria. Como esses abnegados companheiros não impõem condições, mas limitam-se a nos aconselhar e esclarecer, é preciso estarmos atentos às suas sugestões e observações, para interpretá-las corretamente e pô-las em prática, com segurança.

Se nos sairmos bem das tarefas iniciais e passarmos nos testes a que somos submetidos, em benefício de nós mesmos, não podemos esquecer-nos de que precisamos manter nossa própria organização disciplinada, atenta, flexível, ajustada, porque a "do outro lado" é tão boa ou melhor do que a nossa, em termos de estrutura e disciplina, ainda que não o seja em objetivos e métodos.

As instituições das trevas são estruturadas numa rígida concentração do poder, nas mãos de alguns líderes, escolhidos por um processo impiedoso de seleção natural. Sua liderança revelou-se na ação, em postos subalternos, ou confirmou-se através de séculos e séculos, em que se revezam encarnados e desencarnados. Muitos deles, como signatários de pactos de vida e morte, sustentam-se aqui e lá, onde estiverem, sejam quais forem as condições, num princípio que tem muito mais de autodefesa do que de fidelidade. São fiéis uns aos outros, não porque se estimem, mas porque precisam uns dos outros para manter-se no poder. Quando se reencarnam, trazem programas muito bem elaborados, e o compromisso de apoio e solidariedade irrestritos, da parte dos que ficam no mundo espiritual. Assim se explicam os êxitos, em termos humanos, que obtêm enquanto por aqui se encontram, e a provisória, mas segura impunidade em que continuam a viver quando retornam aos seus domínios, após a desencarnação, por maiores que sejam as atrocidades que cometem como homens.

Ao que tudo indica, até mesmo enquanto na carne, mantêm-se em contato íntimo e permanente com seus comparsas do Além, e continuam a exercer a parcela de autoridade de que dispõem entre eles, realizando contatos, durante os desprendimentos parciais, provocados pelo sono.

A estrutura administrativa dessas instituições está preparada para aceitar tal flexibilidade sem prejuízo para as suas tarefas. Elas não podem falhar e, por isso, há sempre alguém em condições de suprir uma ausência ocasional ou definitiva. A não ser que o líder esteja colocado em posição muito elevada, e se tenha tornado praticamente insubstituível, a organização sobrevive naqueles que o substituem, pois há interesses poderosíssimos a proteger e personagens muito destacadas, no mundo do crime, a resguardar. Assim, dificilmente a instituição é desmantelada quando o seu chefe supremo é convertido ao bem.

E também não é sempre que esses líderes, mesmo convertidos, podem voltar sobre seus passos e tentar convencer seus antigos comparsas. Uma vez convencidos a mudar de rumo, caem em desgraça ante seus companheiros. O primeiro impulso destes é resgatá-los, especialmente quando são figuras importantes, na máquina do poder. Verificada, pelos seus ex-amigos, a impossibilidade de "salvá-los", abandonam-nos à sua própria sorte, quando não procuram voltar contra eles todo o poderio da própria instituição que antes eles comandavam.

São muitos os dramas e as manobras dessa hora decisiva.

Quando conseguimos colher, em nosso afeto, um desses poderosos companheiros extraviados, há uma verdadeira celeuma na retaguarda. Podemos contar, logo, com manifestações de indignados e agressivos assessores seus, que o desejam

As organizações: estrutura, ética, métodos, hierarquia e disciplina

de volta e ameaçam arrebatá-lo a qualquer preço, ou que o arrasam, com a sua decepcionada hostilidade.

Um desses líderes portou-se com dignidade impressionante. Convencido a abandonar suas tarefas tenebrosas, sentiu todo o peso de sua responsabilidade, ante aqueles Espíritos que levara ao transviamento. Dependiam dele, de sua orientação, de sua palavra, e, exatamente porque confiavam nele é que foram levados ao extremo de cometerem crimes terríveis. Competia-lhe, agora, usar dessa mesma influência para reencaminhá-los ao bem. Ao que depreendemos da conversa com ele, na sessão seguinte, passou uma semana a estudar diferentes grupos mediúnicos, a fim de decidir onde levar seus companheiros, para que fossem, como ele, doutrinados e despertados. Sua sinceridade era evidente, e sua franqueza rude, mas muito realista. Confessou-nos que não vira condições suficientes nos grupos que visitara. Nenhuma esperança tinha ele — acertadamente — em grupos cujos componentes apresentavam-se com mazelas semelhantes à dos Espíritos que precisavam de tratamento; hipocrisia, rivalidades, falta de fraternidade. Mesmo assim, estava disposto a ajudá-los, pois não teria paz enquanto não conseguisse recuperá-los também. Eles confiavam no seu antigo chefe, mas precisavam ser convencidos. Sua frase final foi de uma beleza transcendental:

— Farei com as minhas lágrimas um rosário para oferecer a Jesus...

Há, pois, aqueles que, uma vez convertidos, têm condições de tentar ajudar os que ficaram, e há aqueles que não podem sequer pensar nisso, porque não lhes seria permitido pela própria estrutura e pelos métodos da organização a que pertenceram por longo tempo. No primeiro caso, é possível admitir que a instituição se desfaça, desarticule-se, quando se trata de organização de menor porte, porque as mais vastas, empregando milhares de servidores, endurecidos na prática do mal, sobrevivem a essas crises, ainda que seus líderes as abandonem, pois as estruturas resistem. Estão preparadas para isso, e dispõem de planos alternativos para emergências. Em casos excepcionais, os benfeitores espirituais valem-se do momento de crise, ainda que ocasional e temporário, para um trabalho de saneamento, que pode abalar seriamente as instituições e até mesmo neutralizá-las.

Muitas vezes, porém, organizações menores filiam-se às maiores, e têm delas supervisão e proteção, porque os objetivos, quase sempre, são os mesmos, ou muito se assemelham os métodos de ação. E quando os grupos de socorro espiritual começam a interferir em seus trabalhos, elas se aconchegam umas às outras e desenvolvem planos combinados de ataque, que podem causar consideráveis transtornos.

Sejam, porém, grandes ou pequenas, seus organogramas são tão bem planejados e implementados como os de uma empresa. Só que, em vez de visarem a atividades industriais ou comerciais, com o fim de produzirem lucro, como as sociedades anônimas da Terra, produzem o terror e a opressão, e lutam pelo poder e por aquilo que entendem como glória pessoal.

Têm seus chefes, seus planejadores, seus executores, operários, guardas. Conservam registros meticulosos, movimentam documentação, utilizam-se de aparelhos, dispõem de tropas de choque, "armadas" e bem adestradas. Promovem reuniões, concílios, debates, exposições, conferências, sermões, ritos. Promulgam leis, punem os indisciplinados, condecoram e distribuem prêmios aos que se destacam por trabalhos de especial relevância.

As organizações: estrutura, ética, métodos, hierarquia e disciplina

Seus métodos são os do terror pela violência, sua incontestável hierarquia apoia-se num regime disciplinar implacável, rígido, inflexível. Não se tolera a falta, o deslize, a revolta, a desobediência.

Sua ética é governada pela total ausência de escrúpulo. Nada os detém, tudo é permitido, desde que os fins a que visam sejam alcançados. Aqueles, pois, que resolvem organizar um grupo mediúnico de desobsessão, devem estar bem preparados para enfrentá-los.

É preciso enfrentá-los com paciente firmeza e confiança nos poderes que nos sustentam. Nada de ilusões, porém. Não podemos abrir brechas em nossa vigilância, porque penetrarão, sem nenhuma cerimônia, pelas portas das nossas fraquezas, se assim o permitirmos, uma vez que nada lhes é sagrado, e tudo se lhes permite.

4
Técnicas e recursos

Dissemos alhures, neste livro, que cada manifestação é diferente. Nunca sabemos, ao certo, as intenções do Espírito que se aproxima, que problemas nos traz, quais são suas características, qual a razão de sua presença entre nós. Além do mais, a própria mediunidade não é um instrumento de precisão, como um microscópio ou um relógio, que funcione, repetidamente, de maneira previsível e controlável. O médium é um ser humano ultrassensível, de psicologia complexa, incumbido de transmitir o pensamento de um desencarnado, mas está muito longe de ser mero aparelho mecânico de comunicação, como um telefone ou um rádio, muito embora se fale em sintonia e em vibrações, quando a ele nos referimos. Suas faculdades sofrem influências várias, do ambiente, do seu estado de saúde, da sua problemática íntima, da sua fé ou ausência dela, do seu interesse no trabalho, que pode flutuar, da sua capacidade de concentração, da sua confiança nos companheiros que o cercam e, especialmente, no dirigente do grupo e, obviamente, dos Espíritos manifestantes. E mesmo estes, que são também seres humanos — não nos esqueçamos disto — variam suas apresentações, de uma para outra manifestação, segundo suas próprias disposições.

Por outro lado, é preciso considerar, também, que há diferentes formas de mediunidade: de incorporação, ou psicofônica, de vidência, clariaudiência, psicografia, assim como há médiuns que conservam sua consciência durante a manifestação, e médiuns que passam ao que se convencionou chamar de estado "inconsciente".

Devo abrir um parêntese, para reiterar uma antiga opinião: de minha parte, julgo inadequada a expressão "mediunidade inconsciente". O Espírito do médium não está em estado de inconsciência simplesmente porque se afastou do seu corpo físico para cedê-lo ao manifestante. O máximo que se pode dizer é que a consciência não está presente no corpo físico, ou, melhor ainda, não se manifesta por meio do corpo material, temporariamente ocupado ou manipulado por entidade estranha à sua individualidade. Se o médium mergulhasse, em Espírito, no estado de inconsciência, o manifestante assumiria posse total do seu organismo e faria com ele o que bem entendesse. Ao escrever isso, não estou esquecido do fato de que há manifestações violentas, e muito livres, durante as quais os Espíritos incorporados movimentam o instrumento mediúnico aparentemente à sua vontade, fazendo-o gritar, dar murros, levantar-se, derrubar móveis, rasgar livros e cadernos, e promover distúrbios semelhantes. A mediunidade sonambúlica assemelha-se ao estado de possessão; mas basta invocar esta para sentir o quanto essas duas manifestações diferem uma da outra. O possesso é realmente um médium, pois oferece condições para que outro Espírito se incorpore nele, mas o médium não é um possesso, no sentido de que o manifestante possa fazer, com ele, tudo quanto entender, a qualquer momento e sem limite de tempo, ou totalmente sem disciplina. Num grupo mediúnico em que a supervisão espiritual seja firme e segura, a mediunidade sonambúlica pode e deve funcionar perfeitamente, pois muitos Espíritos necessitam ser ligados a tais médiuns. Eles provocarão distúrbios e agitar-se-ão bastante, segundo os recursos e censuras que encontrarem em seus médiuns, mas não nos esqueçamos de que, não apenas os guias espirituais do grupo estarão atentos para que eles não cometam desatinos, como o próprio médium estará presente e *consciente*, acompanhando atentamente a manifestação, e pode, com certeza, interferir para que o Espírito manifestante não se exceda, ainda que lhe permitindo considerável faixa de liberdade.

Em casos extremos os orientadores espirituais do grupo também adotarão medidas de exceção para conter as manifestações mais violentas. Já tivemos oportunidade de presenciar alguns desses casos em que o Espírito é virtualmente "manietado" por laços fluídicos invisíveis aos nossos olhos, mas de realidade indiscutível para ele, porque o imobiliza instantaneamente.

———— • ————

Mas voltemos ao fio da exposição.

O grupo deve estar, assim, perfeitamente preparado para inúmeras formas de manifestação. Elas são imprevisíveis e inesperadas. O doutrinador experiente saberá identificar prontamente os primeiros sinais da incorporação, quando o Espírito começa a acomodar-se à organização mediúnica. É preciso, aqui, lembrar que, frequentemente, o Espírito manifestante é parcialmente *ligado* ao médium, horas, e até dias inteiros, antes da sessão. Nestes casos, quando se trata de um Espírito desarmonizado, embora a manifestação não se torne ostensiva, porque isto implicaria admitir mediunidade totalmente descontrolada, o médium sofre inevitável mal-estar físico, dor de cabeça, pressão sobre a nuca, sobre os plexos, sensação de angústia indefinível e, até mesmo, estado febril, prostração, irritabilidade, agressividade e vários outros sintomas de desarmonização psicossomática. O médium experimentado e responsável deve estar preparado para isso. Não se assuste, não se apavore, não tema e, sobretudo, *não deixe de comparecer ao trabalho* por causa dessas dissonâncias psicofísicas, pois é isso mesmo que desejam os companheiros desequilibrados, ou seja, afastá-lo do trabalho.

Esse envolvimento pode dar-se também com os demais participantes do grupo que, embora não dotados de mediunidade ostensiva, sofrem também terríveis pressões dos irmãos perturbados. Um dos alvos prediletos dessas penosas aproximações é o doutrinador, tenha ou não mediunidade ostensiva. O cerco em torno dele é permanente, tenaz, implacável, impiedoso, porque acham, os companheiros desencarnados doentes, que o neutralizando, acabam com o grupo, o que, muitas vezes, infelizmente, é verdadeiro.

Esteja ou não o Espírito ligado ao médium antes da sessão, é certo que o planejamento espiritual já tem as tarefas da noite distribuídas por antecipação, e na sequência que julgar mais conveniente ao bom andamento dos trabalhos. Geralmente, cada médium tem seu próprio "estilo" para indicar o início da comunicação: colocar as mãos sobre a mesa, respirar com maior profundidade, duas ou três vezes, agitar ligeiramente a cabeça ou o corpo, gemer, levantar os braços, numa *sematologia* que o doutrinador, habituado a trabalhar com ele, saberá identificar, a fim de iniciar o tratamento do irmão que se apresenta.

Às vezes, o Espírito começa logo a falar, ou a esbravejar, mas, usualmente, ele precisa de alguns segundos para apossar-se dos controles psíquicos do médium, e não consegue falar senão depois de se ter acomodado bem à organização do seu instrumento. O doutrinador deve aproveitar esses momentos para uma palavra de boas-vindas, saudando-o com atenção, carinho e respeito. Em alguns casos o Espírito somente consegue expressar-se a muito custo, em virtude de seu estado de perturbação, de indignação, ou por estar com deformações perispirituais que o inibem. De outras vezes, usando de ardis, ou preparando ciladas, mantém-se em silêncio, para que o doutrinador se esgote, na tentativa de descobrir suas motivações, a fim de tentar ajudá-lo, com o que ele se diverte bastante.

Em certas ocasiões, vem ele revestido de um manto de mansidão e tranquila segurança. Diz palavras doces, assegura-nos suas boas intenções, dá-nos conselhos. Um deles, certa vez, começou serenamente, com um apelo "aos corações bem formados", numa linguagem de pacificação e entendimento. Digo-lhe que estamos dispostos à pacificação e ao entendimento, desde que ele venha em nome de Deus; mas, por mais que se esforce — coisa estranha! —, não consegue pronunciar o nome de Deus, como eu lhe pedira. Por fim, explode em irritação e "abre o jogo", gritando que acabou a farsa. E derrama um arsenal de ameaças e intimidações.

Há os que fingem dores que não sentem, ou mutilações que não possuem, como cegueira ou falta da língua. Visam, com esses artifícios, a distrair nossa atenção do ponto focal de sua problemática, ou simplesmente entregam-se ao prazer irresponsável de enganar, mistificar, defraudar, ou então, como alguns me dizem, às vezes, de esgotar o médium incumbido de dar-lhes passes. Riem-se muito dos nossos enganos. Houve um que começou fingindo uma terrível dor de cabeça. Propus-me a ajudá-lo, o que fiz com um passe, e ele começou a rir, divertindo-se com a minha falta de inspiração; mas, por estranho que pareça, começou realmente a sentir uma dor real, o que o deixou bastante impressionado.

Qualquer que seja a abertura da comunicação, o doutrinador deve esperar, com paciência, depois de receber o companheiro com uma saudação sinceramente cortês e respeitosa. Seja quem for que compareça diante de nós, é um Espírito desajustado, que precisa de socorro. Alguns bem mais desarmonizados do que outros, mas todos necessitados — e desejosos — de uma palavra de compreensão e carinho, por mais que reajam à nossa aproximação. Os primeiros momentos de um contato mediúnico são muito críticos. Ainda não sabemos a que vem o Espírito, que angústias traz no coração, que intenções, que esperanças e recursos, que possibilidades e conhecimentos. Estará ligado a alguém que estamos tentando ajudar? Tem problemas pessoais com algum membro do grupo? Luta por uma causa? Ignora seu estado, ou tem consciência do que se passa com ele? É culto, inteligente, ou se apresenta ainda inexperiente e incapaz de um diálogo mais sofisticado?

Uma coisa é certa: não devemos subestimá-lo. Pode, de início, revelar clamorosa ignorância, e entrar, depois, na posse de todo o acervo cultural de que dispõe. Dificilmente o Espírito é bastante primário para ser classificado, sumariamente, como ignorante. Nossa experiência acumulada é muito mais ampla do que suspeitamos.

Dentre os muitos casos assim, lembro-me de um, particularmente grato ao meu coração, porque o companheiro, depois de recuperado, passou a colaborar em nossas tarefas, com uma dedicação comovedora.

Ao apresentar-se, tinha dificuldade em expressar-se, usando o vocabulário limitado de uma pessoa de pouquíssima instrução. Aos poucos, a sua história foi se desenrolando. Fora um homem negro, e vivera em pobreza extrema pelas ruas do Rio de Janeiro, cujos bairros do subúrbio conhecia muito bem. Num infeliz acidente de trem, perdera uma perna e, mesmo no mundo espiritual, ainda caminhava de muletas. Quando lhe disse que não precisava mais de muletas, podendo caminhar sem elas, ele respondeu que já o experimentara, mas levara um tombo.

Esse querido amigo — que nos deu o nome de Eusébio — esteve aos nossos cuidados por longo tempo. Por detrás de sua pobreza verbal, do seu limitado vocabulário e das suas curiosas expressões populares, sentíamos nele, não obstante, um senso filosófico muito profundo da vida e uma das mais lindas e autênticas humildades que já vi. Foi, aliás, o que o salvou e, paradoxalmente, o que contribuiu para que sua recuperação demorasse um pouco mais. Tentarei explicar.

Era evidente, para nós, que chegara ao fim da sua provação maior, e estava em condições de reencetar sua escalada evolutiva. Uma noite, emocionado até às lágrimas, conseguiu dar os primeiros passos sem a "muleta", o que, para ele, na sua linguagem colorida, "não era barbante podre, não". Suas observações eram sempre judiciosas, sua humildade uma constante, e sua afeição e gratidão por nós, algo patético, em que expandia o coração amoroso e pleno de generosidade. Nossos orientadores espirituais começaram a utilizá-lo em pequenas tarefas auxiliares, com o que ele muito se alegrou. No entanto, a despeito de sua indubitável vivência espiritual, continuava a falar-nos na linguagem do Eusébio, simples, popular, sem atavios, mas conseguindo claramente expressar nobres pensamentos e demonstrar bastante segurança.

Certa noite, devido à ausência de grande número de companheiros, a sessão alcançou um clima de maior intimidade, o que talvez lhe tenha favorecido a superação de suas inibições interiores, para falar-nos de maneira inusitada, revelando o que de há muito entrevíamos nele: conhecimento, experiência, enfim, uma respeitável bagagem espiritual, dosada e sustentada pela sua aflorante emotividade. Pelo que depreendemos, tivera um passado de brilho e destaque, aprendera a dura lição da humildade e tinha certo receio de abandonar sua obscura posição espiritual, tão dificilmente conquistada, e recair nos velhos processos da vaidade. Mas, graças a Deus, estava curado o querido companheiro.

Esse caso, aqui, veio para ilustrar algumas realidades espirituais que não podemos ignorar, sem lamentável prejuízo para o Espírito manifestante. Exemplifico: suponhamos que, ao recebê-lo, o grupo o tratasse com superior condescendência e o despedisse com uma palavra de desesperança. Onde e quando teria ele outra oportunidade de entendimento e recuperação? E onde, e quando, nós próprios teríamos a alegria de granjear uma afeição e uma dedicação iguais àquela?

Às vezes, também, embora o grupo não realize nenhum trabalho de Umbanda, surgem Espíritos acostumados a essas práticas. Suas primeiras manifestações seguem, quase sempre, a técnica a que estão acostumados. Aguardemos pacientemente para saber o que desejam. Nada de expulsá-los sumariamente. Se os companheiros do mundo espiritual permitiram sua manifestação num grupo estritamente espírita, orientado pelos ensinamentos de Allan Kardec, haverá alguma razão para isso.

Aqui, também, temos uma experiência pessoal.

Ao manifestar-se, ele traçava infalivelmente o seu sinal, sobre a mesa, e começava a doutrinar-nos. No seu terreiro, dizia, também se fazia o bem, e muito mais facilmente. Éramos uns "cartolas" grã-finos, reunidos em apartamento de luxo. Ele estava muito bem lá, e não queria nada conosco... etc. Provavelmente, não sabia ainda (ou pelo menos não revelara) por que estava ali entre nós.

Por muito tempo o diálogo se manteve nesse tom; mês após mês. Só muito mais tarde a história se desvendou. Tivera uma longa e penosíssima experiência, ao correr dos séculos, desde que, em impulsos tresloucados, no século XVI, envolvera-se em erros lamentáveis no campo político-religioso. Fora, então, um homem de grande magnetismo pessoal, de vigorosa inteligência e de muita cultura filosófico-religiosa.

— Fui um verdadeiro demônio — me disse ele, certa vez, profundamente contristado.

Confessou, também, que, há quatro séculos, perdera-nos de vista — a mim e a outro companheiro do grupo, mas a afeição por nós lá estava, e isso o salvou, graças a Deus. Parece que sua intenção inicial era arrastar esse companheiro — o médium por meio do qual se manifestava — para os terreiros de Umbanda, o que este recusava terminantemente, por divergência doutrinária insuperável.

Não nos contou ele toda a sua terrível saga, mas uma só narrativa bastou. Tivera uma existência no Brasil, como escravo negro. Perguntei-lhe onde fora isso e ele me respondeu:

— A gente nem sabia onde estava. Era levado de um lugar para outro, como bicho...

Parece que foi nessa existência que se familiarizou com a utilização dos recursos da natureza para curar. Manipulava bem esses fluidos naturais e devia trazer, no Espírito, alguma antiga experiência na Medicina, pois sempre nos demonstrou ser conhecedor seguro das mazelas do corpo humano e dos métodos de minorá-las. Em mim mesmo, por meio de passes, colocou um "remendo" na coluna, que ameaçava quebrar-se por causa de uma rara e incurável moléstia óssea.

Também este integrou-se no nosso grupo, feliz em poder servir-nos com seus conhecimentos e seu coração, curado de antigas mazelas que tanto o infelicitaram. Era particularmente ativo e estava sempre presente para restabelecer o tônus vibratório dos médiuns, quando a manifestação era por demais penosa. Incorporava-se, logo em seguida, e, enquanto falava tranquilamente, dava passes no seu médium, que despertava lúcido e livre dos resíduos vibratórios do Espírito desarmonizado que o precedera. O nosso bom e querido Justino, a essa altura, abandonara seus propósitos de continuar a frequentar os terreiros. Era quem nos dava um passe final, quem fluidificava a nossa água e quem tratava das nossas pequenas mazelas orgânicas, dando-nos conselhos e passes e, vez por outra, a "receita" de um chá caseiro. Manteve sua maneira algo rude de falar, sem floreios e artifícios de linguagem. Talvez buscasse esconder suas emoções, sua gratidão e sua alegria pelo reencontro com os velhos companheiros, que, segundo ele, haviam se distanciado na sua frente, o que não é verdadeiro.

Certa vez, num impulso rápido de inspiração, identifiquei seu Espírito nas lutas dramáticas da Reforma Protestante, mas respeitamos seu anonimato e ele nunca mais deixou de trazer-nos a vibração do seu amor fraterno e do seu reconhecimento humilde. Muito devemos a esse querido companheiro, não somente pelo que fez por nós, mas pelas inesquecíveis lições que nos trouxe. Seria difícil distinguir a gratidão dele da nossa, e não é essa mesma a essência imortal do "Amai-vos uns aos outros"?

———— • ————

Assim, a primeira regra do diálogo, com os nossos irmãos em crise, é esta: paciência e tolerância. Toda conversa com eles é um permanente exercício dessas duas virtudes. As primeiras palavras são de importância vital; são, às vezes, decisivas, e podem constituir a diferença entre uma oportunidade de pacificação ou a alienação do companheiro por mais um tempo, indeterminado, em que ele continuará a buscar alhures o que não encontrou em nós: compreensão para os seus problemas e suas angústias. Muita coisa vai depender, no desenrolar do trabalho, da maneira pela qual recebemos os nossos irmãos em crise. Nunca é demais lembrar e insistir: eles precisam de nós, justamente porque não conseguem sair sozinhos das suas dificuldades, das suas perplexidades, dos seus sofismas, da sua auto-hipnose. Mas nós, por igual, precisamos deles, porque nos trazem lições, porque nos ajudam na prática da lei suprema da solidariedade que, a seu turno, nos libertará também. E quantas vezes não são eles aqueles mesmos que causam desequilíbrios em nós próprios, ou obsessões naqueles que nos cercam: parentes, amigos, colegas de serviço, companheiros de jornada, enfim?

Além disso, não podemos despachá-los, mal enunciaram as primeiras palavras, quando nem sequer sabemos ainda de suas motivações e de suas dores. Não esperemos, jamais, uma expressão inicial sensata e equilibrada, amorosa e tranquila, da parte daqueles que se acham desarmonizados. Se assim fosse, não precisariam de nós: já teriam encontrado seus próprios caminhos. Esperemos, isto sim, uma eloquente manifestação de revolta, rancor, desespero, aflição, desencanto, ou perplexidade, segundo a natureza dos problemas que os abrasam. Contemos com mistificações e ardis, com falsidades e subterfúgios, com ódio e agressividade, com ignorância e má-fé; em suma, com a dor do Espírito aturdido pelo impasse que criou dentro de si mesmo. É claro que o primeiro impulso de hostilidade de um Espírito assim tem de ser contra nós, que o fustigamos, tentando obrigá-lo a mover-se. Ele está parado no tempo e no espaço, preso à sua problemática, empenhado numa tarefa que julga do maior relevo e importância; e aparece um grupo, como o nosso, para tentar arrancá-lo daquilo que constitui o seu mundo, a sua razão de ser. Não é ele quem nos incomoda e fustiga; somos nós que o agravamos, com a inadmissível tentativa de fazê-lo desistir dos seus propósitos. Como? Então não vemos que ele não faz mais do que cobrar uma dívida, ou trabalhar pelo restabelecimento da *Igreja do Cristo*, ou funcionar como juiz, num processo legitimamente constituído, em que a culpa é tão clara? Que petulância! Que impertinência!

É preciso deixá-los falar, pois, do contrário, não poderemos ajudá-los. É necessário conhecer a sua história, suas motivações e suas razões. E ainda que relutem, demorem e usem de mil e um artifícios, eles acabam revelando a razão de sua presença no grupo. O longo trato com eles nos ensina que têm um hábito peculiar de "pensar alto". Isto se deve a um mecanismo psicológico irresistível, do qual muitas vezes eles nem tomam conhecimento, e no qual, mesmo os mais hábeis e ardilosos deixam-se envolver. É que o médium lhes capta o pensamento, e não a palavra falada. Se o médium se limitasse a transmitir-lhes a palavra, mesmo assim, eles acabariam por revelar as suas verdadeiras posições, embora pudessem sonegar a verdade por maior espaço de tempo; mas é do próprio dispositivo mediúnico converter, em palavras e gestos, aquilo que o Espírito elabora na sua mente. Eles não conseguirão, por muito tempo, ocultar as verdadeiras causas da sua dor e a razão da sua presença, pois é isso, precisamente, que os traz a nós. Essas causas estão de tal forma gravadas nos seus Espíritos, que constituem o centro, o núcleo, em torno do qual gira toda a personalidade e agrupam-se os problemas mais críticos e mais urgentes. Se conseguirmos desfazer aquele núcleo, que funciona como verdadeiro centro de aglutinação, a personalidade reagrupa-se em novos equilíbrios redentores. Insistimos, pois, em afirmar que o médium traduz em palavras o que ele sente no Espírito manifestante: suas emoções, seu temperamento, seus problemas, suas desarmonias, ao mesmo tempo em que lhe reproduz os gestos, e a voz alteia-se ou sussurra, reflete ódio ou desprezo, ironia ou amargor, perplexidade ou aflição. Se assim não fosse, teríamos que falar com cada Espírito na sua própria língua, ou seja, na língua que ele falou por último, na sua mais recente encarnação, e todo médium precisaria ser xenoglóssico.

É certo, pois, que acabarão por revelar a razão de sua presença entre nós, e depois, o núcleo de suas dificuldades maiores, muito embora seja isto o que mais parecem temer.

Num caso desses, o Espírito fez um longo circunlóquio filosófico-teológico. Era excelente argumentador e dialético de muitos recursos. Fugia a qualquer referência pessoal, a qualquer palavra que pudesse levar-nos a descobrir suas motivações. Ao cabo do diálogo, que se estendeu por mais de uma sessão, ele não se conteve mais: seu ódio era contra mim. Seguia meus passos desde que "tua maldita mãe te colocou no mundo", e a dúvida que havia entre nós reportava-se ao tempo da Segunda Cruzada. Pretendia transformar o meu lar num hospício, disse ele, pois eu cometi contra ele um crime do qual jamais me perdoaria. Se pudesse, me destruiria...

Em suma, deixa cair os véus com os quais tentou, de início, cobrir as razões de sua presença entre nós. Veio para isso mesmo, mas relutou o quanto lhe foi possível, pois sabia muito bem que, chegados ao cerne do problema, estaríamos em melhor posição para o ajudar a resolvê-lo. No fundo, ele estava mesmo era cansado de sofrer porque a vingança e a perseguição tanto sacrificam o perseguido quanto o perseguidor.

Em outro caso, depois de muito debatermos as questões suscitadas entre nós, ele deixou escapar o fragmento de uma palavra reveladora.

A certa altura do diálogo, lembro a ele a inesquecível palavra de Gamaliel perante o Sinédrio:

— Não aconteça que vos encontreis lutando contra Deus!

Percebi que a citação o atingiu mais profundamente do que ele talvez desejasse. Resmungou que nada tinha com Gamaliel, mas evidentemente estava envolvido no doloroso "processo da cruz", e disse:

— Eu era um sol...

Estacou subitamente e comentou consigo mesmo:

— Veja o que eu ia dizendo. Sempre fui um soldado...

Na verdade, desde a sua primeira manifestação, uma ou duas semanas antes, ouvia sem cessar um alarido de vozes que berravam coisas confusas e um tilintar de armas que ele se recusava a identificar. Participara, pois, como soldado romano, ou do próprio Templo, da penosa missão de aprisionar o Cristo, ou de conduzi-lo ao longo da sua inesquecível *via crucis*. Era esse o problema que ele mais temia revelar, mas que precisava enfrentar, para libertar-se.

Este caso encerra outra lição importante. Chamemo-la a lição do arrependimento construtivo, ao qual há referências alhures, neste mesmo livro.

Para não transformar o tema numa composição literária, baste-nos lembrar que há dois tipos de arrependimento: o positivo e o negativo. O primeiro, ajuda-nos a reconstruir logo o que destruímos, a refazer o que não podemos mais desfazer; o segundo, mantém-nos paralisados à beira do caminho, enquanto nossos companheiros e nossos amores seguem à frente. Estacionamos precisamente porque nos falta coragem para enfrentar o olhar severo da própria consciência. É verdade, estamos envergonhados, temerosos e angustiados, mas por que demorar-nos no arrependimento, cruzarmos os braços e esconder-nos, como um caramujo, dentro da carapaça das ilusões? O arrependimento somente se dissolve no trabalho construtivo. Incontáveis multidões, no entanto, tentam fugir de si mesmas, ignorando seus próprios fantasmas interiores. A culpa existe em nós; impossível negá-lo, pois o erro já está cometido mesmo. O que temos de fazer, agora, não é fingir que ela não existe, porque é justamente esse fingimento, essa fuga, que nos mantém presos, detidos, marcando passo, vendo a multidão passar por nós, em busca da paz.

Esse mecanismo tem que ser bem compreendido por aquele que se propõe ajudar Espíritos endividados. É claro que também somos endividados, talvez tanto quanto eles, ou até mais. Precisamos, no entanto, mostrar-lhes que estamos fazendo alguma coisa, lutando, enfrentando os nossos espectros interiores, as censuras da consciência, as cutiladas do remorso, conscientes de que o nosso erro está presente em nós, e não podemos voltar sobre nossos passos para desfazê-lo. Podemos, no entanto, e devemos, e temos que reconhecer a força da sua presença em nós. Sem essa abertura corajosa, não dá sequer para começar. E, como diz o provérbio chinês: a caminhada de cem quilômetros começa com o primeiro passo.

O doutrinador precisa estar muito atento a esses sinais reveladores. Tentar identificá-los é sua tarefa, mas que o faça com muito tato, paciência e compreensão. Ninguém gosta de revelar suas fraquezas, seus erros, seus crimes, suas mazelas e imperfeições. Nada de coações, de pressões, de imposições. Espere com paciência, busque com tranquila perseverança, que a verdade virá. Lembre-se de que ela se encontra ali mesmo, na memória daquele irmão que sofre. Ele a dirá, se é que chegou a sua hora de mudar de rumo. Basta um pouco de ajuda, habilidade, tato e paciência. É preciso, também, que tenhamos a faculdade da empatia, ou seja, apreciação emocional dos sentimentos alheios. Veja bem: apreciação *emocional*. É necessário que as nossas emoções estejam envolvidas. Se apenas *assistimos* às agonias de um Espírito que se debate nas suas angústias, não temos empatia; somos meros espectadores. É preciso aprender a vibrar com ele, sofrer com ele, compreender sua relutância em abrir-se, aceitar seu temor em descobrir suas feridas, mas, a despeito de tudo isso, ajudá-lo a descobri-las...

Estejamos certos, porém, de que a resistência será grande, a luta interior que presenciaremos será dolorosa, difícil, e muitas vezes o Espírito recuará novamente, temeroso, acovardado, sentindo-se ainda despreparado.

Neste caso, ouvimos sempre uma destas frases:

— Ainda não estou preparado... Espere um pouco mais... De outra vez... Deixe-me. Dê-me mais tempo. Preciso pensar...

Junto de um companheiro particularmente agoniado, presenciamos a dura batalha entre os lampejos da esperança de paz e os apelos de seu insaciado desejo de vingança: iria, agora, abandonar tudo aquilo, que era a motivação de sua vida, e o tinha sido por séculos e séculos? Entregar-se à dor? Abandonar a sua vítima? E a sua vingança? E, no entanto, ninguém melhor do que ele sentia a inadiável necessidade de uma atitude de renúncia, embora sabendo que apenas trocava uma dor por outra.

O doutrinador não o forçou. Limitou-se a dizer, com o coração aberto à compreensão e ao afeto:

— A decisão é sua. Claro que você pode continuar a fazer isso. Deus, que amparou aquele a quem você persegue por tanto tempo, há de continuar amparando-o. Mas e você? É isto que lhe convém? É isto mesmo que você quer?

Estamos, talvez, nos antecipando. Falávamos do primeiro contato com o Espírito manifestante. Creio que foi possível deixar bem claro o quanto é importante essa primeira aproximação. Nela se definem muitas coisas sutis, que podem decidir o caso, de uma forma ou de outra, libertando o Espírito, ou confirmando-o na sua dor, por mais alguns anos, ou séculos.

Repitamos: o diálogo com os nossos irmãos desarvorados é um exercício de tolerância e paciência. E acrescentamos: muito amor.

À medida que ele se desenrola, estejamos atentos, mantenhamo-nos compreensivos e discretos. É uma tentativa de entendimento, não uma discussão, uma contenda, uma disputa. O que interessa, neste momento, não é "ganhar a briga", mas estudar com empatia (novamente a palavra mágica) o drama que aflige o companheiro. Não importa que ele leve a melhor no debate, que nos agrida, ameace e procure intimidar-nos. Frequentemente ocorre ser ele muito mais treinado, em pelejas dessa categoria, do que o doutrinador. Foi tribuno, orador, escritor, pensador, teólogo; enfrentou grandes debatedores, argumentou em causas importantes, adquiriu cultura e aprendeu a manejar a palavra como poucos. Leva nítida vantagem sobre o doutrinador que, por mais bem preparado que seja, está contido pelos dispositivos da encarnação e, na maioria das vezes, ignorante de fatos importantes, que o Espírito conhece e manipula com inteligência e acuidade. Seria, pois, ingênua e perigosa imprudência tentar superá-lo numa discussão. Não se esqueça, por outro lado, de que não pode deixar o Espírito falando sozinho, a não ser em condições muito especiais, que a intuição do doutrinador deverá indicar. O Espírito precisa ser atendido com interesse, muito mais que com simples urbanidade. Não apenas se encontra na condição de visita, por assim dizer, pois veio até a nossa casa, como ele ficará ainda mais irritado, e difícil, se o recebemos com fria e polida cortesia, ou, pior ainda, quando nos deixamos envolver pela sua agressividade e respondemos com idêntica hostilidade, que o aliena cada vez mais.

Estejamos certos de encontrar sempre, da parte deles, o desejo de nos arrastar à discussão azeda e violenta. É o clima que convém aos seus propósitos. Na sua dolorosa e compreensível inconsciência, usarão de todos os recursos ao seu alcance para atingir esse fim. Quantas vezes tenho ouvido agressões iniciais, e reiteradas, como estas:

— Fale como homem! Não suporto essa voz melíflua! Será que você não tem sangue nas veias? Não seja covarde! Está com medo?

Calma, paciência, tolerância. Não altere a voz, não se deixe irritar, não reaja da maneira que ele espera, pois assim não conseguirá ajudá-lo. Resista, mas resista mesmo, ao impulso de "responder-lhe à altura", mesmo que tenha o argumento que parece decisivo. Se o tem mesmo, tanto melhor. Use-o com a mesma voz tranquila e serena. É muito difícil um diálogo áspero entre duas pessoas quando somente uma grita. O gritador acaba por perceber que está fazendo papel ridículo e usando violência desnecessária, que cai num vazio, que o aturde e o traz à razão.

De vez em quando, se ele insistir em falar em altos brados, faça-o compreender, em voz baixa e tranquila, que não é preciso gritar. Que a gente somente grita quando não tem razão. Ele acabará por convencer-se da justeza dessa observação. Se o doutrinador cai na tolice de gritar-lhe de volta, o clima torna-se insustentável e a situação difícil de ser contornada. Procure dirigir a conversação para o terreno pessoal, certo de que o Espírito está negaceando, precisamente para evitar cair nesse campo, que sabe ser o mais "perigoso", por ser o único revelador do núcleo interior de sua problemática. Mas não o force. Espere o momento oportuno. Aguarde pacientemente. Siga-o na conversa, sem aumentar sua irritação, sem atritar-se com ele. Não é importante superá-lo na troca de ideias. Você não está ali para provar que é mais inteligente do que ele, nem mais culto, ou eticamente melhor do que ele: você está ali para ajudá-lo, compreendê-lo e servi-lo. Não há razão alguma para pensar que você é um Espírito redimido, e ele um réprobo enredado nos seus crimes. As leis morais, o Evangelho do Cristo e a prática espírita nos repetem, de mil formas, a mesma lição: a de que são os próprios pecadores que se ajudam mutuamente: o coxo servindo ao cego, o cego ao mudo e, sobre todos nós, a infinita misericórdia de Deus, a sabedoria ilimitada do Cristo e a assistência incansável de nossos irmãos mais experimentados, que se alongaram mais profundamente no caminho da luz.

———•———

É certo, ainda, que, durante esse diálogo difícil — em que, tantas vezes, o doutrinador tem de aceitar o papel de um pobre, infeliz débil mental, covarde, hipócrita, medroso —, haverá mistificações, propostas, bravatas, ameaças, ironias, tentativas de intimidação. Mantenhamos o equilíbrio, atentos, porém, ao fato de que humildade não quer dizer submissão e aceitação sem exame de tudo quanto nos diz o Espírito manifestante, pois ele se encontra diante de nós exatamente para que tentemos convencê-lo de seus enganos, fantasias e deformações filosóficas, teológicas e psicológicas. É a sensibilidade do doutrinador que vai indicar em que ponto e em que momento interferir.

Enquanto esse momento não chega — e geralmente ele não ocorre, mesmo, na fase inicial do diálogo — esperemos com paciência, atentos às informações que o Espírito nos fornece, dado que é com elas que vamos montando o quadro que nos mostrará o perfil psicológico do comunicante. Atenção com os pormenores que pareçam irrelevantes: uma referência passageira, o tom de voz, uma lembrança fugaz, uma observação aparentemente sem importância. Tudo serve para compor o quadro. Lembremo-nos de que o perfil que procuramos é importante, é essencial ao entendimento da personalidade daquele irmão. Embora dificilmente admita, ele precisa da nossa ajuda. Se o mencionarmos, porém, ele replicará com toda a veemência que de forma alguma precisa de nós. Está muito bem como está. Não poucos serão os que, ao contrário, nos farão propostas e nos dirão as mais estranhas bravatas.

Falam-nos do enorme poder de que dispõem — e muitas vezes isso é estritamente verdadeiro — e das "providências enérgicas" que tomarão contra nós.

Um deles me anunciou que iria "botar fogo" no grupo. E me perguntou:

— Como é que você quer morrer? Você fecha o grupo espontaneamente ou nós teremos que fazê-lo?

Outro me informou que tinha "ordens do chefe" para remover-me do seu caminho, se possível, sem me ferir; mas, se isso fosse impraticável, então era para arrebentar tudo a dinamite, porque a pedra tinha que ser afastada para que eles passassem.

Um terceiro, cujo aspecto truculento e olhar terrível o médium descreveu antes que se incorporasse, também pronunciou sua ameaça, apoiada numa bravata: estava disposto a afastar-me de qualquer maneira, se possível por bem, pois não desejava causar-me dano pessoal, a não ser que a isto fosse obrigado. Confessa, mesmo, que tem por mim certa afeição e — coisa estranha, meu Deus! — sinto por ele também uma inexplicável ternura que, não sei de onde nem de quando, vem das telas infinitas desse contínuo espaço-tempo em que vivemos. Fala-me da sua glória, na qual insiste. Sonha grande, mas não hesita diante da violência para realizar os seus sonhos de domínio. Já no passado cometeu, várias vezes, esse engano, embora projetando-se, na História, como um temível conquistador. A essa altura, já estamos conversando como dois velhos amigos que se reencontraram, e não como um agressivo guerreiro, surgido dos registros históricos, com um mero doutrinador espírita do século XX. Ao falar das suas grandezas, me diz, de maneira dúbia:

— Você preferiu outros caminhos...

— Sim, é verdade — digo-lhe eu —, preferi a obscuridade.

É isso, precisamente, que ele não entende. Como pode alguém desejar viver na obscuridade, se pode, pelo menos, tentar a glória?

Nem sempre, porém, essas bravatas e ameaças terminam assim, amistosamente, num reencontro de dois seres que seguiram rotas diferentes, mas continuam a estimar-se e respeitar--se. Usualmente, o rancor está firme atrás delas, e pelo menos algumas das ameaças concretizam-se mesmo, sob variadas formas: pequenos incidentes na vida diária, mal-entendidos entre familiares, doenças inesperadas, aflições maiores.

O problema das ameaças merece alguma digressão mais ampla, porque ele tem implicações muito sérias no trabalho de doutrinação.

Em primeiro lugar, como nos disse um Espírito amigo, certa vez, não podemos colher rosas sem jamais nos ferirmos nos espinhos. Quanta verdade nesta imagem! Por mais estranho que nos pareça, a uma observação superficial, os Espíritos mais terrivelmente perturbados e desarmonizados guardam em si incrível potencial para as realizações futuras — aptidões, experiências e qualificações inesperadas, preciosas, e, por mais fantástico que nos pareça, uma enorme capacidade de amar.

Um deles, muito difícil, agressivo, poderoso, quase inabordável, não pôde conter sua gratidão, depois de desperto: beijou, com emoção e respeito, a mão de seu aturdido doutrinador, o mesmo que, ainda há poucas semanas, ele daria tudo para destruir.

No trabalho mediúnico de desobsessão, temos, pois, que contar com contratempos, ferimentos e angústias, especialmente se deixarmos cair as nossas guardas. Isto é válido para todo o grupo, e não apenas para o médium, ou para o doutrinador. O cerco aperta-se, ainda que estejamos guardados na prece e na vigilância.

"Vigiai e orai" — disse o Cristo, segundo Marcos — "para não cairdes em tentação, pois o espírito está pronto, mas a carne é fraca" (MARCOS, 14:38).

O Espírito deseja a libertação, teme novas quedas, sonha com a paz, sofre a ausência de afetos muito profundos e, de certa forma, está pronto para a vida em plano melhor e mais purificado, ou, pelo menos, não tão difícil e grosseiro como este mundo de provas em que vivemos; mas, no fundo, mergulhado no corpo físico, que o sufoca, sua vontade debilita-se e a fraqueza da carne vence as melhores intenções. Os seres desencarnados inferiores que nos vigiam, nos espionam e nos assediam, sabem disso tão bem ou melhor do que nós, e, enquanto puderem, hão de reter-nos na retaguarda, pelo menos, como disse um amigo espiritual muito querido, para engrossar as fileiras dos que estão parados.

Mesmo com toda a vigilância, e em prece, continuamos vulneráveis. E "eles" sabem disso: quando o esquecemos, eles nos lembram:

— Você pensa que é invulnerável?

Quem poderá responder que é? E as nossas mazelas, os erros ainda não resgatados, as culpas ainda não cobradas, as infâmias ainda não desfeitas? Contudo, temos que prosseguir o trabalho de resgate, a despeito dos espinhos das rosas, das ameaças e, logicamente, de um ou outro desengano maior. É preciso estarmos, no entanto, bem certos de que, em nenhuma hipótese, sofreremos senão naquilo em que ofendemos a Lei, e jamais em decorrência do trabalho de desobsessão, em si mesmo. Seria profundamente injusta a Lei, se assim não fosse. Então, vamos ser punidos porque estamos procurando, exatamente, praticar a Lei universal do amor fraterno e da solidariedade que nos recomenda o Cristo?

Não aceitaremos a intimidação, mas não a devolveremos com uma palavra ou um gesto de desafio ou de provocação. É necessário não intimidar-se diante da bravata, mas sem cometer o engano de ridicularizá-la. Há uma diferença considerável em ser intimorato e ser temerário. Nossa bagagem de erros ainda a resgatar não nos permite usar o manto da invulnerabilidade, mas não deve deter os nossos passos na ajuda ao irmão que sofre. Mesmo que ele nos fira, com a peçonha de seu rancor inconsciente, quando lhe estendermos a mão para ajudá-lo a levantar-se, ele nos será muito grato se o conseguirmos e, no fundo, bem no fundo de si mesmo, ele, mais do que ninguém, deseja e espera que nós consigamos salvá-lo, pois que, por si mesmo, com seus próprios recursos, ele não o conseguiu ainda. E, afinal de contas, se os espinhos nos ferirem, aqui e ali, também estaremos nos libertando das nossas próprias culpas.

A regra, portanto, é esta: não ridicularizar a bravata, nem desafiar a ameaça; não responder à ironia com a mofa; não se intimidar, mas não ser imprudente.

Regra semelhante poderia ser sugerida para responder à proposta, e esta precisa, igualmente, de algumas considerações à parte.

Um grupo bem orientado e bem guardado pelos amigos espirituais invisíveis começará, pouco a pouco, a obter resultados que surpreenderão não apenas aos próprios componentes encarnados, como também aos desequilibrados Espíritos manifestantes. Estes não compreendem como pode um pequeno grupo, aparentemente tão frágil, tão reduzido, resistir à investida de tremendas e poderosas organizações espirituais, votadas, há um tempo enorme, à prática do mal. Inúmeros outros seres e grupos que tentaram, no passado, impedir seus passos, deram-se mal, e foram afastados sumariamente. De modo que, passado o rompante das primeiras agressões, os companheiros desvairados proporão barganhas e tréguas, ou pequenas concessões. A imaginação é fértil e a experiência deles é longa no trato de situações como essa, a da resistência inesperada. A proposta pode ser um simples negócio. Estão acostumados a tais ajustes e transações. Acham que tudo tem seu preço e dispõem-se sempre a pagar o preço combinado por aquilo que lhes interessa. Se podem comprar nossa desistência, por exemplo, não hesitarão em propor uma barganha:

— Está bem. O que você deseja para parar com isso?

"Parar com isso" é deixá-los fazer o que entendem, encerrar as atividades do grupo ou dedicar-se a outros afazeres mais inócuos e menos prejudiciais aos seus interesses. Concordarão, por exemplo, em deixar de atormentar alguém, a que particularmente estejamos dedicados, ou em liberar outros, que mantêm prisioneiros no mundo espiritual. Ou então nos oferecem coisas mais terra-a-terra, como dinheiro, posição, prazeres.

De outras vezes a proposição é mais sutil. Começam com elogios, exaltando nossas fabulosas "virtudes":

— Você não sabe a força que tem! Poderia arrastar multidões, dominar mentes...

A um desses respondi que não sabia, ainda, como dominar a minha... E ele, imperturbável:

— Sabe, sim. Você sabe... Por que não fazemos um acordo?

Outro convidou-me para "pregar" na sua instituição. Já referi aqui, também, aquele que me propunha desfazer um "trabalho", feito contra mim, ao que tudo indicava, por ele mesmo... Há os que propõem desembaraçar-nos de pessoas que supostamente nos estariam atrapalhando, bem como aqueles que nos acenam com "belíssimas" posições nas suas organizações.

Como dizia há pouco, a imaginação deles é fértil e a habilidade ilimitada, e muitos são os que se deixam fascinar por esse cântico funesto. Um deles me disse, certa vez, que eu ficaria estarrecido se soubesse daqueles que haviam concordado com arranjos semelhantes. De um Espírito encarnado, que nosso grupo estava particularmente interessado em socorrer, nos foi dito que desistíssemos, porque ele não voltaria: já havia "cruzado a ponte" para o lado de lá... Tinha tudo quanto queria, estava muito feliz. O negócio, evidentemente, fora bom para ambos os lados, o que, na prática comercial, indica uma boa transação concluída de maneira auspiciosa.

Duas observações básicas é preciso ainda fazer sobre tais propostas e acomodações: a primeira, é mais do que óbvia, ou seja, as concessões que nos oferecem têm elevado preço, por mais inocentes que se apresentem à primeira vista. Além do mais, nada impede que desfaçam o trato, a qualquer tempo, quando não mais interessar-lhes o nosso concurso ou caducar a razão pela qual se valeram da nossa ingenuidade infantil. A cobrança virá, então, sobre aquele que concordou com o trato e que, de suposto aliado, passa a vítima inerme de sua própria tolice. A segunda observação é a de que, quando os nossos irmãos atormentados propõem semelhantes transações, com a finalidade de nos levarem a abandonar o trabalho, deixar de ajudar alguém, ou fazer, enfim, qualquer concessão, é porque estão começando a sentir-se algo perplexos ante a resistência inesperada à sua vontade. Eles não estão habituados a fazer acordos para obter o que podem conseguir pela imposição e pela intimidação, ou pelo terror. Tenhamos, porém, o bom senso de não procurar tirar partido da situação, imatura e precipitadamente. A prudência continua a ser a melhor conselheira. Além disso, não podemos permitir-nos utilizar, jamais, métodos semelhantes aos seus. Eles compreenderão nossos escrúpulos e nosso jogo aberto e acabarão respeitando-nos por isso, estejam ou não convencidos ante a nossa argumentação. Se a uma proposta, por mais infantil que seja, da parte deles, tentarmos "virar a mesa", estaremos sintonizando-nos com o mesmo diapasão ético com que eles nos experimentam e, com isso, irá por terra a precária ascendência moral que porventura tenhamos alcançado sobre eles. Não podemos, jamais, esquecer-nos de que são pobres irmãos desorientados, desesperados, dispostos a tudo, mas que necessitam de nós. Buscam aflitivamente alguém que não possam corromper com suas propostas, alguém que prove ser pelo menos um pouco melhor do que a média humana, com a qual estão acostumados a lidar. Não alimentemos a ilusão de demonstrar-lhes que, diante de nós, são simples vermes infestados de culpas, votados à maldade intrínseca, e nós, seres redimidos, que condescendemos em estender-lhes a mão salvadora que, depois, iremos desinfetar. Absolutamente. É bem possível que sejam mais atilados psicólogos do que nós, mais experimentados do que nós nessas duvidosas transações. Encaram suas tarefas deploráveis como complexas partidas de xadrez, nas quais têm, às vezes, que sacrificar uma dama, ou um bispo valioso, para dar o xeque ao rei. São metódicos, dispõem de amplos e minuciosos planejamentos. Não os subestimemos jamais, que as consequências serão funestas para nós. Escarnecer de suas propostas, porque sentimos que estão fracos e algo perplexos, pode ser desastroso, e, além do mais, é desumano. São irmãos doentes, que precisam de ajuda e compreensão, e não de que os confirmemos nas suas práticas, retrucando aos seus processos ardilosos com ardis de idêntico teor.

Em situações como esta, costumo ter uma resposta padronizada. Não recuso a proposta, e nem a aceito. Confesso-me simplesmente incapaz de decidir, o que é estritamente verdadeiro. Usualmente, digo qualquer coisa assim:

— Não tenho autoridade para tratar com você. Procure um dos nossos companheiros espirituais aí no mundo de vocês. O que ele resolver está bem para mim.

Às vezes eles insistem, pois sabem muito bem o que significa a minha resposta. O tom pode ser este, como tenho observado:

— Está bem, mas você pode resolver a parte que lhe toca. Eles não poderão fazer nada se não tiverem o grupo, e se você acabar com o grupo, estará tudo resolvido e não mais o incomodaremos. Caso contrário... você sabe...

A posição do doutrinador tem que continuar firme, paciente, tranquila, e até mesmo respeitosa, pois a dor alheia jamais poderá constituir espetáculo de diversão, a não ser para aqueles que também estejam em desequilíbrio. É preciso respeitá-la. A criatura que está diante de nós, incorporada ao médium, encontra-se desatinada, necessitada de compreensão e de amparo. Merece nosso respeito. Seria profundamente desumano negacear com ela, tentando ludibriá-la com os mesmos recursos com que, no seu desespero, tentou enganar-nos. Que ela tente, isso é compreensível; mas que nós, também, experimentemos a mesma arma, é inadmissível. Se não podemos provar-lhes que somos melhores do que eles — e não podemos mesmo, pela simples razão de que não o somos, pelo menos na extensão que a nossa vaidade poderia sugerir — que, pelo menos, evidenciemos que nossos métodos são melhores.

Um pobre irmão desses, extremamente desarvorado, atormentou-nos, por algum tempo, com ameaças terríveis; assediou-nos, semana após semana; deu murros na mesa, gritou e fez tudo quanto lhe foi possível para destroçar-nos ou quebrar o nosso moral. Acreditava na legitimidade incontestável da sua causa. Era profundamente honesto consigo mesmo e, portanto, todos aqueles que se lhe opunham tinham que ser removidos de qualquer maneira: pela intimidação ou pela lisonja, pela dor ou pela sedução; não importam os métodos, desde que os fins sejam alcançados. Tinha, porém, um grande e generoso coração, totalmente dedicado à sua ingrata causa. Não lutava especificamente contra nós, mas pelas suas ideias, e achava, como tantos outros, que combatia o bom combate de que nos falava Paulo. Um dia, convenceu-se de seu engano, com a graça de Deus. Desceu do seu pedestal de poder e arrogância — fora também um grande e, sem dúvida, um pobre transviado no passado —, viu-se em toda a extensão de seus enganos. Nesse ínterim, um de nossos médiuns teve com ele um encontro, no mundo espiritual, em desdobramento. Estava recolhido a uma instituição socorrista, e arrasado de remorso pelas atitudes agressivas e despropositadas ante o seu doutrinador e o próprio grupo, que tanto se esforçava por salvá-lo. Voltou, depois, para dizer-nos desses nobres sentimentos, redespertados em seu coração. Essa história tem ainda um *postscriptum*. Ele visitou-nos novamente, tempos depois, para despedir-se, muito contrito e infinitamente grato aos pequenos trabalhadores que o ajudaram: preparava-se para reencarnar, e vinha pedir nossas preces, pois estava mais certo do que nunca do nosso amor fraternal.

4.1 O desenvolvimento do diálogo. Fixações. Cacoetes. "Dores físicas". Deformações. Mutilações.

Pouco a pouco, o diálogo vai se desenvolvendo, a partir de uma espécie de monólogo, pois, no princípio, como vimos, é necessário deixar o Espírito falar, para que informe sobre si mesmo, o que acaba acontecendo. Muitos o fazem logo de início, dizendo prontamente a que vieram e o que pretendem. Mesmo a estes, porém, é preciso deixar falar, a fim de nos aproximarmos do âmago de seus problemas. Outros são bem mais artificiosos. Usam da ironia, fogem às perguntas, respondendo-nos com outras perguntas ou com sutis evasivas, que nada dizem. É comum tentarem envolver o grupo todo na conversa. Várias artimanhas são empregadas para esse fim. Dirigem perguntas aos demais circunstantes; dizem gracejos para provocar o riso; tentam captar a atenção por meio de gestos e toques, nos braços ou nas mãos dos que lhes ficam mais próximos; ensaiam a indução hipnótica ou o passe magnético. Muita atenção com estes artifícios. Eles trazem em si uma sutileza perigosa e envolvente, pois constituem uma técnica de penetrar o psiquismo alheio.

Um companheiro esclarecido e experimentado que, do mundo invisível, nos orientava, costumava sempre dar uma palavra inicial, de estímulo e encorajamento, para as árduas tarefas que nos esperavam cada noite, todas as semanas. Ele tinha o hábito de fazer uma saudação geral, e depois dirigir-se a cada um de nós em particular, com uma palavra mais pessoal, afetuosa e cordial. Seu objetivo não era o de distinguir este ou aquele, e nem mesmo de dar conselhos individuais sobre nossos problemas humanos; era apenas o de estabelecer, entre nós todos e ele, um vínculo positivo, que nos predispunha ao trabalho em equipe e certamente contribuía para que nos mantivéssemos, todos, em boa faixa de equilíbrio e concentração. Suas palavras singelas, a cada um de nós, criavam, pois, este elo, necessário ao trabalho. Neste caso, a técnica era obviamente utilizada para o bem, mas, sem dúvida alguma, os Espíritos desarmonizados também a conhecem e procuram empregá-la, com finalidades muito diversas. Se um companheiro desavisado responde, mesmo com um simples sorriso, os resultados podem se tornar desastrosos. Tivemos disso um exemplo, certa vez, quando alguém, em nosso grupo, achou graça num comentário do manifestante. O Espírito começou a dirigir-se a ele, esquecendo aparentemente a presença do doutrinador e suas palavras, pois isto faz parte da técnica. Como o companheiro correspondeu à sua abordagem, o Espírito sentiu-se à vontade para prosseguir e foi muito franco e espontâneo ao manifestar sua satisfação, por ver que encontrava apoio num dos componentes do grupo,

O desenvolvimento do diálogo

muito embora soubéssemos perfeitamente que este não o estava apoiando, mas certamente o estava favorecendo involuntariamente. Sentiu-se fortalecido e disse, mesmo, após longo tempo de conversa, que não se retirava — esta é outra técnica intimidadora, que ainda estudaremos — com a clara intenção de desmoralizar o doutrinador, que ficaria falando sozinho.

Há, pois, excelentes razões para manter como regra, de raríssimas exceções, o princípio de deixar que apenas o doutrinador fale com o manifestante. É por meio daquele que atuam os Espíritos orientadores, que ficariam com seu esforço dispersado se tivessem que dar atenção e atuar, via intuição, sobre todos os componentes do grupo incumbidos ou autorizados a falar com o Espírito.

O doutrinador tem que estar, assim, bem atento aos seus companheiros encarnados, em torno da mesa, médiuns ou não, para que se mantenham firmes nas suas posições, o que é importante para o desenvolvimento das tarefas. Estes companheiros não devem fechar-se na indiferença quanto ao que se passa, pois emprestam seu apoio vibratório silencioso ao doutrinador; mas não devem cometer o engano de se envolver na conversa, a ponto de, mesmo mentalmente, interferir no difícil diálogo que o doutrinador está tentando estabelecer, para perscrutar o arcabouço psicológico e moral do seu interlocutor invisível.

Às vezes, os circunstantes encarnados, não bem afinados afetivamente com o doutrinador, podem introduzir perigosos fatores de desagregação no grupo, se persistirem em acompanhar mentalmente a doutrinação, com um senso crítico imprudente, imaginando o que diriam em tais circunstâncias. Os Espíritos manifestantes têm, frequentemente, condições de captar-lhes o pensamento e, se o fizerem, certamente tirarão partido da discrepância, mesmo que ela fique imanifesta. Por isso, tanto se insiste na importância da fraternidade, entendimento e compreensão entre todos os componentes do grupo encarnado. Não que o doutrinador seja infalível, perfeito, nem que esteja sempre certo e com a razão; mas ele precisará do apoio e da compreensão de seus companheiros, ainda que tenha falhado; e, com frequência, ele falha mesmo, porque o terreno em que pisamos no trato com esses irmãos desavorados é difícil, imprevisível e traiçoeiro.

Dessa forma, alguém que não possa concordar com os métodos empregados pelo doutrinador, a ponto de tornar-se criticamente negativo, deve afastar-se do grupo. É possível, claro, que ele esteja certo, e o doutrinador errado; mas é melhor excluir-se do que permanecer no grupo como um ponto de atrito oculto, que mina o trabalho. Se não pode ajudar, que, pelo menos, não acarrete maiores dificuldades. Se ele estiver certo na maneira de apreciar o trabalho do doutrinador, e este não possuir, mesmo, condições para a sua tarefa, as coisas encaminhar-se-ão para um desfecho natural; se apenas critica e discorda em razão de distorções de sua própria psicologia, então nada tem a contribuir de bom para o grupo e poderá acarretar-lhe considerável dano.

Lembremos, pois, a validade da regra que recomenda que apenas o doutrinador fale com o Espírito manifestante. É comum que este procure burlar a norma, tentando arrastar outros membros do grupo ao debate. Convém a eles a generalização da conversa, que afasta o doutrinador e o coloca mais ou menos à margem, numa técnica muito sutil de desmoralização.

Sob condições especiais, no entanto, é possível que ocorra a necessidade, ou a conveniência de alguém mais falar. Pode ser, por exemplo, que alguém, no grupo, tenha qualquer problema pessoal com o Espírito manifestante, e se sinta fortemente impelido a dizer-lhe uma palavra de conciliação, fazer-lhe um pedido de perdão, um gesto de fraternidade mais objetivo, além do pensamento. Também pode acontecer que o Espírito manifestante sinta real necessidade de uma palavra direta, com alguém presente que, por amá-lo particularmente, pode ajudar a despertá-lo, com a emoção de uma voz que há muito não ouve, ou com um gesto de que se lembre com saudade.

Em casos assim, o doutrinador julgará, segundo sua intuição ou a instrução dos mentores, permitindo que outra pessoa fale ao Espírito. Claro que, mesmo assim, deve continuar atento, seguindo com extremo cuidado o diálogo, para retomá-lo quando julgar necessário, porque cabe a ele a responsabilidade por esse aspecto da tarefa; é ele quem está preparado para ela, em vista de suas ligações com os companheiros espirituais, por meio dos dispositivos especiais a que nos referimos alhures, neste livro.

Fora desses casos, que insistimos em qualificar de excepcionais, deve prevalecer a regra geral do silêncio e da sustentação psicológica aos médiuns e ao doutrinador.

Outra norma subsidiária: os circunstantes, como componentes encarnados do grupo, vigiem bem seus pensamentos. Mantenham-se atentos ao diálogo, mas não se envolvam nele, nem mesmo por palavras inarticuladas, ou seja, apenas pensadas.

Enquanto isso se passa, a conversa prossegue. Ainda não dispõe, o doutrinador, de elementos suficientes para formular um juízo acerca do caso que tem diante de si. Talvez já saiba, por exemplo, a que veio o Espírito, ou seja, descobriu a razão pela qual foi atraído ao grupo. Estamos tentando, digamos, subtrair, de sua influência obsessiva, alguém que nos pediu ajuda. Mas é preciso saber por que ele (ou ela) persegue o companheiro encarnado. Qual a sua ligação com o obsidiado? De onde vem, no tempo e no espaço, o choque que se criou entre eles? Em suma: quais são as *fixações* do Espírito? Todo processo obsessivo tem o seu núcleo: traição, vingança, espoliação, desamor. É, quase sempre, um caso pessoal, de conotações essencialmente humanas, com problemas suscitados no relacionamento. Dificilmente um Espírito obsidia outro apenas porque discorda dele em questões filosóficas ou religiosas, embora isto também seja possível, em casos extremos de fanatismo apaixonado.

Deixemo-lo falar, mas não tudo quanto queira, senão ficará andando em círculo, à volta de sua ideia central. Neste caso, continuará a repetir incessantemente a mesma cantilena trágica: a vingança, o ódio, a impossibilidade do perdão, o desejo de fazer a vítima arrastar-se no chão como um louco varrido, e coisas semelhantes. O doutrinador precisa ter bastante habilidade para mudar o rumo de seu pensamento. Terá que fazê-lo, não obstante, com muita sutileza, arriscando, aqui e ali, uma pergunta mais pessoal, falando-lhe de uma passagem evangélica que se aplique particularmente ao seu caso — e sempre haverá uma ou mais que se adaptam perfeitamente às circunstâncias. Deixe-o falar, porém. Se grita e esbraveja, procure apaziguá-lo. Não se esquecer de que, por mais errado que esteja, no seu ódio irracional, ele está convencido dos seus direitos e, até mesmo, da cobertura divina. Muitos são os que invocam os dispositivos da Lei Maior para exercerem suas vinganças e perseguições. Além do mais — dizem —, se podem fazer aquilo, é que Deus o permite. Ele não tem poderes para fazê-lo cessar tudo? Por que não exerce tais poderes?

Atenção, pois, para essas ideias fixas. Por mais voltas que dê o Espírito, mesmo com a intenção consciente de ocultar sua motivação, ele não conseguirá isso por muito tempo.

No entanto, é preciso ajudá-lo a quebrar o terrível círculo vicioso em que se debate. Veja bem: *ajudá-lo a quebrar*, não quebrar, arrancá-lo à força. Ele tem que sair com seu próprio esforço. Ajudar a fazer não é o mesmo que fazer, pelos outros, aquilo que lhes compete realizar.

Por outro lado, a fixação é, às vezes, tão pronunciada e tão absorvente, que o Espírito não tem condições, sequer, de ouvir o doutrinador, ou, pelo menos, não reage de maneira inteligível ao que este lhe diz. Isto não significa que o doutrinador deve calar-se; continue a falar-lhe, que as palavras irão insensivelmente se depositando nele, e mesmo que ele pareça não ouvir — e isso ocorre, mesmo, em certos casos — seu próprio espírito sente as vibrações fraternas que sustentam as palavras. Se é que o doutrinador realmente sente o que fala ou, melhor ainda, fala o que de fato sente.

Aguarde-se, pois, o momento de ajudá-lo a sair um pouco de si mesmo. Tem que haver, na sua memória, outras lembranças, outros sentimentos e até mesmo outras angústias, além daquela que constitui o núcleo da sua problemática. Coloque, de vez em quando, uma pergunta diferente, procurando atraí-lo para outras áreas da sua memória. Como, por exemplo: teve filhos? Que fazia para viver? Crê em Deus? Onde viveu? Quando aconteceu o drama? Tem notícias de amigos e parentes daquela época?

É claro, porém, que essas perguntas não devem ser desfechadas numa espécie de bombardeio ou de interrogatório. Ninguém gosta de submeter-se a devassas íntimas. Com frequência, os manifestantes reagem, perguntando se estão sendo forçados a processos inquisitoriais. Ou, simplesmente, se recusam a responder. Ou dão respostas evasivas. Ou... respondem.

Nem sempre estarão prontos para nos ajudarem a ajudá-los logo nos primeiros contatos. O processo pode alongar-se por muito tempo, até que adquiram confiança em nós e nas nossas intenções.

O objetivo das perguntas não é, obviamente, o de satisfazer a uma curiosidade malsã e, por isso, devem limitar-se a conduzir a conversação, fornecendo-lhe pontos de apoio, sobre os quais ela possa expandir-se, a fim de afastar o pensamento do comunicante, ainda que temporariamente, do núcleo central que o bloqueia e o impede até mesmo de buscar a saída daquele círculo de fogo e lágrimas em que se encerrou inadvertidamente. Não nos esqueçamos, porém, de que espontaneamente ele não sairá, não porque não queira, mas porque não sabe. Sua vingança é a própria razão de ser de sua vida; como vai entregá-la a alguém — a um desconhecido bisbilhoteiro, como o doutrinador — a troco de uma realidade penosa, que é aquele momento patético em que ele descobre que a causa da sua dor está em si mesmo, e não na pessoa que ele persegue e odeia?

Além das fixações penosas, os Espíritos conturbados costumam apresentar cacoetes, sob a forma de trejeitos e contrações, ou, ainda, mutilações e deformações perispirituais. É certo que tudo isso está ligado ao problema interior que os atormenta.

Já tivemos oportunidade de observar esses pormenores, aparentemente irrelevantes, de muitas maneiras e sob variadas condições. Vamos a alguns exemplos: citei alhures, neste livro, o episódio do pobre irmão que tinha um braço paralisado. Notei que durante o diálogo ele não movimentava aquele membro. Por que seria? No momento que me pareceu oportuno, sem precipitação, perguntei-lhe o que havia com o seu braço. Ele não quis dizer. Ou, provavelmente, nem saberia conscientemente a razão, porque costuma funcionar, nestes casos, um mecanismo de defesa que parece construir uma barricada às nossas costas, para levar-nos a um conveniente esquecimento do passado. Simplesmente "esquecemos" as causas que nos levaram àquela situação, para poder fixar-nos no objeto do ódio e da vingança. Não sei, ao certo, se ele sabia a razão da paralisia de seu braço. Se sabia, tentava ignorá-la. Quando me propus a curá-lo por meio de passes, ele recusou — sem muita convicção — dizendo que, se ficasse curado, seria apenas para ter mais um braço para empunhar o chicote... Mesmo assim, levantei-me, orei e dei-lhe passes ao longo do braço imobilizado, e vi logo que ele reagia, sentindo o impacto dos fluidos que o alcançavam. E, realmente, ficou bom, voltando a movimentar o braço. Só então, ao que parece, foi possível liberar o seu mecanismo de censura, e ele se lembrou da cena de um passado distante, quando sacrificou, a punhal, a esposa e os filhos, que ele acreditava não fossem seus, pois achava que ela o havia traído. Exposto o âmago do problema, seu drama resolveu-se.

Outro sentia, ainda, a dor aguda de uma lança que o penetrara há séculos, quando terminou uma existência de inconcebíveis desatinos. Continuava preso ao local onde exercera um poder discricionário, a ouvir os comentários de visitantes e turistas sobre suas próprias atrocidades.

Um terceiro tinha a voz rouca — seria um antigo câncer? — e quase inaudível. Sua "cura", por meio de passes, levou-o a um reexame bem menos apaixonado da figura de seu doutrinador, que ele chamara até de porco!

Outro companheiro desorientado conservava feia cicatriz sobre o olho direito, porque ela lhe dava uma aparência terrível, que atemorizava aqueles a quem ele queria perseguir e afligir.

Em uma oportunidade, tivemos também um caso, intensamente dramático, de um pobre sofredor, guilhotinado na França durante a Revolução. Desde então — segundo apuramos em seguida — trazia a cabeça "destacada do corpo", na mão direita, segura pelos cabelos. O diálogo inicial foi difícil, pois convicto de que estava sem cabeça, ele não tinha condições de falar. A custo, porém, o fui convencendo de que podia falar por meio do médium. Vivia apavorado ante a ideia de perder de vista a cabeça e nunca mais recuperá-la. Enquanto a tivesse ali, à mão, mesmo decepada, alimentava a esperança de "repô-la" no lugar. Isto foi possível fazer, com a graça de Deus. Oramos e lhe demos passes. Subitamente, ele sentiu que a cabeça voltara à sua posição correta. Louco de alegria, ele apalpava-se e só sabia repetir:

— Ela está aqui! Ela está aqui!...

E conferia, com a ponta dos dedos, toda a anatomia facial e craniana: os olhos, o nariz, a boca, as orelhas. Estava tudo lá. E dizia:

— Posso falar! Estou falando!

Queria saber quem fizera o "milagre" de "colar" a cabeça novamente no lugar próprio. Quanto ao que lhe acontecera, não acreditava que Deus o tivesse feito para castigá-lo, pois Deus não permitiria que um homem andasse sem cabeça por tanto tempo. Levo-o cautelosamente para uma introspecção, tentando fazer que ele encontre em si mesmo a razão do seu espantoso sofrimento. Explico-lhe que vivemos muitas existências, embora as esqueçamos. Em alguma de suas vidas anteriores ele encontraria a explicação. "Provavelmente", digo-lhe, "você andou também cortando a cabeça de alguém". É verdade, isso. Ele se lembra, agora, que eram infiéis a Jeová e, depois de condenados, ele os executava. Reviu até a fila de espera...

Casos mais sérios de deformações espirituais exigem o concurso de médiuns especiais, não apenas para recebê-los, por incorporação, como também para ajudar na recomposição da forma "física", para o que é necessário dispor de algum ectoplasma, além dos passes habituais.

O desenvolvimento do diálogo

Mesmo para o companheiro a que há pouco nos referimos, de cabeça decepada, o concurso de um médium de efeitos físicos foi decisivo. Enquanto lhe dávamos passes, ele parecia absorver os fluidos avidamente, procurando impregnar-se deles, com movimentos aflitivos das mãos.

Em outros casos de deformações perispirituais e zoantropia, o médium expeliu realmente grande quantidade de ectoplasma pela boca, o que se percebeu, mesmo sem a vidência, pelos movimentos irreprimíveis que fazia como se estivesse vomitando em seco.

Ainda falaremos sobre a ectoplasmia nos grupos mediúnicos, porque ela tem outras aplicações além da que há pouco mencionamos, de ajudar a reconstituir lesões perispirituais e recompor seres reduzidos a formações animalizadas.

O diálogo prossegue. Suponhamos já ter sido possível identificar o núcleo principal do problema. Já descobrimos as razões fundamentais do seu drama. Não obstante, muito falta ainda para dissolver e dispersar aquele núcleo doloroso. Mesmo com tudo isso presente à sua consciência, ele ainda insiste em racionalizar a seu jeito o quadro que se lhe apresenta. Continua a submetê-lo ao seu próprio juízo e a invocar o seu direito à cobrança.

Já discutimos alguns aspectos teóricos desta questão. Teoricamente, sim, ele pode cobrar. Não que tenha um *direito* assegurado nos códigos divinos, porque a ideia de direito implicaria, talvez, a da impunidade. Não sei se os juristas que me leem concordam com isto, mas parece que não podemos ser punidos por exercer uma ação que o direito nos assegura. É claro que não falo aqui no direito humano, imperfeita imitação dos conceitos superiores do Direito Cósmico, do qual conhecemos as primeiras letras. Creio que, se Deus me assegurasse o direito de cobrar, impunemente, pela vingança, uma falta cometida contra mim, sua lei não teria sido muito melhor do que a nossa. Não obstante, tanto numa como noutra existe a ideia básica da reparação. A sociedade humana tenta a reparação pelos caminhos da punição; a divina, pela regeneração. O criminoso terreno deve pagar pelo que fez, independentemente do que acontece com aquele a quem ele prejudicou. A lei humana não toma conhecimento da sobrevivência do espírito. A Lei divina pede do ser, por meio de sua própria consciência, que ele se recomponha perante a sua vítima. Ante a lei humana, a prisão ou a indenização redimem o criminoso; a Lei divina vai adiante e lhe pede a reconciliação, mesmo que, em face dos códigos terrenos, ele esteja quite. Por outro lado, a lei humana não leva em conta o fato de que o homem sofre justamente aquilo que está nos seus compromissos cármicos, respondendo por desatinos cometidos. E se não colocamos um ponto final nessa espiral de horrores, ela continuará a abrir-se para baixo e para o futuro, cada vez mais dolorosa e ampla.

Dessa forma, não haveria direito líquido e certo de cobrarmos, nós mesmos, as faltas cometidas contra nós, pois que direito é esse, que reabre o ciclo da culpa e nos obriga a pagar aquilo que consideramos simples reparação?

Mas como explicar tudo isso, de forma convincente, ao Espírito tumultuado pela paixão da vingança? Como iremos mostrar-lhe a falácia da sua filosofia da reparação? Em muitos casos, ele já está convencido dessa realidade, ou seja, a de que, exercendo a vingança por suas próprias mãos, ele se inscreve novamente como culpado, no tribunal invisível da sua própria consciência. Não importa, ele quer cobrar assim mesmo. Quando chegar a hora da dor, ele arcará com as suas responsabilidades, e as sofrerá, diz ele, com prazer, porque pelo menos terá saciado o seu rancor. Não sabe ele, porém, que o rancor não se satisfaz nunca, muito menos pelos caminhos do sofrimento alheio. Por mais absurda que pareça a tese ao vingador, o seu ódio somente se estanca, e somente o libera da sua própria dor, pelo perdão. Sacudido pela tormenta das suas paixões, ele nem percebe que também sofre, e que continua retido, indefinidamente, no processo que ele próprio criou. Se conseguirmos despertá-lo para essas verdades, estaremos começando a ajudá-lo.

Nem sempre lhe adianta uma bela pregação moral sobre as virtudes teológicas do perdão. Ele não se mostrará sensível ao apelo, enquanto não se convencer de que isso é uma realidade irresistível, que o interessa pessoalmente.

Às vezes, basta uma pergunta bem colocada no momento oportuno. Acha ele, por exemplo, que, com mais um século ou dois de rancor, vai conseguir o que não conseguiu em dois ou três? Pretende continuar preso à roda-viva da aflição? Por quanto tempo? Não está cansado? Não deseja experimentar ao menos um pouco de paz? Pare e reflita, medite, procure encarar o processo com objetividade e sangue-frio, como se estivesse apreciando *um* caso, não o *seu* caso. Por que manter dois Espíritos amarrados, vida após vida, revezando-se nas posições de perseguidor e perseguido? Além do mais, a vítima às vezes se lhe escapa irrevogavelmente das mãos, pelo próprio sofrimento que lhe é infligido, pelo despertamento de seu Espírito, pelo esforço que faz em ajustar-se perante as Leis divinas. E então o perseguidor não terá mais como atingi-lo. Poderá ainda insistir em persegui-lo indiretamente, por meio de seres que lhe são caros, mas isto é uma vingança frustrada e o satisfaz ainda menos do que a outra. Ao longo do tempo ele ficará falando sozinho, na alienação da sua vingança sem objeto. Um dia despertará, afinal, para retomar a sua caminhada. E por que esperar tantos desenganos, se esse dia pode ser hoje, agora?

4.2 Linguagem enérgica

Sem dúvida alguma, a tônica do nosso diálogo com os irmãos desnorteados é a paciência, apoiada na compreensão e na tolerância. Nada de precipitações e ansiedades. Bastam as ansiedades do irmão que nos visita e, se pretendemos minorá-las, temos que contrapor, às suas aflições, a nossa tranquilidade. Se o companheiro é agressivo e violento, o esforço deve ser redobrado, da nossa parte, em não nos deixarmos envolver pela sua "faixa". A voz precisa continuar calma, em tom afável, sem precisar ser melosa; mas é imprescindível que seja sustentada pela mais absoluta sinceridade e por um legítimo sentimento de amor fraterno, sem pieguice.

Isto não exclui, por certo, a necessidade, às vezes, de uma palavra mais enérgica; mas o momento de dizê-la tem que ser buscado com extrema sensibilidade, tato e oportunidade. E, se for necessário dizê-la, é preciso que a voz não se altere a ponto de soar violenta, autoritária ou rude. A energia não está no tom de voz, mas naquilo que dizemos.

Certo Espírito apresentou-se-nos, certa vez, em estado de terrível agitação. Caíra em poder de implacável hipnotizador, que o reduzira ao mais extremo desespero. Aproveitando-se da incorporação ao médium e da proteção do grupo, falou aflitivamente de seu problema. Este é o irmão a que já me referi, ao contar que, depois de recolhido pelos trabalhadores espirituais, recaíra em poder de seu perseguidor. Quando me levanto para ajudá-lo, reclama, em altos brados e com desprezo, que de nada valem meus passes e minhas preces. Deseja morrer, desintegrar-se. Contraditoriamente, diz, a seguir, que se vingará implacavelmente de seu obsessor quando conseguir pegá-lo. Está possuído de intenso ódio e de muita revolta. A uma palavra minha, diz que sim, que pediu a Deus, mas que isso de nada adiantou.

Este é o momento em que certa dose de energia torna-se de imperiosa necessidade. Ele foi recolhido, pelo nosso grupo, em estado de pânico e aflição indescritíveis, pois desencarnara, muito jovem, em condições dolorosas e trágicas. Foi socorrido e encaminhado a uma instituição hospitalar do Espaço. A despeito de todo o cuidado e do carinho de nossos dedicados irmãos, resvala novamente no precipício da desarmonia, que o recoloca à mercê de seus perseguidores. Agora, mais desarvorado do que nunca, *exige* uma solução para o seu caso, deblaterando contra a ineficácia dos nossos métodos de trabalho.

É hora de falar-lhe com mais firmeza, ainda que sem o mais leve traço de arrogância, de ressentimento ou de condenação. Ele precisa, ainda e sempre, de compreensão e de esclarecimento, mas tem que reconhecer, também, que Deus não se acha à nossa disposição para atender a qualquer capricho ou cumprir ordens.

Digo-lhe, pois, que ele não *pediu* a Deus; ele tentou *exigir* de Deus um imediato alívio para os seus males, que, afinal de contas, são decorrência de suas próprias faltas contra a Lei divina. Não é assim que as coisas funcionam. Por outro lado, também não posso lhe tirar a dor, como num passe de mágica. Ele deve convencer-se de que precisa ser mais humilde, mais paciente. A essa altura, porém, seu hipnotizador, que se achava presente, recomeçou a indução para impedir que ele escapasse novamente do seu poder.

Um deles tentou aliciar a atenção de um dos componentes do grupo — uma jovem senhora — explorando sua repugnância por baratas e ratos. Dizia que a sala estava cheia de baratas "astrais", que subiam pelo corpo dela, e de ratos que corriam de um lado para outro. Tomou um pequeno lenço, que se achava sobre a mesa, e largou-o sobre as mãos que ela conservava pousadas sobre os olhos fechados. Ela se manteve firme, e eu também não lhe disse nada, deixando-o "brincar" um pouco. Durante nossa conversa anterior — confirmada no prosseguimento do diálogo — ele nos dera inequívoca demonstração de capacidade intelectual, poder de oratória, habilidade como argumentador, agressividade e arrojo. Era um líder, um "professor" de Doutrina Espírita!... A cena com as "baratas" e os "ratos astrais" era, no mínimo, incongruente, e revelava desespero, como quem apela para um recurso extremo, quando falham os outros. Percebera, por certo, que não conseguia convencer-nos pela argumentação. Achei, porém, que não era ainda a oportunidade de falar-lhe, mais a sério, sobre os seus "recursos".

Na reunião seguinte pareceu-me que o momento propício chegara. A certo ponto, desviei sua conversação animada, sobre a "doutrina" de Kardec, para o problema das baratas:

— Como é que você — disse-lhe eu —, um homem assim inteligente e culto, que se diz líder e mestre, faz uma brincadeira como aquela, de baratinhas e ratinhos astrais?

Ele parece ter sido apanhado de surpresa; pensou, talvez, que, como eu deixara passar a ocasião de falar na sessão anterior, o episódio ficara esquecido. Algo desconcertado, disse-me, evasivamente, como quem se desculpa:

— Foi o que encontrei aqui...

Mas estava evidentemente desbalanceado, e, muitas vezes, um pequeno incidente, como este, facilita-nos o acesso à verdadeira motivação da sua problemática. Mas, não nos esqueçamos, o momento tem que ser oportuno e, para isso, só podemos contar com a intuição, dado que os Espíritos que nos ajudam não nos transformam em meros repetidores de suas palavras; eles nos orientam e assistem, mas deixam a nosso critério a condução do diálogo. Raramente interferem e, quando isto se torna imperioso, fazem-no com extrema discrição, limitando-se a transmitir uma pequena informação, para que o próprio doutrinador a desenvolva com seus recursos.

Em casos excepcionais, sob condições especiais, mentores espirituais presentes incorporam-se em outros médiuns para doutrinar o Espírito manifestado. É comum, nestes casos, falarem com inusitada energia e firmeza, e, no entanto, sem o menor traço de rancor, de impaciência, de agressividade. Um desses companheiros amados, certa vez disse um "Basta!", com incontestável autoridade, ao Espírito que deblaterava com arrogância e impertinência.

O problema da palavra enérgica é, pois, extremamente delicado. Se pronunciada antes da hora, no momento inoportuno, pode acarretar inconvenientes e perigos incontornáveis, pois que não podemos esquecer-nos de que os Espíritos desavorados empenham-se, com extraordinário vigor e habilidade, em arrastar-nos para a altercação e o conflito, clima em que se sentem muito mais à vontade do que o doutrinador. Se este "topar a briga", estará arriscando-se a sérias e imprevisíveis dificuldades. Não pode, por outro lado, revelar-se temeroso e intimidado. Esse meio-termo, entre destemor e intrepidez, é a marca que distingue um doutrinador razoável de um incapaz, pois os bons mesmo são raríssimos. E aquele que se julga um bom doutrinador está a caminho de sua própria perda, pois começa a ficar vaidoso. Os próprios Espíritos desequilibrados encarregam-se de demonstrar que não há doutrinadores impecáveis. Muitas vezes envolvem, enganam e mistificam. Se o doutrinador julga-se invulnerável e infalível, está perdido: é melhor passar suas atribuições a outro que, embora não tão qualificado intelectualmente, tenha melhor condição, se conseguir manter-se ao mesmo tempo firme e humilde.

A interferência enérgica é, pois, uma questão de oportunidade; precisa ser decidida à vista da psicologia do próprio Espírito manifestante, e da maneira sugerida pela intuição do momento. Nunca deve ir à agressividade, à irritação, à cólera, e jamais ao desafio. Qualquer um de nós redobra suas energias, quando desafiado. É humano, é incontestavelmente humano, esse impulso. Quando alguém põe em dúvida um, que seja, dos nossos mais modestos atributos, tratamos logo de provar que, ao contrário, é naquilo que somos bons.

Ademais, seria desastroso recuar, intimidado, depois de uma observação mais enérgica. O Espírito perturbado tiraria disto o melhor partido possível, para os seus fins. Uma das muitas armas que manipulam, com extrema habilidade, é a do ridículo. Se cairmos na tolice de dizer-lhes algo que não podemos sustentar, ou em que transpareça uma pequena pitada de cinismo, de hipocrisia ou de prepotência, estaremos em apuros muito sérios.

É preciso, pois, estarmos atentos e preparados para interferir com mais energia, certos de que firmeza não é estupidez nem grosseria, e que o mais profundo amor fraterno pode e deve coexistir no mesmo impulso de exortação franca e corajosa. Precisamos saber quando dizer que eles estão errados, e por quê. Nada de gritos e murros na mesa.

Esses momentos de firmeza são também necessários quando o Espírito entra no processo que costumo chamar de "crise", ou seja, quando começa a perceber que está *cedendo*. Ainda veremos isto mais adiante, neste livro. Baste aqui dizer que a energia, neste caso, tem que ser ainda mais adoçada, encorajadora, e não repressiva.

Em suma, a palavra enérgica é necessária, indispensável, mesmo, em frequentes ocasiões, porque em muitos casos é fator decisivo no despertamento do irmão aturdido; mas deve ser dosada, com extrema sensibilidade, e o momento certo, escolhido com seguro tato.

4.3 A prece

A fé e o amor são os dois grandes instrumentos de trabalho do doutrinador. Ainda voltaremos a falar sobre o amor, esse tema inesgotável, fonte de belezas eternas, de reservas inexauríveis de energia criadora, de harmonias insuspeitadas, sempre a nos surpreender com o seu infinito potencial.

A fé e o amor causam impactos espantosos em nossos irmãos infelizes. Quantas vezes tenho ouvido depoimentos, de comovedora sinceridade, de Espíritos aturdidos ante a evidência desses sentimentos:

— Que fé absurda tem você! — disse-me um deles.

Ele não queria dizer que a minha fé era falsa, extravagante, ilógica ou irracional; ele se surpreendia em achá-la tão legítima, tão viva, tão firme.

E acrescentou, estupefato:

— O mundo pode desabar em cima de você, que você não se importa.

Bem dizia o nosso Paulo, especialista em tais assuntos, que "a fé é a garantia do que se espera, a prova das realidades invisíveis" (HEBREUS, 11:1). E que, mesmo depois de tudo dito e vivido, subsistiriam "a fé, a esperança e o amor, os três..." (I CORÍNTIOS, 13:13).

Uma fé assim é preciso para orar pelos nossos queridos irmãos desarvorados. A força e o poder da fé transmitem-se à prece, enunciada com emoção e sinceridade.

Citando os seus amigos espirituais, Kardec escreve, em *O evangelho segundo o espiritismo*, cap. XXVIII:

> Os Espíritos hão dito sempre: "A forma nada vale, o pensamento é tudo. Ore, pois, cada um segundo suas convicções e da maneira que mais o toque. Um bom pensamento vale mais do que grande número de palavras com as quais nada tenha o coração".

Estes ensinamentos são, na verdade, preciosos, para qualquer tipo de prece, em qualquer oportunidade, mas são de capital importância na prece que formulamos pelo Espírito desajustado que temos diante de nós, incorporado ao médium. Kardec torna isto particularmente claro, quando diz, mais adiante, no mesmo capítulo de *O evangelho segundo o espiritismo*:

> A qualidade principal da prece é ser clara, simples e concisa, sem fraseologia inútil, nem luxo de epítetos, que são meros adornos de lantejoulas. Cada palavra deve ter alcance próprio, despertar uma ideia, pôr em vibração uma fibra da alma. Numa palavra: *deve fazer refletir*. Somente sob essa condição pode a prece alcançar o seu objetivo; de outro modo, *não passa de ruído*. Entretanto, notai com que ar distraído e com que volubilidade elas são ditas, na maioria dos casos. Veem-se lábios a mover-se; mas, pela expressão da fisionomia, pelo som mesmo da voz, verifica-se que ali apenas há um ato maquinal, puramente exterior, ao qual se conserva indiferente a alma.

Lembro que os destaques não são meus; estão no original. De transcendental importância para os trabalhos de desobsessão é a observação de que a prece "deve fazer refletir". Muitas vezes, é durante a prece, dita em voz alta pelo doutrinador, ou por alguém por ele indicado no grupo, que o

Espírito manifestante faz uma pequena pausa para pensar. A prece o envolve em vibrações pacificadoras, em uma ternura que, talvez há muito não experimente. Ela deve ser elaborada em torno da própria temática que o companheiro nos tenha revelado, no decorrer do diálogo conosco.

Como tudo o mais que tentamos realizar nos grupos de desobsessão, a prece tem seu momento psicológico ótimo, que varia, necessariamente, de um caso para outro. Em certas ocasiões é preciso orar ainda no princípio da manifestação, em virtude de o estado de agitação, ou de alienação, do Espírito, não nos permitir colher, antes, um pouco da sua história e da sua motivação. O melhor, no entanto, é esperar um pouco, aguardar esclarecimentos e informações que — nunca é demais recomendar — não devem ser colhidas em interrogatórios e por meio dos artifícios da bisbilhotice.

No momento propício — e mais uma vez temos que recorrer à intuição e ao senso de oportunidade — convém dirigir-se ao próprio Espírito e propor-lhe a prece. Dificilmente ele recusará, e, ainda que o recuse, devemos fazê-la, mesmo porque não devemos *pedir-lhe permissão* para orar, e sim *comunicar-lhe* que vamos fazê-lo. Basta dizer, por exemplo:

— Vamos orar?

Ou:

— Agora vou fazer uma prece.

Como disse, dificilmente ele se oporá. Poderá, no máximo, dar um muxoxo desinteressado, ou fazer um comentário condescendente:

— Pode orar, se quiser...

Curioso, no entanto, que muito raramente eles procuram perturbar a prece. Geralmente ouvem-na em silêncio, senão respeitoso, pelo menos comedido. Alguns, no entanto, insistem em continuar falando, zombando ou ridicularizando.

Um deles procurou dramatizar as minhas palavras, tentando reproduzir, em gestos, que acreditava muito cômicos, as imagens contidas no sentido das palavras pronunciadas.

A prece deve ser dita de preferência de pé, ao lado do companheiro manifestado, com as mãos estendidas para ele, como que a concentrar nele as vibrações e as bênçãos que invocamos. Alguns informam depois, ou durante a prece, que se acham "defendidos", "protegidos" por "couraças" e "capacetes" invioláveis, nos quais — esperam eles — as energias suscitadas pela prece não poderiam penetrar.

Dirija a sua prece a Deus, a Jesus ou a Maria, pedindo ajuda para o companheiro que sofre. Se já dispõe de alguma informação sobre ele, fale especificamente de seu problema, como um intermediário entre ele e os poderes supremos que nos orientam e amparam. Eles se esqueceram, às vezes por séculos, e até milênios, de que esses canais de acesso estão abertos também a eles. Não têm mais vontade, ou interesse, de se dirigirem a Deus. Ou lhes falta coragem, por julgarem-se além de toda recuperação, indignos e incapazes de projetarem o pensamento a tão elevadas entidades.

Em alguns casos, costumo orar não apenas *pelo* Espírito manifestante, mas como se fosse *ele próprio*, com as palavras e as emoções que ele mesmo escolheria para dirigir-se ao Pai ou a Jesus, se estivesse em condições de fazê-lo.

Certa ocasião, muito crítica e importante, a prece foi elaborada como se partindo de nós dois: o doutrinado e o doutrinador, pois estávamos envolvidos muito profundamente em compromissos mútuos. Dirigi-me à doce Mãe de Jesus, colocando diante dela o problema de dois seres que haviam errado gravemente, julgando servi-lo. Ambos havíamos sofrido, ao longo dos séculos, por causa daqueles enganos. Já era mais do que tempo de chegarmos a um entendimento e colocarmos ponto final naquela penosa e aflitiva desarmonia, para que, juntos, como irmãos que éramos, conseguíssemos retomar, ambos, a nossa caminhada, sem os rancores que nos prendiam a um passado lamentável. Fosse Ela a advogada da nossa causa e nos ajudasse a encontrar os caminhos da paz.

Ele ouviu a prece, em silêncio, e acabou cedendo.

São incríveis a força e o impacto de uma prece límpida, pura, singela, escorada na emoção e no afeto. O efeito é "milagroso", surpreendente, ainda que nem sempre instantâneo. São muitos os sofredores que se enquistaram de tal maneira atrás de suas defesas e de suas couraças, que precisam de algum tempo para deixarem-se alcançar, a ponto de realizar-se neles o milagre sempre renovado do amor. Estes ainda riem, por algum tempo, da prece — um riso nervoso, sem convicção. Estão com medo, pobres irmãos. Medo da emoção que os leva à crise, e da crise que os leva à dor que os espera ao longo do extenso caminho de volta...

Entre continuar numa dor que já conhecem, e que se encontra anestesiada, e entregar-se a outra que desconhecem, preferem ficar como estão. A prece muito contribui para vencer estas últimas inibições e hesitações. Ela os leva a alguns instantes de pausa, no curso dos seus pensamentos habituais. Representa uma experiência da qual se desabituaram ou com a qual não se acham familiarizados.

Alguns deles, quando pedimos para orar conosco, recusam-se, mas não tentam impedir-nos. Outros, quando propomos que eles orem também, desculpam-se desajeitadamente, dizendo que "ali não há condições". Isto é especialmente invocado pelos companheiros que foram prelados. Como se julgam alienados da doce intimidade do Cristo, por exemplo, não se sentem encorajados a "falar" com Ele por meio da prece. Desculpam-se, então, com a impropriedade do ambiente, a falta dos paramentos e dos livros adequados. Não são poucos os que continuam, no atormentado mundo espiritual em que vivem, a celebrar suas missas, oficiar os ritos e os sacramentos a que estiveram habituados na vida terrena; mas, no fundo, sabem que aquilo é estranho à simplicidade e à autenticidade do Cristo e de seu Evangelho. Por isso, quando convidados a orar de verdade, sentem-se atônitos e temerosos, embora reagindo, exteriormente, como se não dessem nenhuma importância a qualquer ato de contrição, ou como se somente pudessem exercê-lo com os apetrechos a que se habituaram. Não podemos esquecer-nos de que são muitos os que praticaram, a vida inteira, ou, mesmo, vida após vida, um culto formal e frio, aparatoso e vazio, no qual o coração e a fé não se envolveram. Para esses pobres companheiros desarvorados, até mesmo a prece, manifestação mais pura do diálogo entre o homem e Deus, transformou-se em mero instrumento de poder, esvaziando-se de todo o seu elevado e nobre conteúdo. Com essa prece aviltada e despovoada de emoção, pediram favores insólitos a Deus, ou pronunciaram julgamento sobre o próximo. Não é de admirar, pois, que ao cabo de tantos desenganos, passem a não crer nela, ou continuem a entender que a prece é para isso mesmo, ou seja, para exigir favores de uma divindade servil, cega e injusta, que nos concede aquilo que não merecemos, ou não concede o que julgamos merecer.

A reação, pois, difere de um caso para outro, mas pode ser grupada dentro de classificações mais ou menos didáticas, como acima esboçado. Há, pois, os que se comovem; os que ouvem, em respeitoso silêncio, mas ainda precisam de tempo; os que a ridicularizam, porque temem seus efeitos; os que se recusam a dizê-la, por julgarem-se indignos, ou não necessitados; e os que se acham de tal maneira alienados, que oram até mesmo com certa veemência, convencidos de que Deus, ou o Cristo, virá imediatamente em seu socorro, para livrá-los da situação em que se encontram, diante de um doutrinador impertinente.

Um deles tomou a iniciativa de pedir-me para orar. Disse-lhe que não me cabia autorizar um ato desses, por me faltar autoridade para fazê-lo. Ele ainda comentou a minha atitude, algo surpreso, e preparou-se para orar. Recolheu-se a uma postura correta, juntando as mãos em frente dos olhos fechados do médium, aguardou alguns momentos de silêncio respeitoso e se pôs a orar a Jesus, com muita veemência. Falava em nome da "equipe humilde" do Cristo, e nada pedia para eles próprios, porque o Cristo sabia de suas necessidades e aspirações; mas pedia para nós, os componentes do grupo, que estávamos muito necessitados de socorro e orientação. Sua prece era um tanto oratória e, de fato, depois nos deu uma demonstração de seus recursos de pregador, falando com entusiasmo e brilho, a uma plateia invisível a nós.

É possível que ele fosse sincero no seu apelo, porque o fanatismo é, às vezes, de intensa e desastrosa sinceridade; mas, no seu caso, continuei com a impressão de que aquele era apenas mais um dos inúmeros mecanismos usados para fuga. Na profunda intimidade do seu ser, ele deveria realmente acreditar que era um excelente trabalhador do Cristo, a quem orava com todo o fervor. Enquanto isso, estava ao abrigo de suas próprias contradições íntimas, de suas responsabilidades maiores, e continuava a negacear diante da difícil decisão de abandonar o poder e a glória, descer do pedestal de grande mestre, ou líder, para voltar a ferir os pés descalços, pelos caminhos espinhosos da recuperação, de coração sangrando, espicaçado pelo remorso.

Sendo, pois, a fé, "a garantia do que se espera e a prova das realidades invisíveis", a prece é o convite para que a esperança se realize em nós, ou diante de nós. A prece é o instrumento do amor grande e puro de que nos falou o Cristo; é por ela que a caridade nos faz agentes da Divindade.

É por ela que conseguimos alçar o nosso espírito, aprisionado ainda no erro, às culminâncias da esperança. Paulo apresentou juntos a fé, a esperança e o amor. A prece nos liga porque, apoiada na fé, contempla a esperança e ajuda-nos na doação do amor.

4.4 O passe

A técnica do passe magnético, nas sessões de desobsessão, merece algumas observações específicas.

Tão difundida está hoje, pelo menos no Brasil, a ideia do passe, que até os dicionários comuns contêm definições aceitáveis dele, como, por exemplo, o de Caldas Aulete e o da Academia Brasileira de Letras, organizado pelo professor Antenor Nascentes, que dizem basicamente a mesma coisa:

> *Passes*, pl. passagens que se fazem com as mãos por diante dos olhos de pessoa que se pretende magnetizar, ou sobre a parte doente da pessoa que se pretende curar por força mediúnica.

É certo que a definição não cobriu todo o campo de ação do passe, mas, que mais se poderia exigir de um dicionário não especializado em fenomenologia espírita?

André Luiz, informando sobre o passe, do ponto de vista da medicina humana, declara, em *Evolução em dois mundos*, Segunda parte, capítulo 15:

> Pelo passe magnético, no entanto, notadamente aquele que se baseia no divino manancial da prece, a vontade fortalecida no bem pode soerguer a vontade enfraquecida de outrem, para que essa vontade, novamente ajustada à confiança,

magnetize naturalmente os milhões de agentes microscópicos a seu serviço, a fim de que o Estado Orgânico, nessa ou naquela contingência, se recomponha para o equilíbrio indispensável.

Pouco antes, dissera ele que:

Toda queda moral nos seres responsáveis opera certa lesão no hemisfério psicossomático, ou perispírito, a refletir-se em desarmonia no hemisfério somático ou veículo carnal, provocando determinada causa de sofrimento.

Retomando o tema, em *Mecanismos da mediunidade*, capítulo 22, observa ainda, esse mesmo autor espiritual, que o passe

é sempre valioso no tratamento devido aos enfermos de toda classe, desde as criancinhas tenras aos pacientes em posição provecta na experiência física, reconhecendo-se, no entanto, ser menos rico de resultados imediatos nos doentes adultos que se mostrem jungidos à inconsciência temporária, por desajustes complicados do cérebro.

Esclareçamos, porém, que, em toda situação e em qualquer tempo, cabe ao médium passista buscar na prece o fio de ligação com os planos mais elevados da vida, porquanto, através da oração, contará com a presença sutil dos instrutores que atendem aos misteres da Providência divina, a lhe utilizarem os recursos para a extensão incessante do Eterno Bem.

Observamos que os textos aqui reproduzidos referem-se especificamente ao passe curador, aplicado em seres encarnados. Como sabemos, porém, o passe é utilizado também para magnetizar, provocando, nesse caso, o desdobramento do perispírito, e até o acesso à memória integral e consequente conhecimento de vidas anteriores, segundo experiências de Albert de Rochas, reiteradas posteriormente por vários pesquisadores.

A literatura sobre o passe magnético é vasta, mesmo fora do âmbito estritamente doutrinário do Espiritismo, uma vez que o magnetismo foi amplamente cultivado na Europa, no século passado, principalmente na França.

Poucos estudos existem, ao que sabemos, sobre o passe aplicado aos seres desencarnados, não apenas para fins curativos de disfunções perispirituais, como para provocar a regressão de memória. Parece, no entanto, lógico inferir que o mecanismo é idêntico ao passe aplicado em seres encarnados. Os ensinamentos de André Luiz permitem-nos concluir assim, quando informam que o passe magnético, apoiado na prece, constitui poderoso fator de reajustamento para os desencarnados cujos perispíritos se acham lesados em decorrência de quedas morais.

O perispírito, como veículo da sensibilidade e intermediário entre o Espírito e o ambiente em que vive, está presente tanto no encarnado como no desencarnado. Sua estrutura, embora mais sutil noutro campo vibratório, é similar à do corpo físico, pois é ele o modelador da nossa organização material. Dessa forma, o Espírito desencarnado, incorporado ao médium, torna-se facilmente acessível ao passe magnético e, portanto, aberto aos benefícios que o passe proporciona.

Na prática da desobsessão, tenho tido oportunidade de observar as possibilidades e recursos do passe sobre companheiros desencarnados e creio poder contribuir com algumas observações, ainda que preliminares, mas bastante encorajadoras.

Sem dúvida alguma, o passe é recurso válido nos labores mediúnicos, mas deve ser empregado com certas cautelas e com moderação. Nesse campo, definições precisas e definitivas não existem ainda, pelo simples fato de que o ser humano, além de ser uma organização consciente extremamente complexa, é imprevisível. O passe, como todos os demais recursos com que procuramos socorrer os nossos irmãos desencarnados em crise, precisa ser ministrado no momento certo, com a técnica adequada e na extensão necessária. Mas qual o momento, qual a técnica e qual a extensão para cada caso? Não podemos ainda — e creio que não poderemos fazê-lo tão cedo — escrever normas rígidas para a tecnologia do passe sobre os desencarnados.

No entanto, os amigos espirituais que tão generosamente se colocaram ao nosso lado, para orientar e apoiar o nosso trabalho de doutrinação, têm-nos trazido sempre o estímulo dos seus ensinamentos, e creio que algumas observações já estão mais amadurecidas e em condições de mais aprofundados estudos e desenvolvimento. Nunca é demais lembrar que, neste campo de trabalho, o conhecimento real emerge da experimentação, de um ou outro engano, de falhas e de êxitos, mas que, em hipótese alguma, deveremos enveredar imprudentemente pelas trilhas da fantasia, desligados dos conceitos fundamentais da Doutrina Espírita, tal como codificada por Kardec e suplementada pelos seus continuadores. A teorização somente é válida quando escorada na experiência, mas não devemos esquecer que a recíproca também é legítima, ou seja, a experimentação deve balizar-se dentro daqueles conceitos fundamentais que a Doutrina e a lógica já confirmaram. Não sei se me faço entender. Talvez um exemplo ajude a esclarecer o que tenho em mente ao escrever isto.

As faculdades psíquicas, como sabemos, são, em si mesmas, neutras. Tanto podem ser empregadas nas tarefas do bem como nas outras. Podem também ser desenvolvidas e treinadas por métodos limpos, altamente éticos, com seriedade e respeito, ou por meio de processos aviltantes, hediondos e totalmente desprovidos de qualquer compromisso com a moral. Os rituais da magia negra também revelam e desenvolvem faculdades psíquicas, mas por processos abjetos que, em virtude de permanecerem em segredo, pouca gente tem noção do nível de degradação a que podem levar. É fácil imaginar que tipo de mediunidade e que pactos sinistros emergirão desses métodos sinistros, e que tenebrosos compromissos acarretarão para o Espírito.

Em contraposição a tais processos, a identificação da mediunidade em potencial e o seu desenvolvimento, em termos de Doutrina Espírita, devem resultar de cuidadoso planejamento, estudo metódico e prática bem orientada, mesmo porque qualquer trabalho mal orientado, nesta fase, pode criar vícios de difícil erradicação posterior.

Creio que princípios gerais semelhantes a esses aplicam-se também ao estudo do passe, nas sessões de desobsessão. Ele é realmente o recurso válido e potente, no trato dos nossos irmãos desencarnados; sua técnica, não obstante, precisa ser desenvolvida com muita prudência e seriedade.

A primeira norma que poderíamos lembrar é a de que não deve ser aplicado a qualquer momento, indiscriminadamente, e por qualquer motivo. O passe provoca reações variadas no ser humano, encarnado ou desencarnado. Ele pode serenar ou excitar, condensar ou dispersar fluidos, causar bem-estar ou incômodo, curar ou trazer mais dor, provocar crises psíquicas e orgânicas, ou fazê-las cessar, subjugar ou liberar, transmitir vibrações de amor ou de ódio, enfim, construir ou destruir.

Precisamos estar sempre protegidos pela prece e pelas boas intenções, sempre que nos levantamos para dar passes num irmão desencarnado incorporado. Mas para que dar passes?

Em vários casos ele pode ser aplicado, mas é preciso usá-lo com moderação, para que, ao tentarmos acalmar um Espírito agitado, não o levemos a um estado de sonolência que dificulte a comunicação com ele, justamente do que mais precisamos. Se temos necessidade de dialogar, para ajudá-lo, como vamos entorpecê-lo a ponto de levá-lo ao sono magnético? Às vezes, no entanto, isso é necessário. Já debatemos por algum tempo o seu problema; o que tinha que ser dito, pelo menos por enquanto, foi dito, e ele continua agitado. Neste caso, o passe pode ajudá-lo a serenar-se. De outras vezes, é necessário mesmo adormecê-lo, a fim de que, ao ser retirado pelos mentores, seja recolhido a instituições de repouso, para tratamento mais adequado, ou trazido na sessão seguinte, em melhores condições de acesso.

O passe ajuda também a desintegrar certos apetrechos que costumam trazer, como "capacetes", "couraças", "objetos" imantados, armas, símbolos, vestimentas especiais. Para isto serão passes de dispersão.

Com o passe, podemos mais facilmente alcançar-lhes o centro da emoção, transmitindo-lhes diretamente ao coração as vibrações do nosso afeto, que parecem escorrer como uma descarga elétrica, ao longo dos braços.

O passe cura dores que julgam totalmente "físicas", pois localizam-se muito realisticamente em pontos específicos de seus perispíritos. Com passes — e neste caso precisamos também de um médium que tenha condições de exteriorizar ectoplasma — poderemos reconstituir-lhes lesões mais sérias ou deformações perispirituais.

Com o passe os adormecemos para provocar fenômenos de regressão de memória ou projeções mentais, com as quais os mentores do grupo compõem os "quadros fluídicos", tão necessários, às vezes, ao despertamento de Espírito em estado de alienação.

Com o passe podemos também ajudá-los a livrar-se da indução hipnótica alheia, ou da própria, isto é, da auto-hipnose.

De todos esses aspectos temos tido experiências altamente instrutivas e algumas de intensa dramaticidade. Já relatei algumas ao longo destas páginas. Veremos outros exemplos.

São mais frequentes as oportunidades em que é preciso adormecer o Espírito, especialmente ao fim da conversa, de modo a serem conduzidos pelos trabalhadores desencarnados.

É também comum o trabalho de "desfazer" vestimentas especiais, dentro das quais se julgam protegidos de nossos fluidos. Certo Espírito, além de capacete e couraça, ligava-se por um fio, segundo nos explicou, ao seu grupo. Cinquenta companheiros seus haviam ficado reunidos, em rigorosa concentração, para sustentá-lo na sua "perigosa" missão junto a nós. O passe pode "desfazer" os fios que ligam Espíritos aos seus redutos. Desta vez, porém, as ligações foram mantidas e, no devido tempo, os mentores do grupo utilizaram-se daqueles condutos para levar ao grupo deles uma vigorosíssima carga fluídica, que os desarvorou completamente.

Numa dessas ocasiões, o fio também foi preservado, para que, através dele, se "retransmitisse", aos comparsas do Espírito manifestado, as palavras que ele ouvia do doutrinador.

Com mais frequência do que seria de supor-se, somos instruídos a provocar a desintegração de objetos e apetrechos, como no caso daquele que nos trouxe, para fins muito bem definidos, um invisível prato de sangue, que depositou sobre a mesa.

São também constantes os fenômenos de regressão de memória, quase sempre reportando-se a vidas anteriores, nas quais se escondem núcleos de problemas afetivos. O passe ajuda os Espíritos, a despeito deles mesmos, nesses mergulhos providenciais no passado, mas nem sempre necessariamente em vidas anteriores. Lembro-me, a propósito, de um doloroso e comovente caso. O Espírito era agressivo, violento e de dificílima abordagem. Seu problema central é a mãe. Tem-lhe ódio mortal. Ao que parece, destacou-se na vida, mas nunca pôde esquecer-se de suas origens e perdoar a progenitora por ter sido uma pobre e infeliz peixeira do cais. Quando vê diante de si o Espírito de sua mãe, de braços estendidos, grita-lhe impropérios terríveis, manda-a de volta ao cais, ameaça bater-lhe e humilha-a de todas as maneiras. Creio que ele não conheceu o pai e, segundo diz, sofreu humilhações na escola, por causa de sua vida miserável, numa época de preconceitos muito severos. Ajudados por nossos passes, os amigos espirituais fazem com ele uma regressão de memória, até à infância, quando, muito pequeno, ainda aceitava a mãe, porque dependia dela e a consciência do seu drama interior estava adormecida. Ele se tornou sonolento e, com voz mansa, começou a chamar pela mãe, até que adormeceu sobre a mesa e foi retirado.

Na semana seguinte, voltou novamente com todo o ímpeto, agora agravado pelos "ardis" que utilizamos contra ele, na sessão anterior. Ainda muito difícil, está pelo menos em condições de ouvir melhor o que lhe digo. Começo a pedir-lhe que procure compreender a mãe. Ele sabe que o espírito é imortal e que vivemos muitas vidas. Por que razão teria ele, por exemplo, escolhido *aquela* mãe, e não outra? É porque já estava ligado a ela anteriormente. Ademais, sabia ele das obsessões de que ela fora vítima? Foi isto, precisamente, que rompeu o dique das suas emoções represadas: ele próprio fora seu obsessor, enquanto ela se encontrava na carne e ele permanecia no mundo espiritual. A sua reencarnação por meio dela foi um recurso da Lei divina do reajuste, necessário a ambos. Num *flash* doloroso, ele compreendeu todo o seu drama terrível e entrou numa tremenda crise de remorso.

Ao cabo de uma longa conversa — e agora é o momento em que o doutrinador precisa de maior sensibilidade ainda — ele é novamente adormecido e levado.

Em suma: o passe tem importante lugar no trabalho mediúnico, mas precisa ser utilizado com prudência e sob cuidadosa orientação dos trabalhadores desencarnados. Não deve ser empregado para atordoar o manifestante, exatamente quando precisamos de sua lucidez para argumentar com ele sobre o seu problema; mas, às vezes, precisa ser aplicado exatamente para serená-lo e prepará-lo para outra ocasião, em que se apresentará mais receptivo. Tenho perfeita consciência das dificuldades que o problema oferece e do embaraço em que me encontro para ser mais específico na formulação de observações concretas e de normas de ação mais definidas. Em assuntos dessa natureza, é melhor confessar a escassez de conhecimentos do que arriscar-se a ditar regras que não estão nitidamente definidas pela experiência. Se posso sugerir alguma coisa, é que exercitem com parcimônia o recurso do passe em Espíritos desencarnados e observem atentamente seus efeitos e possibilidades. Um dia saberemos mais acerca desse precioso instrumento de trabalho no campo mediúnico.

4.5 Recordações do passado

Somos o nosso próprio passado. Dormem soterradas nos tenebrosos porões do inconsciente as razões das nossas angústias de hoje, tanto quanto estão em nós as conquistas positivas, que lutam por consolidar-se na complexidade da nossa psicologia, tentando suplantar os apelos negativos que insistem em infelicitar-nos. Estamos a caminho da redenção quando damos apoio consciente às tendências do bem em nós, quando estimulamos, com as nossas lágrimas, e cultivamos, com amor e sofrimento, as sementeiras da paz. Se, ao contrário, nos deixamos dominar pelas sombras que trazemos no íntimo, paramos no tempo, enquanto se aprofundam em nós as raízes do desequilíbrio, no terreno fértil das paixões que julgamos tragicamente indomáveis, quando são, simplesmente, indomadas. É preciso saber que cabe a nós — e a ninguém mais — domá-las; mas, enquanto nos apraz o erro, todo o nosso esforço é posto na tarefa inglória de manter soltas as paixões, e presas as recordações.

São de incontestável importância estas noções no trabalho de desobsessão. Para o Espírito atormentado pelos seus desequilíbrios, o futuro não importa, o passado não interessa e o presente é a única realidade que aceitam e manipulam livremente, segundo os impulsos do momento. Comprimidos numa estreita faixa de presente, que procuram viver com toda a intensidade possível, entre um futuro que ainda não existe e um passado que procuram ignorar, esquecem-se de que não poderão, jamais, fugir às suas responsabilidades e compromissos.

Quando os advertimos dessas incongruências funestas, respondem-nos que não estão preocupados com o futuro, dado que, ao chegar a vez de sofrerem pelos seus erros, saberão fazê-lo com dignidade e coragem. Esperam, naturalmente, ser tão valentes perante a dor própria, quanto o são perante a alheia. Trágico e doloroso engano é esse; mas que se há de fazer? Temos a impenitente propensão para rejeitar como inválida a experiência alheia. Quanto mais arrogante e belicoso o companheiro desarvorado, maior a dor que experimenta ao despertar para as realidades que procurou ignorar por tanto tempo. A dor dos grandes criminosos é terrível, comovedora, trágica, desesperada, nesses momentos dramáticos em que o Espírito se acha completamente aturdido ante a enormidade de seus erros.

Para abrir diante dele uma janela sobre si mesmo, a chave mais importante de que dispõe o doutrinador consiste em levá-lo a contemplar seu próprio passado, fortemente protegido pelos mecanismos do esquecimento deliberado.

Talvez por isso escreveu Sholem Asch, na abertura de *O Nazareno*: "Não o poder de recordar, e sim o poder de esquecer, constitui uma das condições necessárias à nossa existência".

O escritor judaico não positivou no livro a sua crença na reencarnação, embora seja essa a temática de que se utilizou para elaborar a sua história, mas não se pode negar a sua intuição da verdade. É precisamente por isso que a Sabedoria divina determinou que se apagasse em nós ao tomarmos novo estágio na carne, a lembrança das existências anteriores. Que seria de nós se fôssemos obrigados a viver sob o tropel das pungentes recordações de antigos e medonhos erros?

É preciso, no entanto, distinguir bem uma coisa da outra. O esquecimento proporcionado ao Espírito, na fase da reencarnação, é uma bênção, uma concessão, para que ele tente a reconstrução de si mesmo, como se estivesse momentaneamente desligado das suas culpas, embora ainda responsável por elas. Com a finalidade de conceder-lhe todas as oportunidades, e colocar à sua disposição os melhores instrumentos, o esquecimento do passado constitui dádiva preciosa, que nem sempre ele sabe avaliar. Retornando, não obstante, à sua condição de Espírito desencarnado, pode ser-lhe facultado o acesso à memória integral, para que faça um inventário geral de seu acervo espiritual — as aflições que remanescem e as conquistas que já conseguiu realizar.

Esse momento é crítico, na trajetória evolutiva do Espírito. Novamente se vê ele numa das inúmeras encruzilhadas da vida: por um lado, poderá prosseguir no áspero caminho da redenção; conseguiu abrandar algumas arestas mais contundentes do seu caráter e desenvolver umas poucas virtudes embrionárias. É seguir em frente, em nova aventura na carne, depois de uma pausa, para refazer-se no mundo espiritual. É certo que, por aí, dificilmente ele irá à glória imediata, ainda que efêmera, ou ao poder, que talvez ainda o fascine; é mais certo que continue o percurso da dor, da renúncia, dos desenganos, porque a redenção ainda vem longe, para aquele que muito errou.

Do outro lado, está o caminho aparentemente mais fácil e certamente mais convidativo do adiamento. Ficam para depois as conquistas sobre nós mesmos. Vamos primeiro gozar a vida, dominar o semelhante, açambarcar o poder, acumular riquezas materiais, viver, enfim, intensa, irresponsavel e alegremente. Depois, veremos como acertar essas contas com o que, por largos séculos ou milênios, teimamos em chamar de destino. É aquele que opta por este caminho que também decide pelo esquecimento. Suas angústias são muitas, seus remorsos extremamente penosos, e ninguém pode gozar a vida com esse lastro de aflições. O melhor, mesmo, é esquecê-las, sepultá-las, ignorá-las, como se o passado não existisse mais em nós, e o futuro nunca fosse existir.

Dentro dessa lógica atormentada, encerra-se o Espírito endividado num círculo de fogo, de sua própria criação. Só poderá sair queimando-se; enquanto permanecer ali, está abrigado de si mesmo. Para proteger-se do calor que faz à sua volta, congela o coração, pois, além disso, o frio anestesia a sensibilidade e o imuniza da dor alheia.

Está pronto o obsessor para a sua tarefa. É só, agora, sair em campo, buscar seus comparsas, perseguir seus inimigos e construir um nicho para si mesmo, no mundo espiritual, ligando-se a tenebrosas organizações, dentro das quais os membros protegem-se mutuamente, enquanto mutuamente se servirem. Dentro de pouco tempo — e que é o tempo, em tais condições? — o passado, que foi recalcado para os subterrâneos da memória perispiritual, passa à condição de não existente. É como se a vida principiasse novamente, do ponto em que a inocência a deixou, há milênios sem conta. O Espírito, assim envolvido, acaba por acreditar-se uma criatura sem passado, embora, adstrito à incoerência dos alienados, utilize-se, em proveito próprio, de todo o acervo de experiências e conhecimentos que traz em si, daquele mesmo passado que renega.

Se é verdade, pois, que temos de descobrir uma fórmula para levá-lo a recordar, é igualmente verdadeiro que se torna extremamente difícil fazê-lo, porque é justamente disso que ele foge. Quantas vezes os temos surpreendido a advertirem-se do "perigo" que representa, para eles, caírem na faixa da recordação. Como reagem, como relutam, como temem os fantasmas interiores, que lhes pareciam desintegrados para sempre na poeira do tempo!...

Vários recursos são empregados, pelos mentores espirituais dos grupos de desobsessão, para obter dos companheiros desavorados o mergulho necessário nas lembranças recalcadas.

Um dos mais comuns é o da projeção dos chamados "quadros fluídicos". O Espírito vê, diante de si, incoercivelmente, cenas vivas de seu passado, especialmente aquelas que constituem o núcleo de sua problemática, que precisa ser dispersado, para desatar os laços que o prendem às suas angústias e ao seu alheamento. É evidente que as cenas não são criadas com a substância evanescente da fantasia; a matéria-prima, indispensável a essas montagens, encontra-se nos arquivos perispirituais do ser ali presente. Os técnicos desencarnados limitam-se a manipular, com respeito e dignidade, os recursos necessários para desencadear o processo terapêutico, como o médico que ministra um remédio amargo, justificado pela expectativa da cura de seu doente.

Não temos, ainda, os encarnados, condições e conhecimentos para apreender a essência das técnicas empregadas para a obtenção das projeções. André Luiz deixa-nos entrever tais processos, em *Missionários da luz*, quando narra o trabalho de doutrinação junto a um ex-sacerdote desencarnado. Escreve ele, no capítulo 17:

> ...vários ajudantes de serviço recolhiam as forças mentais emitidas pelos irmãos presentes, inclusive as que fluíam abundantemente do organismo mediúnico, o que, embora não fosse novidade, me surpreendeu pelas características diferentes com que o trabalho era levado a efeito.

Explicou o instrutor:

Esse material representa vigorosos recursos plásticos, para que os benfeitores de nossa esfera se façam visíveis aos irmãos perturbados e aflitos ou para que *materializem provisoriamente certas imagens ou quadros, indispensáveis ao reavivamento da emotividade e da confiança nas almas infelizes* (grifo nosso).

O instrutor prossegue, explicando que, com essas formas de energia, recolhida dos encarnados presentes, podem os benfeitores espirituais prestar certos serviços importantes àqueles que se encontram ainda presos ao padrão vibratório da carne, não obstante já se acharem desligados dela, às vezes, há muito tempo.

Ante o impacto dessas imagens, que parecem surgir límpidas, vivas e dramáticas, de um passado que julgavam morto, os irmãos desavorados parecem saltar o círculo de fogo que os envolve, e, como se do lado de fora de si mesmos, têm uma pausa para reexame de suas posições desesperadas. Afinal de contas, o que estão fazendo? Que loucura é aquela em que mergulhamos? De onde vem tudo isso, no passado, e até onde irá, no futuro?

Um desses companheiros atormentados, antissemita irredutível, viu os quadros do êxodo no antigo Egito, onde foi um dos membros sacrificados da corte do faraó. Recuando mais, porém, foi encontrar raízes muito mais profundas, do drama, na antiga Babilônia, onde, em posição diferente, enfrentara o difícil problema da longuíssima saga do povo hebreu. Pela primeira vez, em muito tempo, perguntou-me, algo perplexo:

— Será que isso não tem fim?

Senti que a pergunta era mais dirigida a ele próprio do que a mim, mas, disse-lhe que sim, podemos pôr um ponto final nesses círculos viciosos, que buscam eternizar-se dentro de nós, por um esforço da nossa vontade, que só é possível depois de compreendermos a inutilidade do ódio e a força invencível do amor.

Às vezes, o Espírito acha-se tão profundamente condicionado ao clima vibratório mais grosseiro, que se torna necessário aos benfeitores utilizar ectoplasma, produzido por médiuns de efeitos físicos, não apenas para adensar as formas perispirituais de companheiros desencarnados, que devem tornar-se visíveis, como verificamos no texto de André Luiz, acima transcrito, como para formar os próprios "quadros". Num caso particularmente difícil que tivemos, um dos médiuns começou a expelir ectoplasma, enquanto eu dialogava com o Espírito incorporado. A certa altura, o ectoplasma formou, para a sua visão, as letras de um nome de mulher, antigo amor, cuja lembrança ele procurava recalcar nos porões da memória.

Em outro caso, de vigorosa dramaticidade, o Espírito viu, sobre a mesa, um grosso livro, encadernado em capa de madeira, sobre a qual estava seu nome, escrito em belos caracteres de bronze. Era a história de sua própria vida. Ele sabia que precisava abri-lo, mas não se sentia encorajado. Era, evidentemente, um recurso para levá-lo ao reexame de seus atos, ao passado, enfim. Depois de muita relutância, fez o gesto de virar a capa. A primeira página estava em branco! Fez uma pausa e virou mais uma: também em branco... Todo o livro estava em branco... A lição era por demais óbvia: nada construíra naquela existência tumultuada, durante a qual dominara povos, ao poder da espada impiedosa.

As cenas são mostradas com todo o seu realismo: o movimento, os sons, as cores, como se um videoteipe as reproduzisse, com toda a sua intensidade e emotividade. Com muita frequência, os Espíritos relutam em contemplá-las, e procuram fugir das visões que, não obstante, tornam-se irrecusáveis, e impõem-se, a despeito deles próprios.

A um deles a visão era de uma folha de papel e uma pena. Cabia-lhe assinar o documento, que ele sabia ser uma sentença de morte. Fizera-o, certamente, no passado, e agora revia o momento dramático, com uma diferença: alguém contemplava, a curta distância, fixando nele um par de olhos tranquilos, cheios de amor fraterno, provavelmente os de sua vítima. Seu desespero é atroz. Pede que lhe tirem da frente o papel e a pena. Que lhe cortem a mão que assinou a sentença e que fique cego, para não contemplar mais aqueles olhos... Diz que matou uma santa, e informa: "uns são canonizados e outros queimados".

Muito frequente é a presença de antigos e esquecidos amores: mães, esposas, filhos, ou amigos muito chegados ao coração. Se fosse realizada uma pesquisa estatística sobre tais manifestações, estou certo de que as mães ocupariam o primeiro lugar, destacadamente. A pureza do amor materno permanece inalterável ao longo dos séculos e das vicissitudes, arrosta as ingratidões, suporta as humilhações, vence o ódio, vence tudo.

Lembram-se das cenas finais de *Libertação*? É a mãe que vai buscar o filho amado nas profundezas de seus tenebrosos domínios. Ela alcançara, já há muito, as regiões da felicidade; mas e a dor de ter o seu amado preso ainda às paixões do mundo? Vai ao seu encontro, numa descida sacrificial às difíceis regiões em que ele vive e sobre as quais reina, incontestado.

"— Sou Matilde" — diz ela — "alma de tua alma, que, um dia, te adotou por filho querido e a quem amaste como dedicada mãe espiritual."

Quantas vezes temos assistido a reencontros emocionados, que nos velam de lágrimas os olhos!

Lembro-me de um deles em particular. O Espírito vinha assediando-nos há tempos, semana após semana. Manifestou-se primeiro aparentemente muito calmo e tranquilo. Disse que ia passando por ali e resolvera fazer-nos uma visita. Nada queria de especial: iria apenas observar-nos e, se fosse o caso, tomar suas "providências". Deixou no ar a ameaça e partiu. Mal suspeitava eu da demorada aventura que ali começava... Por algumas semanas, observou-nos. Pouco falava nas suas manifestações. Revelou, apenas, que já tinha sob seu controle alguns daqueles que dispunham de maior quantidade de "massa cinzenta", mas começava a deixar transparecer, também, certa preocupação, porque algum delator, a seu ver, havia contado a nós os seus propósitos e objetivos. Na vez seguinte suas preocupações estavam ampliadas, porque descobriu que, por meio de processos de regressão de memória, de nosso conhecimento, estávamos penetrando certos núcleos. Nessa mesma noite, tem a primeira visão de algo que muito o perturba. Adormece e parte. Na semana seguinte não consegue mais manter-se calmo, como das vezes anteriores. Está indignado, furioso. Diz que tudo ruiu em torno dele. Tinha o poder de um semideus, e "fomos mexer com a sua família!". Dá murros na mesa, dominado pelo ódio e espicaçado pela humilhação. Se pudesse, me pegaria para mandar queimar-me vivo! Acaba em pranto, de revolta e de impotência.

Em seguida, por outro médium, manifesta-se um Espírito feminino e conta a sua dolorosa história. Foi mãe daquele que acaba de retirar-se. Foi, por certo, a sua presença ali, junto dele, que o perturbou há duas semanas.

— Ele é bom — diz ela —, mas muito vaidoso.

Ainda vê nele o filho querido de quatro séculos atrás. Ela mesma ainda não está bem. Sofre muito e foi trazida somente para encontrar-se com ele. No passado, enquanto encarnados, também teve um encontro dramático com ele. Ele a abandonara à sua própria sorte e ela enveredara pela degradação mais abjeta. Quando já se encontrava na sarjeta, procurou-o e foi repelida. Ele se havia tornado muito importante na hierarquia eclesiástica.

Os séculos se passaram, e tudo quanto ela esperava, agora, era merecer novamente a oportunidade de ser mãe, mãe digna. Digo-lhe que as mães são seres humanos e, por isso, também erram. Ofereço-lhe a nossa ajuda, que ela agradece, dizendo que tem de voltar para onde está no momento.

Com este caso, desencadeou-se extenso processo, que se desdobrou em aspectos inesperados e de profundas implicações. Nunca pudemos, no entanto, esquecer a ajuda daquela mãe humilde, e ainda mergulhada nas dores do resgate, que nos ajudou, com a sua presença amiga, a despertar o valoroso Espírito que adormecera nas suas paixões, embalado pelo amor ao poder.

Em caso semelhante a esse, o Espírito consegue divisar a figura de sua mãe, ajoelhada diante dele, a pedir-lhe perdão. Ele reluta e resiste, porque é este, precisamente, o âmago de sua problemática: foi abandonado, por ela, *à roda*, e por isso ele repete agora, a si mesmo, que não tem mãe. Oramos, damos-lhe passes, e, por fim, ele não mais resiste:

— Tenho mãe! — diz ele. — Não sou um desgraçado!

De outra vez, num caso a que já me referi alhures, o Espírito tinha um problema pessoal comigo. Era questão antiga, de mais de oito séculos! Em consequência desse e de outros desenganos, vagava ainda pelas trilhas da revolta e do rancor. O problema era extremamente difícil, porque se tratava de um caso em que o ódio concentrava-se diretamente sobre um de nós, precisamente aquele que se incumbia de doutriná-lo e esclarecê-lo. Ele se mantinha irredutível, pois minha presença obviamente reanimava nele as antigas paixões e frustrações, das quais não conseguira desembaraçar-se. Foi num desses pontos críticos do diálogo que outro médium me disse que um Espírito presente desejava dizer alguma coisa diretamente a ele. Era sua mãe. Elevei meu pensamento em prece e, com enorme respeito, ouvi o diálogo através do tempo, entre a mãe amorosa, que não esquecera e sofria com a ausência do filho, e o filho que recusava obstinadamente o amor, porque estava achando impossível viver sem o ódio e a vingança.

Pede-lhe ela, com infinito carinho e humildade, que abandone aquela vida e venha para junto de seu coração. Todos estão juntos na família; só ele está ausente. Não está convencida de que ele a recuse. Deseja ouvir dele próprio a negativa. E ele diz que não a quer mesmo, pois seu caso ali é outro. Que ela não se meta; continue a fazer seus bordados. Ela lhe lembra as velhas cantigas e aquele tempo em que ele orava no quarto, em silêncio, junto de Deus. Depois lhe diz que vai deixar o médium, pelo qual lhe está falando, para aconchegá-lo junto ao seu coração. Ora, comovidamente, à Mãe Santíssima, em palavras simples, expondo o seu problema e as suas dores.

Quando conseguimos, afinal, despertar o amado companheiro, dirijo a ela um pensamento de infinita ternura e gratidão, porque estou certo de que, sem o seu concurso, não o teríamos alcançado. Bem que ela poderia também ter guardado certa mágoa de mim, porque fui um dos agentes de sua angústia, mas não teve para mim uma palavra de censura ou de amargor.

Em outro caso, também muito difícil, o Espírito, autoritário e empolgado pelas suas ideias e pelo seu rancor, recebeu, diante de nós, a visita de um menino (teria sido seu filho ou neto?) que o desarmou com seu carinho, seus apelos, sua ternura infantil, saltando, sem cerimônia, para o seu colo...

Basta um momento assim, de ternura, de recordação, de amor, para que a luz penetre o coração angustiado desses queridos companheiros, perdidos num dédalo de sentimentos confusos, cercados de sombras, dominados pela aflição.

De outras vezes, amigos e parentes acham-se presentes, mas não se revelam à visão do Espírito manifestado. Respeitemos suas razões, que usualmente são válidas: não teria ainda chegado a hora do reencontro.

Numa dessas oportunidades, o Espírito viera dar uma ajuda, no caso de um companheiro de quem estávamos tratando. Em tempos idos, fora um dos principais instrumentos dos terríveis desvarios daquele a quem desejava, agora, ajudar a libertar de suas angústias. Mesmo assim, ainda trazia ressaibos de ironia. Ao manifestar-se, fez uma saudação:

— Divino! Divino!

E o médium dobrava-se sobre a mesa, de braços estendidos, fazendo mesuras. Servira aos imperadores romanos. Eles ainda se julgavam deuses, dizia. Estava, porém, bastante lúcido. Informou-me de que, nesse ínterim de quase dois milênios, tivera outras encarnações. Lamenta a perniciosa influência que exerceu sobre os seus soberanos, açulando-lhes paixões aviltantes. Eram pobres criaturas desequilibradas, mas ele não; estava perfeitamente lúcido e consciente do que fazia, utilizando o poder dos césares para promover seus interesses inconfessáveis. Por isso, estava ainda preso a eles. Quanto ao Cristianismo, já sabia, naquele tempo, que era a doutrina melhor, mas rejeitou-a deliberadamente, porque não lhe convinha. Digo-lhe que precisa, agora, encarar seu antigo amo, não como a um poderoso, mas como a um Espírito infeliz, desarvorado e sofredor, que precisa de muita ajuda e compreensão.

Promete ajudar e diz que o que o salvou foi a visão de um homem pregado à cruz, na antiga Roma, e cujo olhar não mais esquecera, através dos tempos. Aqueles olhos lhe penetravam as mais profundas e ignotas camadas do ser.

Diz-me uma palavra de muito afeto e anuncia que ficaria ali, ao lado, à minha direita, invisível ao seu antigo chefe, pois não chegara ainda o momento de apresentar-se à sua visão. Poderia perturbá-lo. E me diz, com inesquecível toque de autenticidade, que "ele" era uma criança grande, fácil de conduzir. Bastava dar-lhe a impressão de que a decisão tomada fosse dele. Eu deveria fazer isso; só que agora, para o bem, enquanto ele o fizera para o mal. Antes de desligar-se do médium, disse-me, ainda, que sabia dos planos, já assentados, a respeito da próxima encarnação de seu antigo chefe, e que não iria ser nada fácil. Despedimo-nos com uma palavra de afeição muito sincera e amiga. Este Espírito deixou em mim uma sensação de fraternidade, compreensão e simpatia. Conhecedor de suas próprias aflições interiores, conservava-se, no entanto, consciente e disposto a corrigir-se, muito embora sabendo que era longo o caminho a percorrer, em vista da profundidade a que descera.

Nunca sabemos, pois, que métodos e recursos empregarão os nossos mentores espirituais, na sua nobre tarefa de despertar os companheiros que permanecem hipnotizados às suas angústias. Às vezes, utilizam-se da projeção fluídica. Os quadros são apresentados com todo o seu vigor e realismo, com cenários, personagens, cores, sons, movimento, emoções, mas formados com "material" sacado do subconsciente do Espírito, animado por meio de recursos retirados, como explica André Luiz, dos presentes em torno da mesa de trabalho. Esses quadros exibem figuras humanas, também, é claro, mas continuam sendo projeções.

De outras vezes, não obstante, é necessária a presença real dos Espíritos ligados aos manifestantes, em recentes ou antigas encarnações. Eles se apresentam aos seus olhos, conversam com eles diretamente, ou por meio de outro médium, ou se tornam semimaterializados, para poderem impressionar seus sentidos, mais pela presença de suas vibrações pessoais do que pelo mero apelo da memória. Nos casos em que essa presença se faz indispensável, os benfeitores espirituais incumbem-se de localizar os Espíritos ligados ao irmão que precisa de ajuda, e de trazê-los ao ambiente do trabalho, ainda que estejam encarnados, quer se encontrem endividados ou redimidos perante a lei. Já vimos, aqui mesmo, caso em que o Espírito manteve o diálogo com a antiga esposa — no momento encarnada — que ele assassinara na Idade Média, num impulso de paixão e ciúme.

É preciso, pois, muito respeito com o trabalho dos nossos mentores invisíveis, depois, naturalmente, que eles demonstrarem seus conhecimentos e sua capacidade, bem como a segurança com que executam suas tarefas. Antes que inspirem essa confiança em nós, seria arriscado segui-los confiadamente, pois há Espíritos ardilosos que se apresentam revestidos de peles de mansos cordeiros, para melhor dominar e impor as suas condições. Uma vez, porém, identificados como autênticos trabalhadores do Cristo, deixemos à sua iniciativa a condução dos trabalhos. Isto não significa que devamos cruzar os braços e deixá-los fazer tudo; assistir a tudo sem espírito crítico e sem a necessária vigilância de que tanto nos falam eles. Não é tudo que eles podem fazer por nós. Mesmo o grupo mais bem ajustado, integrado num trabalho sério e fecundo, poderá ser sutilmente envolvido pelos ardis das sombras, naquilo em que os nossos compromissos e erros passados nos sintonizem com os companheiros desarvorados, muitos deles nossos antigos comparsas.

É claro que os trabalhadores da seara do amor precisam de nossa colaboração, de seres encarnados; pois, do contrário, tudo fariam sem nós. Sabem eles, no entanto, que há sempre, em nós, um componente de incerteza, de falha, de descuido, que pode pôr tudo a perder. Eles nos assistem com desvelado carinho, amparam-nos nas horas de incerteza, ajudam-nos nos momentos de fraqueza e de desânimo, mas não podem fazer, por nós, aquilo que nos compete. Estejamos, pois, muito atentos.

Quanto à tarefa que lhes cabe, não obstante, estejamos tranquilos: tudo será feito, desde o planejamento cuidadoso até o último pormenor da execução, com todas as opções e alternativas previamente examinadas. São eles que nos preparam o trabalho, dão-nos o apoio, a inspiração, os recursos e a sua presença constante, segura, tranquila.

É certo, porém, que não poderão garantir o resultado, mesmo naquilo que lhes cabe fazer. Não estão manipulando mecanismos cibernéticos, mas cuidando de seres humanos, dotados de livre-arbítrio, imprevisíveis e, às vezes, muito bem dotados intelectualmente, e que não se deixarão conduzir pela mão, como crianças tímidas e ingênuas. Eles sabem, por outro lado, que somos julgados não pelos resultados que alcançamos, mas pelo esforço que empregamos em atingi-los.

Procuremos respeitar-lhes o planejamento e a execução, pois a visão que têm dos problemas suscitados é incomparavelmente mais ampla do que a nossa, embora não infalível, que infalível só é a visão divina. Naturalmente que, de certa forma, participamos de algumas fases do planejamento e dos contatos realizados no mundo espiritual, acompanhando-os em excursões pelo mundo da dor, durante os desprendimentos, mas nosso conhecimento é muito limitado para autorizar-nos a precipitar qualquer situação. Se, por exemplo, ainda não é chegado o momento de exibir uma projeção fluídica, não tentemos forçá-la, com passes e sugestões verbais, ao Espírito manifestado. Se os companheiros dele, ali presentes, devem ou não ser exibidos à sua visão, também ignoramos.

Enfim, a nossa posição é de ativa expectativa. Para isso, precisamos (especialmente o doutrinador) estar com as antenas psíquicas permanentemente sintonizadas com os trabalhadores invisíveis, para captar-lhes, por meio da intuição, as sutis instruções que nos ministram. E, definitivamente, não nos envaideçamos com o resultado do trabalho realizado: cabe muito pouco, a nós, dos méritos. Baste-nos a alegria do dever cumprido, a doce felicidade de ter, uma vez mais, servido de humildes e imperfeitos instrumentos da pacificação.

4.6 A crise

O doutrinador precisa estar atento aos primeiros sinais de que o Espírito manifestante começa a ceder, para que ele próprio — doutrinador — possa reformular a sua tática. Espíritos muito agressivos e violentos manifestam-se, de início, irritadíssimos, em altos brados, dando murros na mesa, proferindo ameaças terríveis. Não é possível, nessa condição, argumentar com eles. É preciso esperar que o vagalhão impetuoso do rancor se desfaça, por si mesmo, na praia mansa. Se opomos resistência, a explosão é inevitável e o dano pode ser irreparável. É preciso ter paciência e esperar. Não ficar mudo ante a sua cólera, mas não opor grito contra grito, murro contra murro. A cólera passa, pois é muito difícil sustentá-la indefinidamente contra quem não nos oferece resistência. Por este motivo, são tão importantes os primeiros diálogos de cada manifestação. Mesmo irritado, esbravejando, ameaçador, o Espírito deve ser recebido com respeito e carinho. Se a conversa for bem orientada, ele nos respeitará e, aos poucos, irá compreendendo que não precisa gritar seus argumentos. Nesses casos, costumo dizer, aos queridos companheiros desatinados, que só grita aquele que não tem razão.

O fato, porém, de reduzir o volume de seu vozerio, não significa que já esteja resolvido o seu problema; ao contrário, é a partir desse ponto que começa a fluir o diálogo que poderá levar-nos a um entendimento com ele e ao seu eventual despertamento. Antes disso, a argumentação é inútil, porque ele só deseja gritar, e, se o tentarmos, falaremos juntos, ou ele não nos ouvirá, pensando apenas no que nos dirá a seguir. Mas, pelo menos, com a voz no tom normal, abre-se uma perspectiva de entendimento, mesmo que ele esteja bem longe de entregar-se à verdade. Encontra-se ainda convicto da justeza de sua posição, e a batalha verbal poderá ser muito longa; contudo, já é possível uma conversa entre dois seres civilizados.

De certo ponto em diante, porém, a sensibilidade do doutrinador o advertirá de que o manifestante começa a ceder: sua cólera esvaziou-se, sua palavra não tem mais aquele fator de convicção, seu Espírito parece cansado e disposto a uma acomodação. Não que ele o reconheça nesses termos, pois insistirá e poderá ter ainda surtos de reação, lutando interiormente consigo mesmo, temendo ser "dobrado" pelo doutrinador — o que é, para ele, uma humilhação — mas, ao mesmo tempo, desejando-o intimamente ou inconscientemente.

Aos primeiros sinais de que a reação salutar começou, o doutrinador deve abandonar sua técnica de contestação e argumentação para entrar na fase de doutrinação propriamente dita. É hora de falar-lhe com carinhosa franqueza, tentando mostrar-lhe a inutilidade de seu desesperado esforço de lutar contra Deus e, portanto, contra seus próprios interesses pessoais. É hora de fazer um apelo para que ele se detenha um pouco para pensar; adverti-lo de que não precisa "converter-se" à nossa crença, aos nossos princípios. Não iludi-lo com a paz imediata, que ele sabe muito bem ser impossível: a luta continua à sua espera, intensa e dolorosa como nunca, só que, uma vez despertado para a realidade, ele poderá iniciar o período do sofrimento redentor e não daquele que ainda mais o mergulha nas profundezas do erro. O momento é oportuno, também, para dirigir o seu pensamento para a sabedoria eterna do Evangelho. Não que só agora seja possível falar-lhe do Cristo: é que só agora os ensinamentos de Jesus começam a ter, para ele, um sentido novo, aceitável. Mais do que nunca, ele deve estar certo da nossa absoluta sinceridade e do nosso afeto desinteressado. Ele precisa saber que não estamos pelejando naquele momento, por uma causa ou pelos interesses de um obsidiado, mas por ele próprio, obsessor.

Argumentava eu, certa vez, com um desses companheiros desavorados, que perseguia sem tréguas uma pobre criatura, quando ele me perguntou, irritado:

— Você é advogado dela?

— Não — disse eu —, sou advogado seu!

Sabem que esta simples frase o levou a ver-me sob nova luz e a aceitar-me? Daí por diante, começou a ceder.

Percebemos que a fase da aceitação chega por pequeninos e quase imperceptíveis sinais: começam a ouvir-nos com um pouco mais de atenção, a voz desce de tom, aceitam um ou outro argumento nosso, e chegam até a uma ou outra palavra de velada e tímida afeição ou respeito.

Um diálogo um tanto difícil, com o brilhante e combativo Espírito de um ex-inquisidor, foi suspenso, certa vez, a meu pedido, a fim de que eu pudesse fazer uma prece. Como sempre, ele a ouviu em silêncio, pois a prece tem esse condão de fazer calar a imensa maioria dos Espíritos desajustados, mesmo os mais violentos. Terminada a rogativa ao Alto, ele disse, como se pensasse em voz alta:

— Uma coisa é preciso reconhecer: você ora com sinceridade...

A partir desse ponto, estarão mais acessíveis, mas a batalha pode durar ainda muito tempo, alongar-se por outras oportunidades de manifestação e, mesmo assim, não sabemos, muitas vezes, se, ao partirem, eles estão realmente convencidos e prontos a mudar de rumo, ou se apenas levam uma disposição para reexaminar suas convicções. De qualquer maneira, porém, levarão no coração as sementes de um futuro, que pode ser próximo ou remoto, mas que virão fatalmente a germinar, um dia, em explosões de luz.

Ao cabo dessa fase de maior receptividade aos pensamentos e à afeição do doutrinador, pode ocorrer, então, a crise. É o momento mais dramático da manifestação: o Espírito começa a sentir que não terá forças para resistir aos apelos da Verdade. Está, ainda, sobre o fio da navalha, como diz a expressão inglesa. Sente fugir o terreno em que pisa. De um lado, a perder-se nas trevas do passado, um terrível e doloroso acervo de loucuras e desenganos lastimáveis, ilusões desastrosas e erros clamorosos. Do outro, a incógnita do porvir. Ele se debate entre os dois abismos: o passado e o futuro. Ambos o chamam, ambos o atraem. Que decisão tomar? Permanecer na faixa do erro que, de certa forma, o abriga da terrível realidade, ou lançar-se, de uma vez, aos braços da dor que redime? É preciso respeitar sua hesitação e assisti-lo no seu estado de pânico. Entre um mundo que rui e outro que ainda não construímos, a sensação de atordoamento é inevitável, mesmo nos mais valorosos Espíritos. Temos que entender, também, que quase todos eles estão absolutamente convencidos de sua própria verdade. Ou estavam, até o momento. O fato de permanecerem envolvidos em erros de julgamento aflitivos não lhes tira o valor, não lhes reduz o conhecimento, não exclui o fato de que são Espíritos, às vezes altamente qualificados e experientes; apenas — e isso é tudo — operam desastrosamente, do lado negativo da faixa vibratória da vida. Não é fácil, para aquele que está convicto da legitimidade de seus caminhos, pular por cima da linha invisível que separa o bem do mal. Afinal, o livre-arbítrio assegura-nos, a todos, o direito de escolha. A decisão é difícil, mesmo. Tenhamos paciência e procuremos ajudá-lo a tomá-la sem precipitação, mas com firmeza.

Certa vez, recebemos um companheiro excepcionalmente violento e agressivo. Acostumara-se ao poder incontestado, a mandar, a punir, a intimidar, tanto na carne, quanto no Espaço. Ameaçava, gritava, dava murros... Deixei-o falar, interpondo apenas uma ou outra observação, a fim de que o ímpeto do vagalhão se quebrasse contra a branca areia da paciência e do amor. Claro que interpreta a minha calma como covardia. Desesperançado de arrastar-me para o debate estéril, no campo puramente filosófico, promete, afinal, pensar no assunto, pois acabou tocado pelo sentimento de afeição que encontrou entre nós. Estava ameaçando ceder, mas era ainda muito cedo para uma decisão final, como vimos nas próximas sessões.

Na semana seguinte, voltou novamente agressivo e irritado, alegando que quase havia caído por causa da nossa afeição, mas que conseguira reagir. Não está convencido, mas concordou em não gritar mais e a não nos incomodar, dali em diante, com a sua presença. Seguirá seu caminho de sempre, e acrescentou:

— Poderia enganar você e dizer que estou convertido, mas não quero fazer isso.

É honesto: responde com dignidade à nossa tentativa de aproximação e entendimento; agradeço sua lealdade e ele segue procurando atrair-me para o debate. Qualquer argumento que lhe apresente, ele o "vira" à sua maneira, para servir aos seus propósitos e justificar sua filosofia de vida. Faz pouco da minha inteligência, que ridiculariza à vontade. Bem que se esforçou — diz ele — em mostrar-me o caminho: somente se deixaria convencer pela argumentação; nada mais.

O doutrinador precisa estar preparado para situações assim. Em primeiro lugar, como já vimos, o clima da discussão é o que convém a esses irmãos atormentados. A conversa mansa e a busca de entendimento não interessa aos seus propósitos. Em segundo lugar, é preciso considerar que nada temos a dizer-lhes que eles não saibam. Conhecem perfeitamente a sua condição de Espíritos desencarnados, a responsabilidade que assumiram perante a lei, o conceito da reencarnação, a imortalidade, a existência de Deus. São inteligentes e experimentados. Não é, pois, pelos caminhos frios da mente que chegaremos a eles, e sim através do roteiro luminoso do amor fraterno. E é precisamente por isso que, consciente ou inconscientemente, procuram arrastar-nos para o debate: terreno firme, que conhecem e no qual podem esgrimir à vontade seus argumentos, de um ponto de vista vantajoso; quanto ao campo sentimental, consideram "perigoso", porque está minado de imprevistos. Quando menos se espera, surge do passado uma lembrança esquecida, o vulto espiritual de um ser a quem muito amaram, o apelo de uma voz cariciosa.

A certo ponto, cesso a conversa e oro. Ele ainda insiste em falar e prosseguir o debate, mas acaba calando-se. Quando tenta reagir "fisicamente", está preso pelos pulsos por um laço fluídico, invisível a nós, mas que o mantém fortemente contido, por mais que se esforce. Volta a esbravejar, ameaçar. Começa a crise maior. É evidente que tenta, ainda, reagir, e procura acalmar-se, dizendo que estou me esgotando inutilmente na tentativa de dominá-lo. Não tenho a menor intenção de dominá-lo, e sim de despertar o seu Espírito. Dou-lhe prolongados passes, enquanto a crise se adensa e aprofunda.

Subitamente, ele começa a gritar que não quer e não pode fazer aquilo, e informa, realmente em pânico, que tudo está ruindo em torno dele e dentro dele. Por fim, chora, desesperado, e parte.

Este irmão voltou mais uma vez, na semana seguinte. Apresenta-se completamente desarvorado, mas ainda procura iludir-se, tentando convencer-se de que está vivendo um pesadelo, do qual vai acordar a qualquer momento. Digo-lhe que, ao contrário, agora é que ele acordou de um pesadelo multissecular. Ele está arrasado. Confessa que, pela primeira vez, tem medo: está vazio e quer dormir para esquecer.

É o grande momento da compreensão, da ternura, do amor fraterno. Muito respeito pela sua crise, muito carinho com as suas dificuldades, seus temores, seus desesperos. Ele sabe, ou pressente, o que o espera, em termos de resgates dolorosos, que se estenderão pelos séculos futuros, até onde e quando, somente Deus saberá. É preciso ajudá-lo, com muita paciência, levá-lo, ternamente, a dar o passo final, que o tira de cima do fio da navalha e o coloca no lado positivo da fronteira da nova existência, cujas perspectivas se abrem diante dele, mas que ele ainda não consegue lobrigar com precisão. É necessário assegurar-lhe, nesse momento, a presença infalível de Deus em nossas vidas, o amor indubitável do Cristo, que deseja que o pecador se salve, e não que seja condenado a conviver com angústias que parecem eternizar-se. Além do mais, como temos visto, nunca falta, nessa hora, a presença de antigos e esquecidos amores: mães, esposas, irmãos, amigos, que nos ajudam na fase final da doutrinação.

Este é o momento mais emocionante de todo o trabalho. O Espírito, em crise, precisa, mais do que nunca, de uma palavra de sincera afeição, mesmo que ainda tente uma reação desesperada, de última hora.

Num caso desses, o irmão entrou em crise e começou a monologar, enquanto fico ao seu lado, em silêncio reverente. Depois de algum tempo, ele se volta para mim — e isto me comove profundamente — e me propõe uma visita aos seus domínios. Diz que determinará aos seus guardas que me deixem passar livremente.

— Você sabe — acrescenta — que eu não te farei mal algum.

Começa, em seguida, a ver cenas do seu passado distante. Ainda reage, tentando sugestionar-se de que é forte e não vai "cair", mas sente um arrastamento incoercível.

— E vocês — dirige-se a companheiros invisíveis — com essas caras luminosas, que estão aí me olhando?

E para mim:
— E você? Não diz nada?
Só sei dizer duas palavras:
— Meu amigo!
Ele a repete, e depois esbraveja:
— Maldito lago!

A crise

As visões o atormentam implacavelmente. É o lago abençoado em que pregara o Cristo. Está arrasado, e diz que precisa recompor-se, pois seus *soldados* estão lá fora e não devem vê-lo naquele estado. Chama-me de traidor, mas não sinto nele nenhum ódio: é apenas desespero. Alguém, de elevada condição espiritual, uma mulher, o espera no limiar da nova existência, mas ele ainda reluta. Pensa em pedir uma licença aos seus chefes e afastar-se, por algum tempo, do "trabalho".

Estas crises caracterizam-se pela revolta ante o inevitável. Há, porém, as que precipitam no arrependimento e no remorso mais patético.

A um desses pobres irmãos desarvorados, que se manifestara com requintes de arrogância e ironia, vimos obrigar o médium a ajoelhar-se, em pranto. Julga-se um abutre sem remissão. Tivera o privilégio de viver na época do muito amado Francisco de Assis, a quem conhecera pessoalmente, mas cuja mensagem de amor sem limites não conseguira ainda assimilar; ao contrário, dedicava-se, com todo o poder de sua inteligência e de seus conhecimentos, à pavorosa técnica do "crime religioso", segundo conceituação de um dos nossos companheiros.

Em suma: a crise manifesta-se de muitas maneiras, mas dentro de certas configurações padronizadas: arrependimento, temor, revolta ou deslumbramento. Vem sempre acompanhada de profundas emoções; não é um momento que o Espírito consiga viver com indiferença e frieza, sendo, por conseguinte, a oportunidade preciosa, que o doutrinador não pode deixar passar, para alcançá-lo por meio do sentimento, da emotividade do afeto. Trate-o com muito carinho, guie os seus passos vacilantes pelo novo caminho que começa a trilhar. Não o force, mas procure não desperdiçar a ocasião de estimulá-lo a tomar a decisão que vai mudar sua vida. Não tente enganá-lo, acenando-lhe com um paraíso imediato, que ele sabe não estar ao seu alcance. Não o atemorize com ameaças, não carregue nas cores do sofrimento que o espera. Seja simples, humano, amoroso, realista. Ofereça-lhe a sua ajuda, mencione a assistência espiritual que estará ao seu dispor, não para fazer *por* ele, mas para fazer *com* ele, o trabalho de reconstrução que o aguarda. Lembre a necessidade da prece constante, da confiança, da coragem otimista. Destaque os reencontros espirituais com os seus amados, que há tanto tempo o esperam. Não se esqueça de que a dor e o temor o atormentam. Coloque em seu coração a semente da esperança e mostre-lhe, confiante, as perspectivas da paz. A essa altura, ele não pode mais voltar sobre seus passos, para a proteção feroz da sua antiga organização ou do seu regime de irresponsabilidade pessoal. Seus ex-comparsas não mais o receberiam, senão para castigá-lo pela sua "fraqueza". Ele não pode mais contar com aqueles que pensava serem seus amigos, e aqueles que o esperam, para ajudá-lo, ele não os conhece muito bem, ou então, sente diante deles uma vergonha mortal, pela enormidade de seus desvarios.

Além do mais, ele teme vinganças cruéis, pois esse foi o clima em que viveu durante séculos, ou milênios; ou assusta-se ante a perspectiva de encarnações extremamente penosas, em corpos deformados, cegos ou mutilados.

Um típico exemplo desses, quando o Espírito fica sobre a linha, contemplando as duas perspectivas — passado e presente —, tenho-a num caso de que tratamos.

Era extremamente rebelde, rude, agressivo e violento, fora também um inquisidor. Ao despertar para a verdade, confessa a aflição que experimenta, diante da enormidade de suas culpas. Não se julga digno da afeição de Espíritos tão elevados, como o de sua mãe. Está perplexo ante a cegueira espiritual que, por tanto tempo, o impeliu a cometer tantos e tão graves desatinos, e o impediu de atender ao apelo de seus verdadeiros amigos, dos quais nem percebia a presença junto de si. Preocupa-se com aqueles que liderava, no mundo das sombras, que, a seu ver, ficariam agora ao abandono. Digo-lhe que Deus vela por todos nós e que uma tarefa que poderia desempenhar, mais tarde, seria precisamente a de ajudar a recuperar os irmãos que ainda ficaram nas sombras. Pede que oremos por ele e que o perdoemos pelo tratamento que nos deu, de início, com a sua agressividade. Também eu lhe peço minhas desculpas, por uma ou outra palavra mais enérgica, necessária, às vezes, para o despertamento. Ele chora, pela primeira vez em muito, muito tempo, segundo nos informa. E parte.

4.7 Perspectivas

O que acontece quando o Espírito, assim despertado, nos deixa?

São muitos os caminhos que se abrem diante dele. Geralmente, é levado a um local de repouso e tratamento perispiritual e mental. No momento é o de que mais precisa, além da certeza de que os seus antigos amores acham-se novamente ao seu lado, com o mesmo carinho de antigamente, de sempre. Trabalhadores espirituais competentes levam-nos para o repouso e a reeducação. Quase todos precisam de mergulhar em nova reencarnação o quanto antes e, assim que estejam em condições, começa o preparo, sob a direção de Espíritos especializados e altamente qualificados.

Em alguns casos, raros, eles são trazidos para despedirem-se de nós.

Certa vez, um dos nossos amados mentores utilizou-se do espaço de tempo que costumamos reservar para a mensagem final, para uma prédica, emocionada e belíssima, a três

Espíritos que, tratados pelo grupo, cerca de um ano antes, partiam, agora, para a reencarnação na Terra.

É possível que a providência da reencarnação tenha que esperar mais tempo, mas esse estudo e planejamento não está mais na alçada do grupo mediúnico; transcende suas qualificações e possibilidades. O mundo espiritual tem sua programação meticulosa, o trabalho bem dividido e especializado, que não pode ser prejudicado com a interferência de curiosos ou de diletantes inexpertos.

A partir do momento em que os companheiros são recolhidos, por esses discretos e competentes trabalhadores do Cristo, tranquilizemo-nos e demos nossas graças a Deus, pois eles estão em boas mãos. Isto não quer dizer que a nossa tarefa estará sempre concluída nesse ponto. Poderemos ainda prestar alguma colaboração no plano espiritual, durante os desprendimentos do sono, mas em tarefas de menor importância, das quais nem tomamos conhecimento consciente, a não ser excepcionalmente.

De modo geral, cessam os encargos do grupo mediúnico ao entregá-los aos trabalhadores dos planos superiores. Cabe agora voltar-se para o outro médium e receber o novo companheiro...

Em raras oportunidades, os mentores estabelecem contato entre aqueles que se retardam nas trevas e os que tiveram a coragem de cruzar a linha. É que a primeira impressão dos que ficaram nas sombras é a de que nós violentamos a vontade do companheiro, levando-o à força, e contra a sua vontade, para "prisões" e castigos. Acham que, se fosse possível conversar com eles, os convenceriam a voltar à vida de crimes. Em casos excepcionais, este reencontro é proporcionado, com as cautelas que, por certo, podemos imaginar, ainda que não tenhamos condições de conhecê-las.

Num caso desses, um companheiro desarvorado manifestou-se em grande aflição, porque havíamos feito "cair" o seu chefe e ele estava reduzido a um "trapo" (sua expressão). Mas não lhe foi difícil verificar, por si mesmo, que o antigo chefe não fora obrigado a converter-se, e nem desejava voltar sobre seus passos, para reassumir seu posto no mundo das sombras. Fora vê-lo pessoalmente.

Em outra ocasião o manifestante disse-nos que, durante a semana, após termos conseguido "conquistar" o seu líder, ele se reunira com os demais companheiros, para mentalizá-lo e ajudá-lo no seu desespero, pois interpretavam as vibrações de aflição, que dele recebiam, como um apelo do ex-comparsa, que acreditavam prisioneiro nosso. Logo, porém, verificou seu engano e acabou também cedendo aos nossos argumentos.

Em resumo: o trabalho prossegue no mundo espiritual, junto ao companheiro resgatado dos porões tenebrosos da dor e reconvertido à doutrina do amor; mas a nós, encarnados, a participação — ainda que importante, em certos casos — será mais modesta ou, pelo menos, de outra natureza, que não diga respeito especificamente ao trabalho mediúnico.

4.8 O intervalo

Muito trabalho, no entanto, desenvolve-se no mundo espiritual, entre uma sessão e outra: trabalho complementar, como vimos, embora de menor vulto, e trabalho preparatório, muito mais amplo, difícil e constante.

Companheiros nossos por várias vezes nos têm falado de verdadeiras sessões mediúnicas que se realizam, nas horas mortas da noite, com os médiuns desdobrados pelo sono fisiológico. Este trabalho preparatório é particularmente indicado para os casos em que os Espíritos a serem tratados acham-se de tal forma envolvidos em vibrações pesadas, que o contato direto com o corpo físico do médium poderia acarretar choques penosos e até perigosos. Nestes casos, os mentores levam, a um ponto de reunião, tanto os componentes encarnados do grupo quanto os Espíritos necessitados. A tarefa preliminar desenrola-se sob condições que ainda desconhecemos, mas, ao manifestar-se, afinal, no grupo encarnado, o Espírito está mais predisposto ao entendimento ou, pelo menos, não tão impetuoso e violento, e talvez mais afeito à organização mediúnica.

São inúmeras, porém, as tarefas desenvolvidas durante a semana, entre uma sessão e outra, com os companheiros que se acham em tratamento e já tiveram uma ou mais manifestações no grupo. Com frequência ouvimo-los referirem-se aos encontros que mantivemos no mundo espiritual, durante os nossos desprendimentos. O doutrinador tem que estar bem atento a esse pormenor. É necessário lembrar-se de que o Espírito manifestante nem sempre está consciente do fato de que os encarnados esquecem-se do que se passa enquanto estão desdobrados pelo sono comum. Por outro lado, não deve fingir que sabe de tudo, porque, a uma pergunta mais embaraçosa, ele terá que confessar sua ignorância. A atitude indicada é conservar-se na expectativa e acompanhar, com extrema atenção, o pensamento do companheiro manifestante, naquilo que ele vai dizendo. Não se esqueça de que os Espíritos nessa condição "pensam alto", ou seja, praticamente tudo quanto formular no pensamento, o médium transmite.

Um deles me disse, certa vez:

— Eu sei... Você já me falou sobre isso no nosso encontro.

Outros me perguntam:

— Por que você me chamou aqui?

É preciso estar preparado para uma resposta que não revele total ignorância e surpresa, nem um conhecimento que nossa memória consciente não guarda. Em casos como esse, é preferível ser honesto e dizer ao companheiro que ele precisa lembrar-se de que os seres encarnados não costumam registrar na memória consciente aquilo que fizeram em seus desdobramentos.

Um desses disse-me, ao reiniciar o diálogo interrompido na semana anterior:

— Acho que dei um "fora"...

E contou o caso. Durante a semana, introduzira-se sorrateiramente em uma reunião que mantivemos, no Espaço, com aqueles que ele chamou de nossos "diretores". Ficara escondido atrás de uma coluna, a observar e ouvir, certo de que ninguém ali sabia da sua presença. Ao que tudo indica, tencionava espionar a nossa reunião. Depois descobriu que, ao contrário, não apenas sabiam que ele estava ali, senão que o haviam permitido, pois era até esperado... Não sei o que foi feito e dito nessa reunião, mas é certo que, ao manifestar-se no grupo mediúnico, na semana seguinte, ele estava profundamente modificado e até mesmo atônito. Não sabia o que se passara com ele, mas disse que olhara num espelho e não se reconhecera. Perdera a noção da sua identidade pessoal. Isto foi o princípio de um processo de regressão de memória em que se precipitou e ao qual me referi alhures, neste livro, e de que resultaria sua libertação.

Em certos grupos de desobsessão, a atividade noturna, nos intervalos das sessões, é muito intensa. Os mentores espirituais levam os encarnados, desprendidos pelo sono, a reuniões de estudo, de trabalho, de debates e planejamento, ou a descidas profundas e perigosas nos antros milenares da dor, de onde, às vezes, resgatamos companheiros a serem doutrinados em futuras sessões.

Já narrei aqui um caso de zoantropia, em que o infeliz companheiro ficara reduzido à forma "física" de um fauno.

Esse irmão foi resgatado ao mundo tenebroso do sofrimento superlativo, numa incursão de que um de nós, encarnados, conseguiu preservar a lembrança fragmentária, ao despertar.

As imagens eram as de um sonho comum, mas, como sempre acontece nesses casos, de extremo realismo. Os componentes do grupo, dirigidos pelos benfeitores espirituais, encontravam-se em vasta região desolada, sombria e agreste, que haviam alcançado numa "condução" rústica, que fazia lembrar um jipe terreno. A certo ponto, pararam, desceram e fizeram o resto do percurso a pé. As peripécias seguintes da jornada não ficaram documentadas na memória do companheiro desperto. Lembra-se ele, no entanto, de uma cena fragmentária, no regresso. Estava do lado de dentro de uma caverna, cujo único acesso ao exterior era uma espécie de chaminé estreita, aberta na rocha. Alguns companheiros ficaram de fora, enquanto os de dentro passaram para eles, com enorme dificuldade, "algo" que traziam, com extremo cuidado, nos braços, enquanto milhares de formigas pretas e agressivas atacavam ferozmente aqueles que se empenhavam na tarefa.

Uma ou duas semanas depois, aquele "algo", que havia sido resgatado, manifestou-se no grupo: era um ser humano!... A indignação dos guardiães do pobre irmão foi inconcebível, pois, segundo apuramos, aquele ser, reduzido à mais abjeta condição humana, era figura importante para seus esquemas nefastos. Na imagem das formigas agressivas que nos atacavam, ficou documentada a reação tremenda que desenvolveram para impedir-nos.

De outra vez, recordei-me, com extraordinária lucidez, de algumas cenas ocorridas numa dessas incursões em território perigoso e agreste.

Fomos recebidos no local — escuro e opressivo — com alguns sinais de cordialidade ou, pelo menos, sem hostilidade.

Há, depois, um "branco", do qual nada me lembro. Vejo-me, a seguir, já no final dessa visita, sendo perseguido por um grupo belicoso, que tentava agarrar-me, para retirar de mim certa quantidade de sangue. Uma das criaturas — uma mulher — trazia nas mãos uma longa seringa, contendo já um pouco de sangue, grosso e escuro, que pingava no chão. Nesse momento, comecei a escapar-lhes. Era como se eu levitasse. Via-os correrem desesperadamente atrás de mim, a uns poucos metros abaixo, enquanto eu me afastava, como se voasse, pouco acima de suas cabeças.

Algumas semanas depois, apresentou-se o "chefe" daquela região tétrica, numa incorporação mediúnica. Estava indignado, porque eu havia escapado. Precisavam do meu sangue para os seus "trabalhos", e do sangue de nossos companheiros encarnados também. Eu ficaria surpreso — disse — se soubesse daqueles que o haviam doado espontaneamente, a troco de favores, em pactos que garantiam a uma parte muitos "sucessos" na vida material, e à outra, o evidente domínio sobre seus espíritos. Ele veio disposto a arrebatar-nos o sangue, de qualquer maneira...

Um de nossos médiuns conseguiu registrar, com grande precisão e detalhamento, uma dessas incursões. A meu pedido, escreveu todo o relato, enquanto ainda bem vivo na memória, o que muito nos serviu depois.

Nem sempre, no entanto, nos lembramos de tais episódios. Às vezes, os próprios benfeitores espirituais incumbem-se de condicionar-nos ao esquecimento, dado que a recordação poderia prejudicar-nos de alguma forma, ou ao trabalho.

Por outro lado, essas incursões são, às vezes, também, no mundo superior, para onde nos levam, amorosamente, companheiros competentes e seguros, a fim de podermos assistir a reuniões de estudo e planejamento, com nossos maiores. É difícil, porém, conservar a lembrança delas. Ficam apenas as linhas mestras das instruções recebidas, sob a forma de frases soltas, ou de símbolos, que se imprimiram nos nossos arquivos perispirituais.

Outro aspecto importante, que precisa ser abordado, no aproveitamento desses intervalos entre uma sessão e outra, é o da prece. Como as sessões se realizam, usualmente, uma vez por semana, durante os dias em que aguardamos as próximas manifestações, precisamos ter a atenção voltada para os companheiros que se acham em tratamento no grupo, não apenas aqueles que ainda não foram "convertidos", mas também aqueles que já se acham recolhidos, para tratamento, nas instituições especializadas do Além. Eles precisam de nossas preces e do nosso pensamento construtivo e amoroso, tanto quanto necessitamos do apoio dos nossos benfeitores. A prece é o fio que realiza esse milagre. Não podemos esquecer-nos de que os companheiros desarvorados, que receberam o primeiro impacto de uma incorporação e doutrinação, ficam com os ânimos ainda mais acirrados contra nós. Durante a semana toda haveremos de sentir-lhes a presença ou as "mensagens" vibratórias de seus pensamentos hostis. Lembremo-nos de que não o fazem por maldade intrínseca e irredutível, e sim por desconhecimento e defesa. Estão convencidos da legitimidade de seus propósitos e da nossa posição de intrusos, que nada têm a ver com os seus problemas pessoais e os seus planos. Sem dúvida alguma tentarão criar-nos dificuldades, quando nada com as vibrações negativas de seu pensamento. É claro que provocarão, em nós, sensações de angústia indefinível, mal-estar, depressão e desânimo. Só a prece pode socorrer-nos em tais situações. Oremos por eles, mas com fervor, com amor. É hora de pôr em prática, com toda a convicção, o preceito evangélico que nos recomenda amar os nossos inimigos.

Embora não os consideremos como tais, eles assim se consideram. Envolvamo-los numa atmosfera de amor e compreensão, de tolerância e paciência, e procuremos devolver as suas agressões mentais com o nosso pensamento de afeição e carinho, implorando a Deus que os ajude, que lhes mostre a verdade, que lhes ilumine os corações, onde também existe amor, em potencial, pronto a emergir, novamente, das cinzas de muitos sonhos e das sombras de muitas agonias.

A qualquer momento que pudermos recolher-nos para a prece, especialmente nas horas e locais em que costumamos meditar, oremos por eles, com muito amor mesmo. Não é difícil. Imaginemo-los como companheiros muito queridos, filhos, parceiros de antigas lutas e até credores nossos, a quem muito devemos. Com frequência impressionante o são mesmo, além de irmãos, que serão sempre, invariavelmente. A doutrinação é um ato de amor. Aquele que não souber amar sem reservas, ou que somente puder amar aqueles que o amam, não está preparado para essa tarefa.

É extraordinário o poder da prece. Diria, mesmo, miraculoso, não fosse tão abusada essa palavra extraordinária. Inúmeras e repetidas vezes temos presenciado o seu poder invencível.

Às vezes, o irmão atormentado, ao manifestar-se pela segunda ou terceira vez, mostra-se extremamente "perturbado" pelas nossas preces. Um deles disse-me, irritado:

— Você vive rezando...

Outros se confessam paralisados, em pensamento e ação. Não conseguem mais raciocinar com clareza e levar avante os projetos em que estavam empenhados: perseguições, obsessões, desmandos de toda sorte. Um deles me disse, certa vez, que havia interceptado meus "telefonemas". A "telefonista" recebera-os em seu lugar, mas sua referência prova que ele tomara conhecimento da minha atividade mental e emocional durante a semana, pelo menos naquilo que fora deliberadamente dirigido para ele.

Para resumir e insistir num ponto, já mencionado, alhures, neste livro: o trabalho de doutrinação não se resume às poucas horas em que conversamos diretamente com os Espíritos incorporados aos nossos médiuns; ele se projeta ao longo dos dias e segue nas realizações da noite, quando, em desdobramento, acompanhamos nossos mentores, nos contatos e nas tarefas que se desenrolam no mundo dos Espíritos.

Mantenhamos uma atitude vigilante, construtiva, atenta a pequenos detalhes, que poderiam passar despercebidos, mas que se revelam subitamente de enorme importância na decifração do enigma que esses amados companheiros trazem em si e que não podem resolver sozinhos.

Muita gente ainda não descobriu que a essência dos "milagres" evangélicos é o amor. Quando o Cristo disse que um dia poderíamos fazê-los também, não estava apenas acenando com uma visão quimérica, para que fôssemos bonzinhos — Ele nada disse que não se conformasse com as suas íntimas convicções, antevisões e experiências.

O amor é realmente milagroso, e a prece, o instrumento daqueles que querem realizá-lo. A tarefa dos seres encarnados, num grupo mediúnico de desobsessão, é pouco mais que isso: assistirem à constante realização do milagre sempre renovado do amor.

4.9 Sonhos e desdobramentos

Páginas atrás, ficou documentada uma referência sumária à atividade desenvolvida pelos componentes do grupo mediúnico, durante as horas de repouso, por meio de sonhos e desdobramentos. Creio que é oportuno desenvolver um pouco mais o conhecimento desse aspecto, que contém importantes conotações, que não devem ser ignoradas, não apenas em termos gerais de Doutrina, como em sua aplicação prática aos trabalhos de desobsessão.

Essa importância ressalta do próprio tratamento que Kardec e seus instrutores deram ao assunto, em *O livro dos espíritos*. Enquanto a questão do sexo dos Espíritos, por exemplo, ocupa cerca de meia página (perguntas 200 a 202), os problemas relacionados com a atividade do Espírito encarnado, quando o corpo encontra-se em repouso, ocupam mais de vinte páginas, no capítulo VIII, sob o título "Da emancipação da alma".

O mesmo interesse encontramos nas obras mediúnicas em geral, mas, de maneira muito especial, no opulento acervo de informações que nos transmitiram André Luiz, Emmanuel, Bezerra de Menezes, Manoel Philomeno de Miranda e outros, por meio de médiuns de absoluta confiança e respeito.

Por esses ensinamentos, concluímos ser muito intensa a atividade do espírito parcialmente liberto pelo sono natural ou provocado. Na verdade, ficou bem claro, em Kardec, que o espírito encarnado aproveita-se, com satisfação, da oportunidade de escapar da prisão corporal, sempre que pode, e que a atividade desenvolvida, nesses estados de libertação parcial, reflete-se nos sonhos. É nesse estado que ele consegue entrar na posse de algumas das suas faculdades superiores, pelo acesso aos arquivos da sua memória integral. Daí lembrar-se de encarnações passadas e até mesmo, em situações especiais, afastar a densa cortina que encobre o futuro.

Nesse estado de liberdade parcial, o encarnado cultiva intenso intercâmbio com encarnados e desencarnados, segundo seus interesses e afinidades.

Resumindo, com palavras suas, os ensinamentos recebidos, Kardec (questão 402) escreveu isto:

Os sonhos são efeito da emancipação da alma, que mais independente se torna pela suspensão da vida ativa e de relação. Daí uma espécie de clarividência indefinida que se alonga até aos mais afastados lugares e até mesmo a outros mundos. Daí também a lembrança que traz à memória acontecimentos da precedente existência ou das existências anteriores. As singulares imagens do que se passa ou se passou em mundos desconhecidos, entremeados de coisas do mundo atual, é que formam esses conjuntos estranhos e confusos, que nenhum sentido ou ligação parecem ter.

A incoerência dos sonhos ainda se explica pelas lacunas que apresenta a recordação incompleta que conservamos do que nos apareceu quando sonhávamos. É como se a uma narração se truncassem as frases ou trechos ao acaso. Reunidos depois, os fragmentos restantes nenhuma significação racional teriam.

Ao cuidar, mais adiante (questão 425), do sonambulismo, os instrutores conceituam-no como

> estado de independência do Espírito, *mais completo do que no sonho*, estado em que maior amplitude adquirem suas faculdades. *A alma tem então percepções de que não dispõe no sonho, que é um estado de sonambulismo imperfeito.*

Prosseguem:

> No sonambulismo, o Espírito está na posse plena de si mesmo. Os órgãos materiais, achando-se de certa forma em estado de catalepsia, deixam de receber as impressões *exteriores*. Esse estado se apresenta principalmente durante o sono, ocasião em que o Espírito pode abandonar provisoriamente o corpo, por se encontrar este gozando do repouso indispensável à matéria (o primeiro grifo é do autor; o segundo, nosso).

Acrescentam, ainda, para não deixar dúvidas, que não existe diferença entre o sonambulismo provocado e o natural.

Isto significa, portanto, para efeitos práticos, que os companheiros desencarnados que orientam os trabalhos dos grupos mediúnicos dispõem de amplas possibilidades de colaboração da parte dos componentes encarnados, enquanto estes repousam. Na verdade, a experiência indica-nos claramente que a atividade em desdobramento, durante as horas do sono, é mais intensa e extensa do que o curto período de uma hora ou duas, em que se desenvolve a tarefa mediúnica propriamente dita. O planejamento e o preparo das sessões é todo feito no mundo espiritual, sob a direção de competentes e dedicados servidores do Cristo. Em diferentes oportunidades, nossos mentores têm-se referido às reuniões de que participamos, às incursões no submundo do desespero, de onde resgatamos seres alucinados de dor e desorientação, e até mesmo a sessões mediúnicas, com incorporação e doutrinação, tal como aqui, entre os encarnados.

Lembranças residuais dessa atividade permanecem em nossa memória de vigília, ao despertarmos, e é de utilidade ao trabalho mediúnico observá-las com atenção e interesse, como, também, procurar predispor-se positivamente às tarefas noturnas, enquanto o espírito se acha desdobrado pelo sono. Para isto, recomenda-se que, na prece que precede o sono, coloquemo-nos à disposição dos nossos amigos espirituais para as humildes tarefas que estiverem ao nosso alcance realizar junto deles, e peçamos a proteção divina para toda a atividade a desenrolar-se além das fronteiras da matéria bruta. Essa atividade é realizada por equipes bem adestradas e precisamos estar afinados com seus componentes, para que, em lugar de colaborar, não resulte nossa canhestra interferência em agravação de suas dificuldades.

Bem sabemos, hoje, pelos informes da Doutrina Espírita, dos riscos que corre o Espírito desatento e desprevenido, em tais desdobramentos.

Os autores espirituais de *O livro dos espíritos* foram inequívocos nesse, como em todos os outros pontos de seus ensinamentos. Aqueles que se sintonizarem com as faixas inferiores...

> ...vão, enquanto dormem, ou a mundos inferiores à Terra, onde os chamam velhas afeições, ou em busca de gozos quiçá mais baixos do que os em que aqui se deleitam. *Vão beber doutrinas* ainda mais vis, mais ignóbeis, mais funestas do que as que professam entre vós (grifo nosso).

Muitos ignoram como isso é autêntico, duma trágica e dolorosa autenticidade. Companheiros encarnados, até mesmo declaradamente espíritas, compareçem a esses núcleos de alucinação dos sentidos, ou aos centros de irradiação de doutrinas nefastas que tentam, aqui, entre nós, implantar, como "reformulações", "modernizações" e "atualizações" da Doutrina Espírita, ou fundam movimentos paralelos, tão logo lhes seja possível apossarem-se de organizações terrenas que lhes forneçam a base de que necessitam para os seus propósitos. É lá, nessas regiões tenebrosas, que se praticam as mais lamentáveis formas de lavagem cerebral e hipnose; é lá que são programados, com extremo cuidado e competência, os pobres instrumentos humanos que regressam ao nosso meio para espalhar a discórdia, o desentendimento, a dissensão, tudo muito sutil, a princípio, quase imperceptivelmente. É lá que se forjam pactos sinistros de apoio mútuo, em que se envolvem tantos companheiros promissores.

No que diz respeito ao trabalho específico da desobsessão, portanto, todo cuidado é pouco com a atividade em desdobramento, a fim de que não ponhamos a perder, nas horas em que repousa o nosso corpo físico, as modestas conquistas que porventura tenhamos conseguido realizar na vigília.

É preciso, porém, evitar a conclusão apressada de que todo sonho tenha algo a ver com o trabalho mediúnico que estejamos realizando ou que qualquer lembrança de atividade em desdobramento é aproveitável.

Esclarece Emmnanuel, em *O Consolador*, questão 49:

— *Na maioria das vezes* o sonho constitui atividade reflexa das situações psicológicas do homem no mecanismo das lutas de cada dia, quando as forças orgânicas dormitam em repouso indispensável.

Em determinadas circunstâncias, contudo, como nos fenômenos premonitórios, *ou nos de sonambulismo*, em que a alma encarnada alcança elevada porcentagem de desprendimento parcial, o sonho representa a liberdade relativa do espírito prisioneiro da Terra, quando, então, se poderá verificar a comunicação *inter vivos*, e, quanto possível, as visões proféticas, fatos esses sempre organizados pelos mentores espirituais de elevada hierarquia, obedecendo a fins superiores, e quando o encarnado em temporária liberdade pode receber a palavra e a influência diretas de seus amigos e orientadores do plano invisível (grifo nosso).

Atenção, pois, com o material onírico, que precisa ser examinado, selecionado, criticado e aproveitado com prudência, porque qualquer empolgamento já é suspeito. Os companheiros espirituais mais responsáveis não agem à base de inconsequências e entusiasmos injustificados. Mesmo nos momentos de maior alegria, pela solução de um caso particularmente difícil e delicado, eles se apresentam emocionados, por certo, mas sóbrios, serenos, gratos, equilibrados. Cuidado, pois, com "revelações" sensacionais, com "missões" importantes, com elogios descabidos, com encontros com Espíritos que se apresentam sob identidades pomposas.

André Luiz adverte-nos, em *Evolução em dois mundos*, dos riscos que o Espírito encarnado corre durante o desprendimento do sono, quando...

...recolhe [...] os resultados de seus próprios excessos, padecendo a inquietação das vísceras ou dos nervos injuriados pela sua rendição à licenciosidade, quando não seja o asfixiante pesar do remorso por faltas cometidas, cujos reflexos absorvem do arquivo em que se lhe amontoam as próprias lembranças.

E mais:

"Numa e noutra condição, todavia, é a mente suscetível à influenciação dos desencarnados que, *evoluídos ou não*, lhe visitam o ser, atraídos pelos quadros que se lhe filtram da aura, ofertando-lhe auxílio eficiente quando se mostre inclinada à ascensão de ordem moral, ou sugando-lhe as energias e *assoprando-lhe sugestões infelizes* quando, pela própria ociosidade ou intenção maligna, *adere ao consórcio psíquico* de espécie aviltante, que lhe favorece a estagnação na preguiça ou a envolve nas obsessões viciosas pelas quais se entrega a temíveis *contratos* com as forças sombrias (grifo nosso).

Mas não é só isso:

"— Quando encarnados, na crosta" — observa Sertório, em *Missionários da Luz* —, "não temos bastante consciência dos serviços realizados durante o sono físico; contudo, esses trabalhos são inexprimíveis e imensos. Se todos os homens *prezassem seriamente o valor da preparação espiritual*, diante de semelhante gênero de tarefa, certo efetuariam as conquistas mais brilhantes, nos domínios psíquicos, ainda mesmo quando ligados a envoltórios inferiores. Infelizmente, porém, a maioria se vale, inconscientemente, do repouso noturno para sair *à caça de emoções frívolas ou menos dignas*. Relaxam-se as defesas próprias e certos impulsos, longamente sopitados durante a vigília, extravasam em todas as direções, por falta de educação espiritual, verdadeiramente sentida e vivida" (grifo nosso).

Ouçamos agora Áulus, em *Nos domínios da mediunidade*:

— *Raros Espíritos encarnados* conseguem absoluto *domínio* de si próprios, em romagens de serviço edificante fora do carro de matéria densa. Habituados à orientação pelo corpo físico, ante qualquer surpresa menos agradável, na esfera de fenômenos inabituais, procuram instintivamente o retorno ao vaso carnal, à maneira do molusco que se refugia na própria concha, diante de qualquer impressão em desacordo com os seus movimentos rotineiros (grifo nosso).

Aliás, seria bom reler todo o capítulo 11 — "Desdobramento em serviço", dessa obra, tanto quanto o capítulo 21 — "Desdobramento", de *Mecanismos da mediunidade*, que estuda o sono, o sonho e o desdobramento espiritual.

Vejamos, por exemplo, esta observação, já nos parágrafos finais do capítulo:

É imperioso notar, porém, que considerável número de pessoas, principalmente *as que se adestraram para esse fim*, efetuam incursões nos planos do Espírito, transformando-se, muitas vezes, em *preciosos instrumentos* dos Benfeitores da Espiritualidade, como *oficiais de ligação* entre a esfera física e a esfera extrafísica (grifo nosso).

Não faltam, pois, advertências muito pormenorizadas sobre a responsabilidade do trabalho que se realiza nas chamadas horas "mortas" da noite. Do ponto de vista do Espírito, não resta dúvida de que são mais *vivas*, essas horas, do que as de vigília.

Insistimos, pois, em enfatizar que o assunto merece cuidadoso estudo, profundas meditações e cautelosa aplicação prática, pois as responsabilidades envolvidas são enormes. Por outro lado, não nos deve atemorizar o vulto de tais responsabilidades. André Luiz assegura-nos que podemos ser adestrados para essa atividade, com real proveito para o nosso trabalho e, logicamente, para o nosso desenvolvimento espiritual. Cautela, sim; temor, não. O temor paralisa, imobiliza os esforços, na ansiosa expectativa. É preciso vencer a inibição inicial e caminhar. A prece será sempre boa conselheira, a par de recomendações óbvias, que ressaltam dos textos que examinamos aqui, e de outros que o leitor descobrirá: vigilância com os próprios hábitos diários, cuidado com a alimentação, atenção com a saúde do corpo físico, desejo de aprender, para servir melhor.

Antes de encerrar estas notas, uma observação ainda parece oportuna e necessária. Com frequência, nossos médiuns contam-nos episódios em que participaram de trabalhos no plano espiritual, nos quais funcionaram como médiuns, também lá, desdobrados.

Isso é perfeitamente possível e tem o decidido suporte da experiência. Em casos de meu conhecimento, nossos médiuns compareceram a reuniões de instrução e funcionaram mediunicamente, transmitindo mensagens de outros planos, sempre que para isto se prepararam devidamente.

É possível, porém, um desdobramento, depois de já desdobrado do corpo físico, ou separado dele definitivamente, pela desencarnação? Não temos o direito de pôr sob suspeita o testemunho de alguns companheiros de confiança, como, por exemplo, André Luiz, em *Nosso Lar*, capítulo 36 — "O sonho", ao encontrar-se em plano muito elevado, em companhia do luminoso Espírito de sua mãe:

> O sonho não era propriamente qual se verifica na Terra. Eu sabia, perfeitamente, que *deixara o veículo inferior* no apartamento das Câmaras de Retificação, em "Nosso Lar", e tinha absoluta consciência daquela movimentação em plano diverso. Minhas noções de espaço e tempo eram exatas. A riqueza de emoções, por sua vez, afirmava-se cada vez mais intensa. (grifo nosso).

Disso tudo podemos sumarizar uma observação final: a maior parte do trabalho mediúnico, não é a que se realiza em torno da mesa, no dia da sessão; é a que se desdobra para além dos nossos grosseiros sentidos físicos, enquanto nosso corpo repousa. Aqui e ali, em modestas posições de meros aprendizes, participamos de tais atividades. Tenhamos cuidado para não comprometê-los com o nosso despreparo e a nossa incúria. Aproximemo-nos com respeito da hora em que nos preparamos para adormecer, cansados das lutas do dia. Os companheiros que nos estão esperando podem ser aqueles que nos arrastam para os porões escuros do desvario, ou os que nos guiam os passos incertos nas trilhas do bem. Depende de nós a decisão: vamos pela escura e tortuosa viela que desce, ou preferimos a estrada que sobe, reta e iluminada?

4.10 Resumo e conclusões

Creio haver chegado ao final da tarefa que me impus, na tentativa de fixar no papel alguns dos muitos ensinamentos amealhados, em mais de uma década, no trato íntimo e permanente com inúmeros companheiros desencarnados. Não me foi possível evitar que este livro se revestisse das características de um depoimento pessoal, pela razão, que me parece muito simples e válida, de que ele é mesmo um depoimento pessoal, pela própria natureza das experiências que procura transmitir.

Seu objeto é o ser humano, usualmente em penoso estado de desarmonização interior; não são quantidades físicas de substâncias químicas, cujas reações podemos prever, estudar e repetir à vontade, na frieza clássica dos números, dos pesos, das medidas. Os irmãos que comparecem aos nossos grupos mediúnicos estão em crises, por vezes, seculares, e até milenares. Perderam-se no emaranhado de suas perplexidades e não podem atinar sozinhos com a trilha que os leve para fora do poço profundo e escuro, de volta à luz abençoada do Senhor, sob a qual possam contemplar suas imperfeições e empenhar-se em alijá-las do coração.

O trabalho de doutrinação, chamado tão apropriadamente de trabalho de resgate, em inglês (*rescue work*), só é possível em clima de total doação, de empatia, de profundo e sincero amor fraterno, o que o torna uma atividade do coração, muito pessoal, essencialmente humana. Não há nele espaço para meias-verdades, fingimentos "inocentes", indiferença ou comodismos.

O grupo mediúnico é instrumento de socorro, ferramenta de trabalho, campo de experimentações fraternas e escada por onde sobem não apenas os nossos companheiros desavorados, mas subimos também nós, que tentamos redimir-nos na tarefa sagrada do serviço ao próximo. O grupo merece e exige cuidados muito especiais, dedicação constante, vigilância permanente, desde antes mesmo de constituir-se.

É preciso criar para ele uma estrutura robusta, mas suficientemente flexível, para que possa funcionar sem hesitações e interrupções. Se o trabalho que lhe for cometido, pelos companheiros espirituais, revelar-se fecundo e promissor, ele será implacavelmente assediado. Levantar-se-ão contra ele forças obstinadas, dispostas a tudo para fazê-lo calar-se e dissolver-se. Assim, nada de ilusões: a medida de seu êxito, em termos espirituais, é precisamente a perseguição indormida, a pressão assídua de companheiros em desequilíbrio, que não hesitarão diante de nenhum recurso, para destruí-lo.

Por isso, na fase de planejamento, devem ficar bem definidos, além de suas finalidades e objetivos, seus métodos de trabalho. Nunca chegaremos a prever todas as situações que um grupo poderá enfrentar, mas seus métodos têm que ser suficientemente ágeis, para as acomodações necessárias, sem prejuízo das tarefas que se desdobram. Nunca saberemos o suficiente em matéria de contato com os nossos irmãos desvairados pela dor e pela revolta. Cada sessão é diferente, cada manifestação traz uma surpresa ou um ensinamento novo. É necessário que observemos com toda a atenção qualquer pormenor, aprendamos a lição que cada um deles contém e a incorporemos ao acervo da experiência.

Citarei um pequeno incidente, aparentemente sem importância.

Nossos amigos espirituais de há muito nos haviam prevenido de que, em hipótese alguma, deixássemos ultrapassar o horário de atendimento, como ficou dito e explicado alhures, neste livro. Muito bem. Redobrei o cuidado com o controle do tempo e, então, veio outra observação: recomendavam-me que procurasse colocar o relógio diante de meus olhos, de forma que, para consultá-lo, não fosse necessário virar-me e tomá-lo nas mãos, como costumava fazer. Por que a recomendação? Muito simples: não apenas a preocupação excessiva com o tempo pode desviar-nos do clima exigido pelo trabalho, mas porque até mesmo o próprio gesto de voltar-me poderia quebrar a continuidade da tarefa junto ao irmão incorporado, exigindo provavelmente esforço maior dos companheiros desencarnados. Quem poderia imaginar que a mera posição de um relógio, na sala de trabalho, fosse tão importante, a ponto de merecer advertência específica?

Além de tais observações esporádicas, dos companheiros espirituais infinitamente mais experimentados do que nós, o estudo é uma necessidade imperiosa, absoluta. Temos a tendência de julgar que sabemos mais do que realmente sabemos. É fácil testar essa verdade. Leia você, leitor, qualquer página de *O livro dos espíritos*, ou de *O livro dos médiuns*, e verá que há sempre aspectos que você não havia ainda notado, observações que passaram despercebidas, ângulos insuspeitados, por mais que você esteja certo de conhecer bem a obra de Kardec. O mesmo é válido para qualquer outro documento doutrinário sério, como as obras complementares.

O aprendizado tem que ser constante, por várias razões. Primeiro, porque nossa memória é falha, e leva-nos a esquecer recomendações e instruções importantes, já lidas no passado. Segundo, porque mesmo durante a leitura, a mente divaga, e lemos trechos substanciais, sem a participação do consciente.

Um grupo, porém, não são apenas finalidades, objetivos e métodos; ele é também *gente*. Encarnada e desencarnada.

Quanto aos encarnados, nossos companheiros em torno da mesa, toda a atenção deve ser posta em selecioná-los. O grupo tem que começar de maneira certa para subsistir. Se for constituído à base de elementos inconstantes e inseguros, serão remotas suas possibilidades de sobrevivência e inseguros os trabalhos, por melhores que sejam as intenções.

Além dos demais pontos críticos, a seleção dos médiuns é da mais alta importância, bem como a maneira de tratá-los e integrá-los no trabalho, a fim de que possam dar de si mesmos, em clima de segurança e confiança. O médium não deve dominar o grupo, nem ser dominado por ele, e sim portar-se como um dos trabalhadores que o compõem. Se a recomendação de estudar sempre é válida para o grupo, como um todo, para o médium ela adquire as proporções de uma obrigação.

O doutrinador não será jamais o sumo-sacerdote de um novo culto, a impor ritos e fórmulas mágicas, a ditar ordens, como um general em campanha; ele é apenas mais um trabalhador, o que não significa que a disciplina do grupo deva correr à matroca. Usualmente, o doutrinador acumula as funções de dirigente encarnado dos trabalhos, pela simples razão de que, no contexto de um grupo humano, alguém precisa assumir a liderança. Liderança, porém, não é despotismo. Se ele é também o dirigente humano, precisa contar com o respeito afetuoso de seus companheiros, para que possam trabalhar todos em harmonia.

Se sentir que não tem condições pessoais para doutrinar, deve atribuir essas funções a outros membros da equipe, que julgue mais bem qualificados.

São rigorosas as especificações de um bom doutrinador; dificilmente reúnem-se todas as características desejáveis numa só pessoa. Por isso, lembrei por aí, no livro, que não há doutrinadores perfeitos; contentemo-nos em ser razoáveis e lutemos por adquirir as qualidades que nos faltam. De minha parte, considero algumas dessas qualidades como apenas desejáveis, e outras indispensáveis. Entre estas colocaria, como vimos:

a) Formação doutrinária;
b) Evangelização;

c) Autoridade moral;
d) Fé; e
e) Amor.

O grande ativador desses petrechos espirituais é, sem dúvida alguma, o amor. Para o doutrinador, o preceito evangélico do "amai-vos uns aos outros", e aquele outro, "amai os vossos inimigos", não são apenas frases bonitas para declamar aos Espíritos, mas condições essenciais ao trabalho. O amor fraterno, no trabalho de doutrinação, tem que ser sentido mesmo, e não apenas fingido ou forçado; tem que emergir das profundezas do ser, como um movimento irreprimível, no qual nos doamos integralmente, quer o companheiro aceite ou não, de pronto, a nossa entrega. O impacto do amor sincero, no coração de um irmão que sofre, é uma das coisas mais impressionantes e comoventes do trabalho de doutrinação. Vemo-lo repetir-se a cada instante, sempre o mesmo, e nunca nos cansamos de admirar a sua força positiva e construtiva. Jamais deixei de me surpreender com o espetáculo emocionante desse impacto, o único, em nossa miserável existência de seres imperfeitos, que nos dá realmente a sensação de que o amor é um milagre que podemos realizar em nome do Cristo.

Quando Ele falou a João que nós somos deuses, creio que se referia especificamente ao amor em nós. Ao criar-nos, Deus colocou em nós a fagulha do amor, dizem os grandes instrutores. E frequentemente nos esquecemos de que uma fagulha do infinito é também infinita e, por isso, são ilimitadas as nossas possibilidades de crescimento, pelas trilhas do amor. Parece que o Pai imantou com esse amor a nossa pequenina limalha e, por isso, somos irresistivelmente atraídos para Ele, através do espaço infinito e do tempo imemorial.

Assim, quando conseguimos transmutar-nos em amor, ante os companheiros que sofrem, estamos nos colocando no sentido e na direção que segue todo o universo.

Quem poderá resistir?

"Se Deus está conosco" — dizia o nosso Paulo — "quem estará contra nós?"

Se me fosse pedido o segredo da doutrinação, diria apenas uma palavra:

— AMOR!

DIÁLOGO COM AS SOMBRAS

EDIÇÃO	IMPRESSÃO	ANO	TIRAGEM	FORMATO
1	1	1979	10.200	13x18
2	1	1981	5.100	13x18
3	1	1982	10.200	13x18
4	1	1985	10.200	13x18
5	1	1987	20.000	13x18
6	1	1991	15.000	13x18
7	1	1993	10.000	13x18
8	1	1994	10.000	13x18
9	1	1995	10.000	13x17,5
10	1	1997	8.600	13x18
11	1	1998	5.000	13x18
12	1	1998	5.000	12,5x17,5
13	1	1999	5.100	13x18
14	1	2000	5.000	12,5x17,5
15	1	2001	3.000	12,5x17,5
16	1	2002	5.000	12,5x17,5
17	1	2003	5.000	12,5x17,5
18	1	2004	3.000	12,5x17,5
19	1	2004	3.000	12,5x17,5
20	1	2005	5.000	12,5x17,5
21	1	2006	3.000	12,5x17,5
22	1	2006	3.000	12,5x17,5
23	1	2007	5.000	12,5x17,5
23	2	2008	6.600	12,5x17,5
24	1	2009	10.000	14x21
24	2	2010	10.000	14x21
24	3	2011	5.000	14x21
24	4	2012	5.000	14x21
25	1	2014	10.000	14x21
25	2	2014	8.000	14x21
25	3	2016	5.000	14x21
25	4	2017	3.000	14x21
25	5	2017	5.000	14x21
25	6	2018	2.500	14X21
25	7	2018	3.000	14X21
25	8	2019	2.500	14X21
25	9	2020	4.500	14X21
25	10	2022	3.500	14X21
25	11	2023	2.000	14X21
25	12	2024	3.500	14X21
25	13	2024	3.000	14X21

FEB editora
Livro espírita para um novo mundo
www.febeditora.com.br
@febeditoraoficial
@febeditora

Conselho Editorial:
Carlos Roberto Campetti
Cirne Ferreira de Araújo
Evandro Noleto Bezerra
Geraldo Campetti Sobrinho – Coord. Editorial
Jorge Godinho Barreto Nery – Presidente
Maria de Lourdes Pereira de Oliveira
Miriam Lúcia Herrera Masotti Dusi

Produção Editorial:
Elizabete de Jesus Moreira

Revisão:
Davi Miranda

Capa:
Ingrid Saori Furuta

Projeto Gráfico e Diagramação:
Bruno Reis
Ingrid Saori Furuta

Foto de Capa:
shutterstock | Conrado

Normalização Técnica:
Biblioteca de Obras Raras e Documentos Patrimoniais do Livro

Esta edição foi impressa pela Leograf Gráfica e Editora Ltda., Osasco, SP, com tiragem de 3 mil exemplares, todos em formato fechado de 140x210 mm e com mancha de 100x170 mm. Os papéis utilizados foram o Off White Bulk 58 g/m² para o miolo e o Cartão 250 g/m² para a capa. O texto principal foi composto em fonte Adobe Garamond Pro 12/15 e os títulos em Adobe Garamond Pro 31/30. Impresso no Brasil. *Presita en Brazilo.*